Jalta

Positionen zur jüdischen Gegenwart

EXILE. EIN KUNSTHEFT

AUSGABE N° 05
1/2019 — 2/5779

Jalta

Positionen zur jüdischen Gegenwart

EXILE

Ein Kunstheft

HERAUSGEGEBEN VON

Micha Brumlik / Marina Chernivsky / Max Czollek / Hannah Peaceman
Anna Schapiro / Lea Wohl von Haselberg

AUSGABE N° 05
1/2019 — 2/5779

AUFBRUCH INS EXIL

Liebe Leser*innen, liebe Verbündete,

Jüdische Geschichte ist eine Geschichte des Exils. Viele kulturelle und religiöse Ausdrucksweisen sind auf Grund von Exilerfahrungen entstanden. Wenn wir uns heute mit dem Judentum befassen, dann beziehen wir uns also auf eine Tradition jüdischer Religion, Intellektualität und Kunst, die mit dieser Geschichte in Verbindung steht. Aber das Exil existiert auch in der Gegenwart. Mit *Exile. Ein Kunstheft* wollen wir nach den Potentialen des Exils fragen. Welche (künstlerischen) Perspektiven ermöglicht das Exil? Welche Exile ermöglichen neue Perspektiven? Und welche jüdischen und nicht-jüdischen Gegenwarten entstehen dabei?

Die vorliegende Ausgabe ist ein Versuch, vom Ort der Kunst aus Brücken zu schlagen in eine Vergangenheit, die von der wütenden Jalta des Talmuds bis ins Heute reicht. Und danach zu fragen, wie eine zu gestaltende Zukunft aussehen könnte und sollte. An diesem Versuch sind wir als Herausgeber*innen, Künstler*innen, Wissenschaftler*innen und Aktivist*innen nicht ganz unbeteiligt. Dabei haben wir uns nicht zufällig für die Kunst entschieden, denn sie ermöglicht dem Denken eine zentrale Operation: die Verschiebung der eigenen Wahrnehmung und die Möglichkeit zur radikalen Imagination.

Die im vorliegenden Heft versammelten Arbeiten und Texte formulieren unterschiedliche Perspektiven auf diese Fragen. Es entsteht eine mobile Ausstellung, die man mit den Händen blättern und mit den Augen begehen kann, transportabel, auf- und ausstellbar in unterschiedlichen Räumen, zeitgleich oder versetzt – Ausdruck und Reflexion des Heftthemas Exil. Mit dem fünften Heft wollen wir zugleich die Tür zu einem Raum öffnen, der sich zwischen einer nationalen und einer religiösen Bestimmung des Judentums auftut. Dieser Raum hat zur Voraussetzung, die eigene Kreativität selbstbestimmt in die Auseinandersetzung mit dem Judentum und seinen Traditionen einzubringen. Die Bedingungen für einen solchen Zugriff haben wir in den letzten zwei Jahren gemeinsamer Arbeit vermessen: *Selbstermächtigung – Desintegration – Allianzen – Gegenwartsbewältigung*. Darum sei an dieser Stelle noch einmal allen Autor*innen gedankt, die zu den bisherigen Heften beigetragen haben. *Jalta* ist der Sound, der aus all diesen Stimmen entsteht.

In den Monaten zwischen dem Abschluss des vierten Hefts zu *Gegenwartsbewältigung* und dem vorliegenden *Exile*-Heft ist einiges in Deutschland passiert, was es zu bewältigen galt. Das ließ auch die Redaktion von *Jalta* nicht in Ruhe, die im September 2018 eine gemeinsame Erklärung gegen die „Juden in der AfD" veröffentlichte und damit für ein paar Wochen stärker in das Licht medialer Öffentlichkeit rückte. Der Untertitel von *Jalta* „Positionen zur jüdischen Gegenwart" ist also nicht nur ein Heftmotto, sondern gilt auch für die gesellschaftspolitische Debatte. Daher haben wir uns entschieden, diese Ausgabe mit einer Dokumentation des Protests gegen die „Juden in der AfD" einzuleiten.

In der Rubrik „(Nach) Jalta" stehen fünf Beiträge. Mit Jeanine Meerapfel, Filmemacherin und Präsidentin der Akademie der Künste Berlin, sprachen wir über das Exil als Ausgangspunkt und Bedingung für künstlerisches Arbeiten. In ihrem Beitrag über Bat Rav Hisda widmet sich Cecilia Haendler einer weiteren Frau aus dem Talmud. Von Verlust und Erinnerung – und damit von zwei Seiten des Exils – erzählen die Gedichte von Zahava Khalfa. Die Rubrik endet mit einem Beitrag von Uffa Jensen zu einer Frage, die uns seit der Benennung des Magazins nach einer wütenden Frau aus dem Talmud umtreibt – ob Zorn nämlich jemals gerecht sein kann.

Der Themenschwerpunkt „Exile" beginnt mit einem Essay von Arielle Angel, der sich mit den Arbeits- und Denkbedingungen jüdischer Künstler*innen in den USA befasst. Der Text ist im Rahmen einer Kooperation mit dem New Yorker Magazin *Jewish Currents* aus dem Englischen übersetzt worden. Das Interview mit Maya Schweizer behandelt ihre filmische Arbeit *A Tall Tale*, von der die darauffolgende Strecke von Filmstills einen Eindruck vermittelt. Der Text von Thi Nguyen* nimmt noch einmal das dritte Heftthema *Allianzen* auf und befasst sich mit der Frage desintegrierter Verbindungen aus Sicht einer nicht-jüdischen marginalisierten Perspektive. Mit *Ich bin die Mizrahit* veröffentlichen wir erstmalig eine deutschsprachige Übersetzung des wohl bekanntesten Gedichts der israelischen Lyrikerin Adi Keissar. Michael Heinzmann befasst sich in seinem Text mit dem Exil als mystischer Figur in der Kabbala.

Valentin Lutset geht der Frage nach, unter welchen Umständen das Schwein koscher wird, wofür er alle möglichen religiösen jüdischen Autoritäten verwurstet. Anschließend haben wir einen Text von Mirjam Wenzel aufgenommen, Direktorin des Jüdischen Museums Frankfurt am Main, in dem sie danach fragt, was Museumsobjekte den Besucher*innen von Migration, Diaspora und Exil erzählen. Wir freuen uns ganz besonders, danach einen Text des unlängst von Autor*innen und Künstler*innen gegründeten Kollektivs Ministerium für Mitgefühl abzudrucken – durch Gerhild Steinbuch spricht die Ministydra des Ministeriums. Nino Binashvili fragt in ihrer künstlerischen Arbeit nach dem Preis unterschiedlicher Exile und danach, wer sie in den jeweiligen Gesellschaften zu sein hätte. Der wissenschaftliche Essay von Ansgar Martins und Leonie Wellmann diskutiert das Verhältnis der Kritischen Theorie zum Judentum. Ein Auszug aus dem Theaterstück *Double Crisis* gewährt einen Einblick in Sivan Ben Yishais apokalyptische, aggressive und witzige Abrechnung mit der Gegenwart. Die Rubrik endet mit einem Beitrag der israelischen Künstlerin Yael Frank. Sie befasst sich mit den physischen Bedingungen des Sichaufhaltens an unterschiedlichen Orten: Schweiß und Übersetzung.

In der Rubrik „Juden* und …" beschäftigen sich zwei Texte mit dem Thema Migration. Die Sektion hätte darum diesmal auch "Wir alle und Heime" heißen können. Der syrische Autor Mudar Al Haggi befasst sich mit der Gegenwart, wenn er in dem Hörspiel *Barsach* seine Lebensrealität in einer Geflüchtetenunterkunft beschreibt. Diese Erfahrung nimmt Anna Schapiro in ihrem Text „Fühlen Sie sich wie zu Hause, aber vergessen Sie dabei nicht, dass Sie zu Gast sind" auf; sie begibt sich darin in ‚ihre' ehemaligen Heime. Beide Texte sind Auszüge längerer Arbeiten.

In der Sektion „Vergessen, Übersehen, Verdrängt, Aufgefallen" versammeln wir Dinge, auf die wir hinweisen, an die wir erinnern oder die wir hervorheben wollen. Den Anfang macht ein Text von Jason Francisco, Michael Rubenfeld und Magdalena Rubenfeld Koralewska zu FestivALT, einem alternativen jüdischen Theaterfestival in Krakau. Anschließend folgt ein Text von Werner Renz über Fritz Bauers Buch zur Sexualstrafrechtsreform. Die Rubrik beschließt ein längerer Essay, den Atina Grossmann Anfang der 1980er Jahre anlässlich seines Abschieds aus Deutschland verfasst hatte. Ein historisches Zeugnis, das angesichts der Rede Broders vor der AfD-Bundestagsfraktion Ende Januar 2019 wieder an Relevanz gewonnen hat.

In der Rubrik „Streitbares" finden sich vier Beiträge. Hannimari Jokinen beleuchtet das fotografische Werk von Marc Erwin Babej. Lea Wohl von Haselberg untersucht den Umgang in Deutschland mit nationalsozialistischem Filmerbe. Der dritte Text von Sigmount Königsberg ist ein ausführlicher Leserbrief, der auf den Essay von Yasemin Shooman „*Wer redet für wen und mit wem?*“ antwortet, der in *Jalta* 3 erschienen ist. Den Abschluss macht ein Text von Micha Brumlik zum Thema Desintegration.

Es freut uns sehr, dass *Jalta* im In- wie Ausland immer mehr Aufmerksamkeit zuteil wird. Wir kooperieren nun mit der Israelischen Nationalbibliothek, in deren Archiven die Zeugnisse der vielen jüdischen Exile durch die Jahrhunderte versammelt liegen. Wir sind außerdem froh, dass wir mit *Jewish Currents*, einem jungen jüdischen Magazin aus New York, den Austausch von Artikeln vereinbaren konnten. Mögen viele weitere folgen.

In diesem Sinne wünschen wir ein experimentelles Lesen. Und viel Spaß mit unserer portablen Ausstellung.

MAX CZOLLEK / ANNA SCHAPIRO
(Heftverantwortliche für *Jalta* N° 05)

Inhaltsverzeichnis

1 — א
(NACH) JALTA

2 — ב
EXILE

3 — ג

JUDEN* UND ...

4 — ד
VERGESSEN, ÜBERSEHEN, VERDRÄNGT, AUFGEFALLEN

5 — ה
STREITBARES

1 — א

(NACH) JALTA

JÜDISCHER DEMOKRATISCHER PROTEST

Institutionelle und zivilgesellschaftliche Widerstände gegen die Gründung der Gruppe „Juden in der AfD" im Herbst 2018. Ein Redaktionsprotokoll

ZUSAMMENGESTELLT VON HANNAH PEACEMAN, MAX CZOLLEK UND LEA WOHL VON HASELBERG

August 2018 Seit Wochen hat es sich wie Wetterleuchten angekündigt, nun ist es offiziell: Im Oktober wird sich eine jüdische Gruppe in der AfD gründen: Die „Juden in der AfD". Zuerst kennen wir das Logo, dann auch den Ort der Veranstaltung.

24. September 2018 Am 24. September veröffentlichen wir, das Herausgeber*innenkollektiv von *Jalta*, als eine der ersten jüdischen Gruppen ein Positionspapier gegen die Gründung der JAfD:

> *Wir sprechen uns mit größter Entschiedenheit gegen die Gründung der Gruppe „Juden in der AfD" aus, die am 7. Oktober in Offenbach am Main stattfinden soll. Als jüdische Demokrat*innen in diesem Land setzen wir uns für eine plurale und vielfältige Gesellschaft ein, in der alle Menschen ohne Angst verschieden sein können und die aus der nationalsozialistischen Vergangenheit Lehren für Gegenwart und Zukunft zieht. Die Rhetorik und Praxis der AfD stehen diesem Anliegen diametral entgegen.*
> *Wir widersprechen der offenkundig von einigen wenigen Jüd*innen vertretenen Auffassung, es könne in jüdischem Interesse sein, sich der AfD anzuschließen, um Einfluss auf ihre Ausrichtung und Politik zu nehmen. Im Gegenteil, wir erachten eine solche Parteinahme als große Gefahr für unsere Sicherheit, für jüdisches und damit untrennbar verbunden für migrantisches Leben in Deutschland. Wir erachten es als Gefahr für die Demokratie.*

*Denn die AfD ist eine Partei mit faschistischen Tendenzen, deren personelle und ideologische Nähe zu neonazistischen Organisationen seit Langem bekannt ist und mit dem sogenannten „Trauermarsch" von Chemnitz eine neue Qualität erreicht hat. Am 27. August 2018 wurde in Chemnitz ein jüdisches Restaurant von Neonazis angegriffen, mit denen der Thüringer Landesvorsitzende der AfD Björn Höcke nur wenige Tage später gemeinsam demonstrierte. Der Auftritt von Björn Höcke mit Pegida-Funktionär*innen und bundesweit bekannten Kadern der Neonaziszene war der vorläufige Höhepunkt einer systematisch betriebenen Radikalisierung der Partei, die schon seit längerem zu beobachten ist. Was wäre wohl mit jüdischen Demonstrationsteilnehmer*innen passiert? Welchen Platz und welche Funktion hätten sie bei einer solchen Veranstaltung einnehmen wollen?*

*Es ist kein Geheimnis, dass die AfD offen menschenfeindliche, rassistische und antisemitische Positionen vertritt. Das wurde wiederholt klar von verschiedenen Funktionär*innen der Partei artikuliert. Wichtige Parteifunktionär*innen wie Björn Höcke, Alexander Gauland und Alice Weidel treten darüber hinaus für eine „Kehrtwende in der Erinnerungskultur" ein. Höckes „Dresdener Rede" vom 17. Januar 2017 und Gaulands „Vogelschiss"-Provokation im Juni 2018 sind dabei nur Höhepunkte einer Politik, die die Grenzen des Sagbaren Stück für Stück ausweitet, den Diskurs über den Nationalsozialismus nach rechts verschiebt und einen erinnerungskulturellen Konsens angreift. Sie betreiben Geschichtsklitterung und relativieren die Shoah. Die jüngsten Provokationen einer Gästegruppe aus dem Umfeld Alice Weidels in der KZ-Gedenkstätte Sachsenhausen sind nur ein weiteres Beispiel in einer ganzen Reihe. All das blieb ohne Konsequenz innerhalb der AfD. Dabei handelt es sich nicht nur um eine Verhöhnung der Opfer und Überlebenden der Shoah, sondern um einen Angriff auf unsere Demokratie, auf uns als Jüd*innen, auf alle Menschen, die in einer völkischen Ideologie als „anders" markiert werden. Die AfD will darüber hinaus durch ihre Forderungen, das Schächten und die Beschneidung zu verbieten, jüdisches und muslimisches Leben in Deutschland strukturell unmöglich machen.*

*Um es ganz klar zu sagen: In einer Gesellschaft, wie sie der AfD vorschwebt, sind alle Minderheiten und alle Demokrat*innen in Gefahr. Der Versuch, diese Ausrichtung der AfD von innen zu verändern, zeugt angesichts der Entwicklung der Partei von einer grotesken Selbstüberschätzung. Schlimmer noch: Er kann dazu beitragen, die AfD in den Augen vieler Menschen weiter zu normalisieren. Bei aller Radikalisierung zielen hierauf immer wieder Bestrebungen der AfD ab: Als normale bürgerliche Partei des demokratischen Parteienspektrums wahrgenommen zu werden. Eine jüdische Gruppe in der AfD kann hierfür als willkommene Legitimation und Unterstützung dienen – dem gilt es sich entschieden entgegenzustellen. Denn der streitbare Pluralismus politischer Überzeugungen innerhalb der jüdischen Gemeinschaft hat hier seine Grenze erreicht.*

*Wir rufen daher alle Jüd*innen dazu auf, sich aktiv für eine demokratische Gesellschaft einzusetzen und völkischen, rassistischen und menschenfeindlichen Positionen auch innerhalb der jüdischen Gemeinschaft zu widersprechen.*

Wer dieses Positionspapier unterstützen möchte, melde sich bei uns unter der Adresse jalta@neofelis-verlag.de

<u>25. September 2018</u> Das Statement hat sich über Nacht verselbstständigt. Angesichts hunderter Unterstützungs-Emails, die sich am Morgen in unseren Postfächern befinden, fragen wir uns, ob es wirklich klug war, die Redaktionsadresse von *Jalta* anzugeben. Auf Facebook wird der Post knapp 300 Mal geliked und erreicht 35.000 Personen.

<u>26. September 2018</u> Es wäre ja auch irgendwie witzig, wenn es nicht so traurig wäre. Auf Twitter schreibt einer: „Nach der Mitgliedervereinigung ‚Juden in der AfD‘ freue ich mich schon sehr auf ‚Kommunisten in der FDP‘ und ‚Walfänger bei den Grünen‘“. Stimmungspost.

Am selben Tag erscheint unser Aufruf bei *Zeit Online* mit den Unterschriften der bisherigen Unterstützer*innen. Die Mailflut in unseren Postkästen nimmt noch einmal deutlich zu. Wir überlegen, für unsere interne Kommunikation einen neuen Account einzurichten.

<u>28. September 2018</u> Der Besitzer des Restaurants in Offenbach sagt die Reservierung der JAfD ab. Er war von einem privaten Essen ausgegangen. Es ist also offen, wo sich die JAfD treffen wird.

<u>2. Oktober 2018</u> Die JAfD findet im Bürgerhaus in Wiesbaden-Erbenheim einen neuen Ort für ihre Versammlung. Dieser Ort zeigte sich schon in der Vergangenheit offen für rechte Veranstaltungen.
Ein neuer Ort für die Gegendemonstration muss gefunden werden.

<u>4. Oktober 2018</u> Der *Jalta*-Aufruf erreicht die internationalen Medien. In einem Artikel über die JAfD beziehen sich die *New York Times* und *Haaretz* sowie die russische Internetzeitung *Grani.Ru* auf unseren Text.
Am selben Tag veröffentlichen der Zentralrat der Juden in Deutschland sowie zahlreiche weitere Institutionen eine „Gemeinsame Erklärung gegen die AfD. AfD – keine Alternative für Juden!“, die auf verschiedenen Webseiten abrufbar ist. Darin heißt es u. a.:

Nein, die AfD ist eine rassistische und antisemitische Partei! Die AfD vertritt keinesfalls die Interessen der jüdischen Gemeinschaft. Eine Partei, die außer Hass und Hetze keinerlei gangbare Lösungen für die aktuellen Herausforderungen unserer Gesellschaft anzubieten hat, kann für niemanden eine Alternative sein. Kein Bürger dieses Landes, dem unsere Demokratie am Herzen liegt, kann sich mit dieser Partei identifizieren.

7. Oktober 2018 Die Kundgebung gegen die geplante Gründung der JAfD findet nun in Frankfurt am Main statt. Motto ist „AfNee – Diese Alternative ist nicht koscher“. Witziges Motto. Die Veranstaltung wird von der Jüdischen Studierendenunion Deutschland organisiert. Neben anderen spricht auch die *Jalta*-Herausgeberin Hannah Peaceman:

*Liebe Freund*innen, liebe Verbündete,*

unsere heutige jüdische Kundgebung für Vielfalt reiht sich ein in einen Aufbruch der demokratischen Zivilgesellschaft. 30.000 Menschen gingen am letzten Septemberwochenende in Hamburg bei der We'll Come United Parade auf die Straßen, 40.000 am 3. Oktober in München. In Berlin, Frankfurt und weiteren Städten sind Großdemonstrationen geplant.

*Der heutige Aufruf von uns jungen Jüd*innen ist ein wichtiges Zeichen dafür, dass wir, die große Mehrheit der Jüd*innen in Deutschland, aktiv und sichtbar für eine vielfältige Gesellschaft eintreten und den zivilgesellschaftlichen Aufbruch mitgestalten.*

Dass die AfD eine menschenfeindliche Partei ist, ist nichts Neues. Dass wir aber heute darüber diskutieren müssen, ob Seenotrettung legitim ist oder nicht, ob Menschenrechte wirklich für alle gelten oder nicht – diese Diskursverschiebung nach rechts ist der größte Erfolg der AfD, denn damit ist sie in der sogenannten Mitte der Gesellschaft angekommen. Der Rechtsruck ist kein Randproblem, sondern wirkt quer durch alle gesellschaftlichen Milieus.

*Die heutige Gründung der Gruppe „Juden in der AfD“ reiht sich ein in die „Normalisierung“ der AfD. Juden in der AfD können nur als Feigenblatt instrumentalisiert werden. Denn wer, wie die AfD, eine Minderheit angreift, greift alle Minderheiten an, auch uns Jüd*innen!*

Der gesellschaftliche Rechtsruck hat auch Einfluss auf die jüdische Gemeinschaft in Deutschland. Nach der Veröffentlichung unseres Positionspapiers gegen die Gründung der JAfD haben uns viele hundert Zuschriften erreicht. Die

Zuschriften bestätigten, dass es ein großes Bedürfnis gibt, die gesellschaftliche Polarisierung und den um sich greifenden Rassismus auch innerhalb unserer jüdischen Gemeinschaft zu thematisieren.

Deutlich wurde, dass viele sich gefragt haben, wie wir selbst nun aktiv werden können. Wir können in unserem Alltag jeder Form von antidemokratischem, antisemitischem, rassistischem und völkischem Gedankengut widersprechen, wie auch der Zentralrat fordert: in unserem Umfeld, an unseren Arbeitsplätzen, in der Uni, in den Gemeinden, bei uns am Küchentisch zu Hause. Denn der streitbare Pluralismus politischer Überzeugungen hat seine Grenze erreicht, wenn Menschenrechte missachtet werden.

*Wir setzen heute als junge Jüd*innen ein deutliches Zeichen gegen Rassismus. Wir zeigen und wir fordern Solidarität. Unser Protest ist keine Einbahnstraße.*

*Antisemitismus können wir nur bekämpfen, wenn wir dabei auch gegen Rassismus eintreten. Rassismus können wir nur bekämpfen, wenn wir dabei auch gegen Antisemitismus eintreten. Das Problem des Antisemitismus können wir nicht pauschal Muslim*innen anlasten! Er ist keine Frage der Herkunft oder der Religion, sondern ein Problem der ganzen Gesellschaft! Er hört nicht auf, indem man Grenzen schließt!*

Unser Eintreten gegen Antisemitismus und Rassismus ist kein „Entweder Oder“, sondern ein gemeinsames Anliegen.

*Und dafür brauchen wir mehr solidarische Bündnisse mit Jüd*innen, Migrant*innen, Muslim*innen, Roma*nija, Sinti*ze – mit allen Minderheiten und Verbündeten. Wir müssen lernen, einander besser zuzuhören. Wir müssen uns selbstkritisch fragen, wie wir in unseren Communities daran arbeiten können, dass wir gemeinsam füreinander eintreten. Wir dürfen uns nicht gegeneinander ausspielen und von niemandem vereinnahmen lassen. Dieses Zeichen wollen wir heute setzen. Und deshalb sagen wir ganz deutlich: In einer Gesellschaft, wie sie der AfD vorschwebt, können wir alle nicht sicher leben.*

*Mit unserer jüdischen Kundgebung treten wir gemeinsam und offensiv für unser Interesse an einer offenen und demokratischen Gesellschaft ein! Als junge Jüd*innen gestalten wir die Gesellschaft der Vielen aktiv mit!*

9. Oktober 2018 Der *Jalta*-Aufruf wird erneut in internationalen Medien verarbeitet. Die *Haaretz* interviewt Hannah Peaceman als Mitherausgeberin von *Jalta*.

13. Oktober 2018 Unter dem Motto „Solidarität statt Ausgrenzung“ demonstrieren bundesweit Menschen gegen rechte Gedanken und Übergriffe. In Berlin gehen eine knappe Viertel Millionen Menschen auf die Straße. Wir öffnen eine Flasche Prosecco und erlauben uns einen optimistischen Moment.

18. Oktober 2018 Die Menge an digitalen Zuschriften an die *Jalta*-Adresse hat deutlich abgenommen. Endlich haben wir uns durch die Mails der letzten Wochen gearbeitet und veröffentlichen eine aktualisierte Liste mit Unterstützer*innen auf Facebook. Es sind über 300 und sie kommen aus der gesamten Gesellschaft und aus dem ganzen Land und darüber hinaus.

31. Oktober 2018 Podiumsdiskussion mit dem Titel „Zwischen Positionierung und Instrumentalisierung – Innerjüdische Diskurse und die (Neue) Rechte", die *Jalta* in Kooperation mit dem Kompetenzzentrum für Prävention und Empowerment (ZWST) in Berlin durchführt.

Ziel des Podiums ist, das Gespräch fortzusetzen, das wir in der Redaktion und nach der Veröffentlichung des Positionspapiers auch mit Unterstützer*innen begonnen haben. Dabei sollen die unterschiedlichen Anliegen, aber auch die Kritik zur Sprache kommen, die uns erreicht hat. Wir wollen die Frage ernst nehmen, wie es jetzt weitergehen kann.

Wir kündigen die Veranstaltung folgendermaßen an:

Der Rechtsruck (in Deutschland) ist schon lange kein Randproblem mehr, sondern wirkt quer durch alle gesellschaftlichen Milieus. Die zunehmende Polarisierung gesellschaftspolitischer Diskurse um Migration, Erinnerungs- und Identitätspolitik stellt die jüdische Zivilgesellschaft vor die Aufgabe sich zu diesen Entwicklungen zu positionieren.

*Mit dem Einzug der AfD in den Bundestag sitzt eine Partei im Parlament, die den Rechtsruck verkörpert. Zugleich versucht sie, Jüd*innen zu instrumentalisieren, um diese Politik zu legitimieren. Dagegen wehrt sich die Mehrheit der in Deutschland lebenden Jüd*innen lautstark. Ihre Haltung ist: In einer Gesellschaft, in der eine Minderheit in Gefahr ist, sind alle Minderheiten und alle Demokrat*innen in Gefahr.*

*Ausgehend vom Protest gegen die Gründung der Gruppe „Juden in der AfD" möchten wir über die Situation in der jüdischen Zivilgesellschaft diskutieren. Welche Möglichkeiten gibt es, dem zunehmenden Rechtsruck entgegenzuwirken? Welche solidarischen Allianzen können wir als Jüd*innen in Deutschland stärken? Welche Mechanismen waren in den medialen Debatten der letzten Wochen zu beobachten und welche Strategien gibt es im Umgang mit Vereinnahmungen? Das Kompetenzzentrum für Prävention und Empowerment der ZWST veranstaltet am 31. Oktober 2018 zwischen 18.00 und 20.00 Uhr in Kooperation mit der Zeitschrift* Jalta *ein Podiumsgespräch.*

Auf dem Podium sitzen Sigmount Königsberg (Antisemitismusbeauftragter der Jüdischen Gemeinde zu Berlin), Hannah Peaceman (*Jalta*), Lea Wohl von Haselberg (*Jalta*), Jo Frank (ELES) und Marina Chernivsky

(Kompetenzzentrum, ZWST, *Jalta*). Jonas Fegert übernimmt die Moderation. Ca. 30 Menschen kommen zu der Veranstaltung und diskutieren mit. Es geht insbesondere auch darum, über die Gründung der JAfD hinaus Rassismus innerhalb der jüdischen Gemeinschaft zu thematisieren. Die Frage ist einerseits: Wie kann rechten und rassistischen Tendenzen entgegengewirkt werden? Und andererseits: Wie können die demokratischen und anti-rassistischen Kräfte gestärkt werden?

EPILOG – PROLOG Die zunehmende gesellschaftliche Polarisierung ist auch innerhalb der jüdischen Gemeinschaft zu spüren. Dabei geht es schon länger nicht mehr um die JAfD, die zwar kurzfristig großes Aufsehen erregt hat, aber ebenso schnell wieder aus der Öffentlichkeit verschwunden ist. Ein politisches Strohfeuer?! Vielleicht hat das auch damit zu tun, wie gut es gelungen ist, gemeinsam gegen diese rechte jüdische Positionierung Stellung zu beziehen.

Aus Perspektive der *Jalta*-Redaktion waren das Positionspapier und die folgenden Aktionen Ausdruck eines demokratischen jüdischen Protests. Wir verstehen das als Artikulation von Stärke und Selbstbewusstsein einer jüdischen Minderheit, die die deutsche Gesellschaft aktiv mitgestaltet. Die klaren solidarischen Bekenntnisse gegenüber jenen, die von rechts angegriffen werden, erlauben unseres Erachtens einen vorsichtig optimistischen Ausblick. Zugleich sind in den folgenden Wochen grundlegende Widersprüche, die es innerhalb der jüdischen Gemeinschaft gibt, in der Öffentlichkeit sichtbar geworden. Es ist unsere Überzeugung, dass es für ihre Bearbeitung eine Zukunft braucht, in der gestritten werden kann. Auf Grundlage der Demokratie und Menschenrechte! Denjenigen, die diese Grenze überschreiten, auch weiterhin keine Handbreit.

„DEM ANDEREN DAS GEFÜHL ZU GEBEN: DAS IST EINE HAND, NICHT EINE WAFFE, DIE ICH VOR MIR HALTE“

Ein Gespräch mit Jeanine Meerapfel

MAX CZOLLEK / ANNA SCHAPIRO

Ende November trafen Max Czollek und Anna Schapiro die Filmemacherin Jeanine Meerapfel, die seit 2015 Präsidentin der Akademie der Künste in Berlin ist. Es dämmerte schon, als wir uns an einen runden Tisch im Akademiegebäude am Pariser Platz setzten. Durch das Fenster waren die Umrisse des Brandenburger Tors zu sehen.

MAX CZOLLEK: Liebe Jeanine Meerapfel, der französische Regisseur Jean-Luc Godard wurde mal in einem Interview gefragt, ob er politische Filme mache. Seine Antwort war: Es gehe nicht darum, politische Filme zu machen. Es gehe darum, politisch Filme zu machen. Wie würden Sie ihr gegenwärtiges Verhältnis als Künstlerin zur Gesellschaft beschreiben?

JEANINE MEERAPFEL: Ich möchte damit beginnen, dass ich keinen Film kenne, der nicht politisch ist. Jeder medial vermittelte Ausdruck hat eine politische Bedeutung. Ob der Künstler das will oder nicht. Abgesehen davon betrachte ich mich nicht als Künstlerin, sondern als eine Filmemacherin. Wir, und mit „wir“ meine ich die Leute, mit denen ich in Ulm Film studierte, haben uns nie als Künstler verstanden, sondern immer als Menschen, die versuchen, in ihren Filmen Zusammenhänge herzustellen, und dadurch dazu beitragen, die Komplexität der Welt darzustellen, aber auch sich mit ihr auseinanderzusetzen. Für mich gibt es also keine künstlerische Arbeit. Es gibt eine Filmarbeit und die ist politisch.

ANNA SCHAPIRO: Könnte man daraus auch ableiten, dass Sie Ihre Arbeit generell als politisch bezeichnen würden? Ist der Film in diesem Fall eine Form dieser Arbeit und Ihre Tätigkeit als Präsidentin der Akademie der Künste eine andere?

JM: Die Ästhetik eines Films, die Sprache eines Films bedeutet die Suche nach einer Möglichkeit, sich mitzuteilen, und das ist etwas, was ihn grundlegend mit dem gesellschaftlichen Kontext verbindet. Die filmische Arbeit ist eine Art gesellschaftlichen Tuns und das nennen wir dann politisch, ja. Aber politisch nicht im Sinne dessen, was Politiker machen, sondern im Sinne von gesellschaftlich wirkend. Von etwas, das in der Gesellschaft wirken will. Insbesondere bei Alexander Kluge habe ich gelernt, die Themen, die ich anpacke, zu meinen eigenen zu machen und nicht zu versuchen, allgemein etwas auszusagen, sondern einen persönlichen Ausdruck dafür zu finden. Ein Film ist eine Einladung an die Zuschauer, mit mir zu denken und zu fühlen.

MC: Und unterscheidet sich die filmische Praxis von Ihrer Arbeit als Präsidentin der Akademie der Künste?

JM: Total. Meine Arbeit als Präsidentin setzt sich aus unterschiedlichen Elementen zusammen. Es ist eine organisatorische Arbeit, wobei Organisation hier beinahe eine philosophische Ebene meint. Es ist auch ein Vermittlungsjob, aber auf einer ganz anderen Ebene als im Film. Denn als Präsidentin suche ich nicht nach einem Ausdruck für meine Kreativität, einer Sprache, einer Ästhetik usw. Es ist eine politische Arbeit, vielleicht mehr als in meinen Filmen und sicherlich kollektiver. Denn: Was ich hier mache, das mache ich gemeinsam mit meinen Mitarbeiterinnen und den Mitgliedern der Akademie. Wir versuchen immer wieder Themen zu finden, die dem Publikum sagen, was wir über den Zustand der Welt denken. Und wir versuchen, auf diesen Zustand einzuwirken.

AS: Können Sie Beispiele dafür nennen?

JM: In der letzten Zeit haben wir uns beispielsweise mit Antisemitismus und Rassismus in unserer gegenwärtigen Gesellschaft beschäftigt. Aber schon bei der Ausstellung *Uncertain States* (2016) befassten wir uns mit der Frage nach künstlerischem Handeln in Ausnahmezuständen. Für mich war das eine der wichtigsten Ausstellungen, die wir bislang gemacht haben. Dafür stellten wir Archivmaterialien der Mitglieder der Akademie der Künste, die zwischen 1933 und 1945 Deutschland verlassen mussten, den Arbeiten von Künstlern und Künstlerinnen gegenüber, die zur Gegenwart von Exil und Migration arbeiten. Das war für mich prototypisch für eine Arbeit, die ich als Präsidentin machen kann.

AS: Diese Ausstellung war eine der letzten, die ich mir angesehen habe, bevor ich für ein Jahr nach Schweden ging, um Jüdische Studien zu studieren. Seitdem ich Mitte dieses Jahres zurückgekehrt bin, frage ich mich, ob das Studium mich oder ob Deutschland sich so stark verändert hat.

JM: Seit es die AfD gibt und seit Pegida auf den Straßen marschiert, hat sich alles verändert. Zum Schlechten. Dass die AfD in allen Regionalparlamenten ist, verändert unsere Welt und unsere Art zu leben.

MC: Inwiefern haben Sie den Eindruck, dass Ihre Arbeit als Filmemacherin oder als Präsidentin der Akademie eine ermächtigende Funktion hat – für Sie selbst oder auch für andere? Spielt der Begriff Selbstermächtigung überhaupt eine Rolle für Sie?

JM: Also, wenn wir unter Selbstermächtigung verstehen, dass wir Filme, Bücher, Kunst produzieren, die auf die Gesellschaft wirken, Einfluss auf sie nehmen, dann ja. Aber mehr als das sehe ich nicht. Ich sehe beispielsweise nicht, dass wir eine politische Partei gründen und dann tatsächlich versuchen zu regieren. Wenn das mit Ermächtigung gemeint ist, dann will ich das nicht. Dann interessiert es mich auch nicht. Aber ich kann mich im Film äußern. Ich kann mich äußern als Präsidentin der Akademie. Und ich kann mich mit anderen zusammentun und formulieren, was wir wollen und wie wir uns diese Gesellschaft vorstellen, wie wir sie träumen und was sich ändern muss.

MC: Für die Recherche zu diesem Gespräch habe ich mir auch ihr Kurzportrait für das Filmfestival Innsbruck von vor ein paar Jahren angesehen. Und da sprechen Sie über die Bedeutung der Erinnerung für den Versuch, Antworten auf die Gegenwart zu geben. Damals verwiesen sie auf den Film als Möglichkeit, diese Archive aufzurufen, um die Gegenwart anders zu verstehen. Sehen Sie das immer noch so?

JM: Ja, ganz sicher. Das Archiv ist aber nicht nur ein Ort der Inspiration, sondern auch ein Ort, an dem man sich selbst finden kann und an dem einem Dinge aufgegeben werden, die man zu tun hat. Ich denke auch daran, was A. L. Kennedy bei unserer letzten Mitgliederversammlung sagte: „Niemöller hatte recht. Primo Levi hatte Recht. Heinrich Heine hatte Recht. Wir müssen die Bücher hüten. Wir müssen die Kunst hüten. Wir müssen die Menschen hüten. Sonst gibt es eine Katastrophe." Ich meine, dass wir dieses Wissen mit uns tragen und hüten müssen. Das macht uns stark.

MC: Einer Ihrer Filme heißt *Die Kümmeltürkin geht*. Mich interessiert, wie Sie zur Frage der Allianzen stehen. In Bezug auf Filme, aber auch in Bezug auf einen Ort wie die Akademie der Künste, der schon in seiner Struktur eigentlich ein Ort der Bündnisse sein sollte. Und der Schock von 1933 ist ja gerade, dass diese Allianz verweigert wurde. Welche Rolle spielt Allianz für Sie?

JM: Das Schlimme ist, dass wir alle zum subjektiven Kampf erzogen worden sind, zum persönlichen Kampf. Insbesondere im Filmemachen ist man immer allein vorgegangen. Einzige Ausnahme waren die Achtundsechziger. Da haben wir wirklich Banden gebildet. Für die Produktion *Zwickel auf Bizyckel* haben wir sogar kollektiv gearbeitet. Ein völlig verrücktes Ding. Unsere Produktionsfirma hieß Eppelwoi Motion Pictures. Wir hatten uns vorgenommen, dass wir uns gegenseitig beibringen, was wir wissen. Also hat jeder einmal Regie, Kamera, Ton und Produktion gemacht. Die Frage, wer die schmutzigen Teller abwäscht, wurde da rausgehalten (*lacht*). Wir waren humorvoll und das ganze Projekt hatte etwas Dadaistisches, was gut war, was sehr gut war.

AS: Und heute?

JM: Auch in der Akademie der Künste sind Allianzen möglich. Ich habe das Gefühl, dass alle hinter mir stehen und an einem Strang ziehen, wenn wir bestimmte Themen angehen. Als wir mit Kathrin Röggla beispielsweise die Initiative gegen rechts *Die Vielen* vorgestellt und beschlossen haben, dass wir mit unterzeichnen, waren alle mit dabei. Oder als wir uns vorgenommen haben, die politische Aktivistin Milagro Sala, die in Bedrängnis ist, zu unterstützen. Sie ist im Norden Argentiniens dafür ins Gefängnis gekommen, dass sie mit einer Kooperative für den ärmeren Teil der Bevölkerung Sportplätze und Schulen in Salta gebaut hat, was dem Gouverneur nicht gepasst hat. Wir haben als Akademie der Künste einen Protest-Brief geschrieben, ihre Freilassung gefordert. Das ist nicht viel, aber wir haben uns geäußert. Oder wenn wir unser Mitglied Michael Ruetz darin unterstützen, dieses Buch[1] mit Fotos aus der Pogromnacht 1938 zu machen, und wir gemeinsam einen Abend mit dem Bundespräsidenten veranstalten, zu dem sehr viele Besucher kommen – dann denke ich, das ist die richtige Akademie, in der man nie vergisst, was hier geschehen ist. In der man sagt: Das darf nicht noch einmal geschehen. Das darf nicht noch mal passieren.

1 Anm. d. Red.: Gemeint ist das Buch *Pogrom 1938. Das Gesicht in der Menge* von Michael Ruetz und Astrid Köppe (Nimbus, 2018).

AS: Ich möchte noch einmal auf die Erziehung zum subjektiven Kampf zurückkommen, den Sie eben erwähnt haben. In der Akademie kommen ja sehr unterschiedliche Künstler und Künstlerinnen aus unterschiedlichen Sparten zusammen. Alles Menschen, die sich in ihren Biografien, mit ihrem Werk durchgesetzt haben. Dann gibt es Momente, in denen alle zusammenkommen, hinter Ihnen stehen, wenn beispielsweise ein gemeinsamer Brief verfasst werden soll, was eine ganz eigene Stärke hat. Aber wie steht es um einen Austausch, der auch die Arbeiten der einzelnen Künstler verändern würde. Findet so etwas statt?

JM: Denke ich schon. Es gab immer wieder solche Momente: Einer war sicherlich die bereits erwähnte Ausstellung *Uncertain States*, bei der sehr viele Mitglieder zusammengearbeitet haben. Für das Jahr 2019 planen wir außerdem ein Schwerpunktprogramm mit dem Titel „Wo kommen wir hin“, Unterzeile: „Der Widerstand der Ästhetik.“ Die Idee ist, dass die Akademie-Mitglieder sich gemeinsam auf die Suche nach einer Definition für ihre künstlerische Sprache begeben und sich fragen, wie sie damit umgehen. Für mich beinhaltet das die Frage, inwieweit es möglich ist, mit den Mitteln der Ästhetik Widerstand zu leisten. Jeder versteht den Titel natürlich anders, aber so verstehe ich ihn. Diese Kooperationen finde ich sehr spannend, diese Momente, in denen wir zusammenkommen und etwas gemeinsam machen. Das geschieht öfters – und deshalb finde ich diese Akademie auch ziemlich gut.

AS: Im Zusammenhang mit dem Thema Desintegration möchte ich noch mal auf den Film *Die Kümmeltürkin geht* zurückkommen, der 1984 veröffentlicht wurde. Als ich mir Ausschnitte ansah, war ich berührt, aber auch geschockt, dass uns heute immer noch die gleichen Themen bewegen!

JM: Und ich kämpfe immer noch mit denselben Fragen: Was ist Integration? Wie geht das? Worein soll integriert werden? (*zu Max Czollek*) Ich glaube, Sie haben geschrieben, dass die Forderung nach Integration voraussetzt, es gäbe etwas Deutsches, Festes, in das man sich integrieren könnte. Das ist auch eine große Frage für mich. In *Die Kümmeltürkin geht* antwortet Melek Tez auf meine etwas hinterhältige Frage, ob sie sich auch schon ein bisschen integriert habe: „Integriert? Worin? Was meinst du? Was soll das heißen? Ich habe in der Türkei auch Klamotten gehabt und habe das nicht erst hier gelernt“ und so weiter. Sie wehrt sich gegen die Frage und gegen das Bild des Mangels, das die Integrationsforderung transportiert. Und das ist Jahre, Jahre her. Und das war für mich schon immer ein zentrales Thema.

MC: Mir ist aufgefallen, und das finde ich wirklich interessant, dass Sie sich in den Interviews, die ich gelesen habe, an keinem Punkt als jüdisch bezeichnen. Aber immer kommt von den Interviewern oder Interviewerinnen die Frage, wie es sich denn mit Ihren jüdischen Eltern verhält und was das für Sie und Ihre filmische Arbeit bedeutet. Als Präsidentin der Akademie der Künste wiederum ist es Ihnen wichtig, dass Sie etwas zum 9. November machen. Welche Rolle spielen Sie da? Und welche möchten Sie gerne spielen?

JM: Sie gehen ja wirklich in die Wunden rein. (*lacht*)

MC: Ja, es interessiert mich.

JM: In meinem Film *Im Land meiner Eltern* sagt Hazel Rosenstrauch, dass sie zur Jüdin gemacht wird. Ich werde auch zur Jüdin gemacht. Und zur Frau auch. Kaum war ich gewählt, hieß es: Ach, die erste Frau als Präsidentin der Akademie der Künste. Wie fühlt es sich denn an? Und ich unterstreiche immer wieder, dass die Mitglieder mich nicht gewählt haben, weil ich eine Frau bin – das andere habe ich gar nicht mal erwähnt –, sondern weil ich etwas repräsentiere mit meiner Arbeit und mit meinem Wesen und mit meiner Haltung gegenüber der Gesellschaft und der Kunst. Aber man wird immer wieder festgeschrieben. Und darin spiegelt sich natürlich eine bestimmte Haltung der deutschen Gesellschaft wider, die ich als Mischung aus krankhafter Neugier und Selbstbeweihräucherung bezeichnen würde. Jeder Artikel beginnt mit dem Hinweis, dass ich die Tochter jüdischer Immigranten in Argentinien bin. Ich streiche das immer wieder raus, weil ich ich bin. Meine Familiengeschichte ist eine andere Story. Und wenn ich sie erzähle, ist es gut, aber andere dürfen das nicht einfach erzählen. Andere dürfen mich nicht dazu machen und sich damit beruhigen oder sonst was damit tun. Aber ich glaube, ich habe mich da nicht mal auf meinem eigenen *Wikipedia*-Eintrag durchsetzen können.

MC: Es steht im Moment nicht drin.

JM: Nein?

MC: Nein.

JM: Dann haben wir es zumindest dort geschafft! Meine Frage war aber immer auch, inwieweit ich selbst zu dieser Festschreibung beitrage mit den Themen, die ich in meinen Filmen behandle – das ist ja irgendwie alles auch biografisch. Gleichzeitig geht mir diese Diskussion sowas von auf den Keks: Was heißt schon autobiografisch? Natürlich sind meine Filme sehr persönlich. Natürlich handeln sie von Themen, die mich beschäftigen. Deshalb sehen sie so aus, wie sie aussehen. Und erzählen auf eine Weise, wie ich eben erzählen kann. Aber das zu reduzieren auf Frau, Jüdin, Tochter von Immigranten, das greift viel zu kurz.

AS: Können Sie etwas darüber sagen, wie sich Ihre Erfahrung in Deutschland in diesem Zusammenhang von Ihren Erfahrungen in anderen Ländern unterscheidet?

JM: Ich vergleiche das mal mit Argentinien, denn da kenne ich mich aus: Dort war das nie ein Thema, nie. Das einzige Mal, dass das eine Rolle spielte, war in der Zeit, als ich in diese bekloppte französische Privatschule ging. Damals wurde man in die Fächer Religion und Moral eingeteilt, wobei mit Religion selbstverständlich Katholizismus gemeint war. Ich wurde in Moral eingeteilt. Und das war der einzige Moment, in dem ich als junges Mädchen in Buenos Aires mein Jüdischsein stark gespürt habe. Aber in meiner Arbeit, in den Interviews, als wir die Filme zeigten, war das nie ein Thema. Deutschland ist da einfach anders, es hat eine andere Geschichte. Und das wird bleiben, nehme ich an.

MC: Wir haben ja schon über die Rolle gesprochen, die Sie als Präsidentin der Akademie der Künste einnehmen wollen. Was ist ihre künstlerische Position zu diesem Land?

JM: Ich habe immer wieder gesagt, dass die Deutschen, die ich kennengelernt habe, als ich nach Deutschland kam, und mit denen ich '68 erlebte, das Deutschland sind, das ich liebe. Weil sie das Gesicht dieses Landes verändert haben. Weil sie danach fragten, was ihre Elterngeneration gemacht hatte und warum niemand darüber sprechen wollte. Weil sie die bleiernen Fünfzigerjahre infrage gestellt haben. Diese Deutschen haben mich sehr beeinflusst und haben mir geholfen, hier zu bleiben. Sie gaben mir das Gefühl, dass ich im richtigen Land gelandet war. Gleichzeitig bleibe ich eine Fremde. Das ist die Position, von der aus ich meine Arbeit betreibe.

AS: Ist diese Position auch ein Motor für Ihre Arbeit?

JM: Ja, es ist gut, nicht vollständig da zu sein, wo man ist, sondern aus verschiedenen Perspektiven schauen zu können. Dahinter steht sicherlich die Frage nach Distanz und Nähe. Manchmal fühle ich mich sehr, sehr wohl hier in diesem Land und mag es sehr, weil es mir viel gegeben hat und ich es auch sehr schön finde. Aber ganz dazu gehöre ich nicht. Diese Distanz wird immer bleiben. Das ist Teil meiner Geschichte, weil ich nicht hier geboren bin. Wie geht es Ihnen denn? Sind Sie hier geboren?

MC: In der DDR. Die gibt es nicht mehr. Aber im Berliner Bezirk Friedrichshain. Also nicht so weit weg.

AS: Ich wurde in Moskau geboren. Diese Erfahrungen sind sicherlich ein Grund für das Heftthema Exile, mit dem wir fragen, was es bedeutet, gleichzeitig Teil und nicht Teil zu sein von dem Ort, an dem man arbeitet und lebt als Voraussetzung für einen bestimmten Blick. Inwiefern ist dieser fremdvertraute Blick eine Voraussetzung für künstlerische, intellektuelle und politische Arbeit?

MC: Gibt es so etwas wie ein bewusstes und produktives diasporisches Selbstverständnis?

JM: Ein bewusstes diasporisches Verhältnis zu Deutschland. Das gefällt mir. Wenn man sich von außen anschaut und gleichzeitig innen ist. Es wäre viel geholfen, wenn die Deutschen so etwas hätten.

MC: Darauf können wir uns einigen. Absolut.

JM: That is it. Das wäre gut. Das ist auch eine Form von Erzählen, die beginnt, nachdem man erkannt hat, dass man mit den Anderen draußen ist und nach innen guckt. Das ist auch wichtig für mich als Filmemacherin, dass du mit einem gewissen Abstand erzählst und gleichzeitig mit Wärme. Den Anderen das Gefühl zu geben: Das ist eine Hand, nicht eine Waffe, die ich vor mir halte. Mein Film *Im Land meiner Eltern* ist sehr scharf und sehr weich, sehr warm zugleich. Und damals sagten viele, du bist verrückt, dass du die Hand so ausstreckst. Daher kommt dieses Bild von der ausgestreckten Hand. Und in der Tat weiß ich, dass in meiner Argumentation, sei es in der filmischen, sei es in der sprachlichen Argumentation, immer dieser Wunsch mitschwingt, eine Wärme und ein Gefühl zu vermitteln, als streckte ich meine Hand aus. Ich schreie nicht. Und ich mache die Tür nicht zu. So etwas liegt nicht in meinem Wesen.

BAT RAV HISDA / בת רב חסדא

The Most Mentioned 'Nameless' Female Figure in the Babylonian Talmud

CECILIA HAENDLER

"The debates between Abbaye and Rava" (הויות ורבא דאביי / *havayot de-Abbaye ve-Rava*) denote, according to late Talmudic editors, the whole of the Talmud (*bSukkah* 28a, *bBava Batra* 134a). Since then this expression has become a synonym for Talmudic dialectics. Abbaye and Rava are indeed the great debaters and rabbinic legal authorities who created the core of Talmudic law in third and fourthcentury Babylonia. In their numerous discussions, the *halakhah* (Jewish law) almost always follows Rava's view (*bBava Metsia* 22b). He was "arguably the most creative and influential *Amora* of the Babylonian Talmud"[1] and determined much of what we call the Talmud and its way of thinking. If you say Talmud, you say Rava.

He shared his destiny, views and decisions with an outstanding and remarkable woman, who is very important for our understanding of rabbinic literature and of the world that created its classic tenants. When she is mentioned, she always has something compelling and relevant to say in Torah terms. The Talmudic text thus tends to position her strategically, conferring to her figure a particular depth.

However, the Talmud does not mention her by name. Throughout the Talmud, she is referred to as Bat Rav Hisda (בת רב חסדא), literally "the daughter of Rav Hisda." She thus lacks a proper name, which has been treated as a marker for her insignificance. This, however, risks being merely a mistaken reading of cultural codes related to the meaning of naming in Talmudic literature. Indeed, she is explicitly mentioned in the Babylonian Talmud no less than eleven times (more than Yalta, who is named seven times) and in addition, three

1 Shana Strauch Schick: Reading Aristotle in Mahoza? Actions and Intentions in Rava's Jurisprudence. In: *JLAS* 25: *Jewish Law and its Interaction with Other Legal Systems*. Liverpool: Devorah Charles 2014, p. 262–291, here p. 262.

times in the collective concept of "Rav Hisda's daughters:" "She is thus, without doubt, the most prominent female figure in the entire Babylonian Talmud."[2]

How can we then understand the contrast between the text's choice to repeatedly depict Bat Rav Hisda as a striking and important figure and the absence of her personal name? I propose to read the entire idea of naming in the Talmudic text somewhat differently. It can be argued that she is referred to by a title. Namely, her appellation in the Talmud, "daughter," is not much different from that of "Rava," an abbreviation of his full epithet Rav Abba, literally "father" (*bEruvin* 54a),[3] or from the nickname of "Abbaye," literally "my father"[4] (note that he lacks the title Rav), or "Em" "mother," the name of a famous woman whose sayings are cited by rabbinic scholars seventeen times (see the expression אמרה לי אם "Em told me").[5] These can be seen also as literary, not casual, epithets, referring in a way to the role that these figures have in the transmission of Torah: Rava and Abbaye are "fathers" and Em "mother" of Torah, Torah knowledge and Torah scholars, generating and disseminating them.[6] In the same vain, Bat Rav Hisda is marked as the daughter of a rabbi, a daughter of Torah, standing in its chain of transmission (and doing so very well). This is a lineage and prestige marker, a literary device that means: "she comes from Torah." Male figures are indeed also referred to merely as the "son of" or the "son of Rav … ."[7] One can therefore conclude that the boundaries between what we understand as a personal name or self and an identity crafted by a collective, familiar context are more blurred and complex than meets the eye. Such names represent how these personalities stand in function of Torah, of their rabbinic society.

Judith Hauptman, in *The Talmud's Women in Law and Narrative*, has shown how in the Talmudic period Torah study prominently took place in a courtyard, in a rabbi's home, and at a rabbi's table, involving his family,

---

2 Tal Ilan: *Massekhet Hullin*, A *Feminist Commentary on the Babylonian Talmud* V/3. Tübingen: Mohr Siebeck 2017, p. 232, excursus on Bat Rav Hisda. The explicit mentions are 1) *bBerakhot* 56a, 2) *bBerakhot* 62a, 3) *bShabbat* 129a, 4) *bEruvin* 65a, 5) *bHagigah* 5a, 6) *bYevamot* 34b, 7) *bKetubot* 39b, 8) *bKetubot* 65a, 9) *bKetubot* 85a, 10) *bBava Batra* 12b, 11) *bHullin* 44b. The collective ones are: 1) *bBerakhot* 44a, 2) *bShabbat* 140b, 3) *bQiddushin* 81b–82a. For historical novels on this character see Maggie Anton: *Rav Hisda's Daughter, Book I: Apprentice: A Novel of Love, the Talmud, and Sorcery*. New York: Penguin 2012; M. Anton: *Enchantress: A Novel of Rav Hisda's Daughter*. New York: Penguin 2014.

3 Tal Ilan: *Lexicon of Jewish Names* vol. 4. Tübingen: Mohr Siebeck 2002, pp. 309–318, esp. n. 1: "אבא means "father" in Aramaic [Marcus Jastrow, *Dictionary of the Targumim, Talmud Babli, Yerushalmi, and Midrashic Literatures*, New York: Judaica Press 1996, p. 2]" and point 17.

4 R Hai Gaon cited in: *Tosefot haRosh* on *bHorayot* 14a. Jastrow (*Dict*, p. 6) connects the name with the Aramaic term for 'prayer.' Abbaye's other (nick-)name, Nahmani, means 'consolation.' The name Yalta (ילתא) is the same as Ayalta (אילתא) and Ayalah (אילה), both indicating the dawn (אילתא דשחרא) or, more precisely, the first rays of sunlight (אילת השחר), the technical term marking the beginning of prayer time (cf. עלה השחר) (see Jastrow, *Dict*, p. 579, 50, 48). All this indicates highly crafted literary names, closer to descriptive, evocative epithets. The name Hisda itself is used in the Gemara in a wordplay: "Your name is *Hisda* (kindness) and your [Torah] words *hisdain* (find favor)" (שמך וחסדאין מילך חסדא *bGittin* 7a).

5 Tal Ilan: Female Personalities in the Babylonian Talmud. In: *Jewish Women: A Comprehensive Historical Encyclopedia*, March 1, 2009. *Jewish Women's Archive*. https://jwa.org/encyclopedia/article/female-personalities-in-babylonian-talmud (accessed: June 26, 2018).

6 Consider, however, also Tal Ilan: *Lexicon of Jewish Names* vol. 1. Tübingen: Mohr Siebeck 2002, p. 15: "Names that mean members of family were very popular in Aramaic […] as complete names." Among them the following are recorded: father, mother, brother, father-in-law.

7 Bar Qappara (e.g. *bBerakhot* 13a, *bar* means "son of") and Mar Bar Rav Ashi (e.g., *bBava Batra* 12b, literally "Mr. son of Rav Ashi", called also Tavyomi "good days") are two figures well known and repeatedly mentioned in the Talmudic text.

with the rabbinic house functioning as a new sacral center after the Temple (*bBerakhot* 55a). Rabbis' daughters are depicted as carrying on their fathers' teachings and being exposed on a daily basis, in a unique way, to piety and learning, which they themselves then fostered:[8]

> *[T]he Rabbi's daughter enjoyed a privileged exposure to the world of Jewish scholarship and ritual leadership* […]. *Situated in terms of familial affiliation at the center of Jewish learning and communal responsibility, she* […] *[gains] access to a [particular] depth of religious education and involvement.*[9]

On the one hand, the rabbis' daughters and the other women of the family are informed and 'created' by the Torah as subjects and scholars; on the other hand, they themselves inform and shape the Torah and rabbinic Jewish law. This mutual relationship seems to depend on rabbinic Torah's formation and transmission, being both a practical and an intellectual enterprise, involving the entirety of a person's life. Bat Rav Hisda strongly represents these two aspects, showing the mutuality or reciprocity interweaving the rabbinic Torahic tapestry.

The first Talmudic story about Bat Rav Hisda considered here can be introduced with Asnat Barazani's (female rabbinic scholar, Kurdistan, seventeenth century) words: "I grew up on the laps of scholars, anchored to my father of blessed memory. I was never taught any work but sacred study, as it is said, 'And you should recite it day and night'." (Josh 1:8) In *bBava Batra* 12b, it is stated that prophecy was given to children and, as proof, a story about Bat Rav Hisda is told. When she was a child, "she was sitting on her father's lap, while his young students Rava and Rami bar Hama were sitting before him." Students sitting in front of a teacher is a textual marker that indicates they are engaging in Torah study. Thus, the image created is one where the daughter of Hisda and his favorite pupils are learning with him. Bat Rav Hisda is situated in the "bet midrash," which could be her father's house or anywhere else where Torah study takes place, on her father's lap.

"Then Hisda asked his daughter: Which one of these two do you want?" This question is brazen, but even more so her answer: "She said: both." No critique or negative reaction follows her self-assurance and sense of self. Only Rava's quick reply or plea: "let me be the last." This is indeed what happened according to the fabulous Talmudic narrative. She married Rami first (*bBerakhot 44a*, where it is also stated that she was a priestess / *kohenet*), who then died young (*bBerakhot* 47b), and afterwards she married Rava – who expresses his crush on her and his deep love repeatedly, as reported in different Talmudic traditions (e.g., *bBerakhot* 56a, *bShabbat* 129a). Thus, the text understands Bat Rav Hisda to be a prophetess (תנוקת מאי היא כי הא דבת רב חסדא – "From where do we learn that prophecy was given to children? From the case of Bat Rav Hisda"). And a scholar. And a person bestowed with status, power, intelligence and desire, recognized and admired as such by her rabbinic family / community. Since all those aspects are ascribed to her during her childhood, they are depicted as inherent to her character. They indeed appear in all the other stories in which she is protagonist. Note that the question

8 Dvora Weisberg: Desirable but Dangerous: Rabbis' Daughters in the Babylonian Talmud. In: *Hebrew Union College Annual* 75 (2004), pp. 142–147.

9 Wendy Zierler: The Rabbi's Daughter in and out of the Kitchen: Feminist Literary Negotiations. In: *Nashim* 5 (Fall 2002), pp. 84–85.

about the two men can be seen as requiring and involving Torah acumen. Rami champions a form of Torah study based on reasoning (סברא – *svara*), mainly without referring to early sources for support (*bZevahim* 96b), while Rava is the master of finding solutions and formulating decisions, making sense of traditional, contradictory statements. Their figures represent the authoritative tension between different approaches to the development of *halakhah*.

As noted by Tal Ilan in her excursus on Bat Rav Hisda,[10] the first aspect, namely Bat Rav Hisda's display of knowledge, her direct involvement in, and exposition to her father's learning recurs also in *bEruvin* 65a, where Hisda speaks with her in Torah-encoded, enigmatic wisdom, taking for granted her understanding of it. Elsewhere Hisda is reported to state: "And as for myself, I prefer daughters to sons" (*bBava Batra* 141a). In another story, Bat Rav Hisda's maternal grandfather (and her father's teacher) took her, "his daughter's daughter and placed her on his lap" (*bQiddushin* 81b–82a). This is reported as being "for the sake of Heaven", probably meaning he wanted to teach her Torah. In *bHullin* 63a, while talking to his son and mentioning one of his father-in-law's teachings, Hisda states: "*your mother's* father said ... [my emphasis]," thus making his wife the connecting Torah transmission link. These examples frame the family's attitude toward Torah-making as involving both women and men.

Desire is also a recurrent topic in Bat Rav Hisda's stories, as in *bYevamot* 34b: "Rava said to Bat Rav Hisda: the rabbis are gossiping about you. She said to him: I had set my mind on you." She tells Rava in a straightforward manner that while she was a widow, she desired him and wanted to have sex with him, as is clear from the story setting. She is indeed an impressive personality, unapologetic in her wishes and, interestingly, her voice is narrated by the rabbinic text. Her father teaching her about modesty (*bShabbat* 140b, "a most precious and desired thing is hidden") in no way stands in conflict, but rather in connection, with the expression and realization of her sexual interest. Indeed, Rava's legislation that a husband should give sexual pleasure to his wife according to her desire (*bPesahim* 72b) is unmistakably influenced by her ways.

In numerous passages, Bat Rav Hisda has the role of advising, instructing, and protecting Rava. In *bKetubot* 39b, she informs him how it feels for a woman who engages in sexual relations for the first time and on this basis, he decides about his ruling (in the same section Rav Pappa brings the opinion of Bat Abba Sura, his wife and daughter of his rabbi). In *bKetubot* 85a, Rava rules in court according to the opinion of Bat Rav Hisda, preferring it over the opinion of another important rabbi. Asked if "this Rav's testimony is not as worthy as Bat Rav Hisda's," he replies, by using a unique expression (קים לי בגווה – *qim li be-gavah*): "she has my complete trust; he does not." Regarding another ruling (*bHagigah* 5a), Rava repeats: "Bat Rav Hisda has my complete trust, because she is an expert [of *halakhah*], so I can relate to her in this matter." Another fragment of their relationship is a discussion in *bHullin* 44b, which sounds similar to a typical exchange between two rabbis. Bat Rav Hisda cites her father's teaching like a student citing his sage. Rava recognizes his wife as someone who understands rabbinic reasoning and thinking, and defends himself from her critique like a disciple caught in error.

10 Ilan: *Massekhet Hullin*, p. 233.

We can see that Bat Rav Hisda informs Torah as well as male identity, creating the tie between her husband and her father. Her position as his teacher's daughter epitomizes her as an intermediate transmission and teaching link between the two rabbinic figures of Rav Hisda and Rava. She is imbricated in a family/household structure that informs her knowledge and identity, but she also advises, educates and instructs it back. The expression "marrying one's Rav" (meaning, "marrying one's Rav's daughter") expresses well how Bat Rav Hisda legitimizes the figure of her husband. She contributes to the making of his scholarly identity, due to an unusual mix of her personality and of her father's authority, which has been bestowed upon her. Subject formation and making is mutual between the two characters of Rava and Bat Rav Hisda. This mutuality is represented by her protecting him from demonic forces and enemies with magic (*bBerakhot* 62a), but also by him taking care of her and keeping her warm when she falls ill, in a domestic image depicting Rava completely in service of his wife (*bShabbat* 129a).

A dream interpreter has constantly threatened Rava with all sorts of maledictions, including the death of his wife. Rava, discovering he was merely a charlatan, said: "I can forgive you for everything, except for what you said about Bat Rav Hisda" (*bBerakhot* 56a). She was just too important for him to lose.

Christoph Rodde:
Im Fluß, 2013.
Filzstift auf Papier, 100 × 70 cm.

VIER GEDICHTE

ZEHAVA KHALFA

שפת אם

אוּם מַחְמוּד שֶׁבַּסֵּתֶר קוֹרְאִים לָהּ נַאגְ׳לָה
וּבָרִשְׁמִית פְּרַאוּ מַהַמוּד
וּבֵינֵינוּ לֹא קוֹרְאִים לָהּ
גַּם לִי לֹא
אֲנַחְנוּ פֹּה בְּשָׂפָה אַחַת
הִיא מַסְבִּירָה לִי אֵיךְ מְכִינִים פָּלָאפֶל מִצְרִי עִם פוּל
مقشر[1]
לְרֶגַע חָשַׁבְתִּי שֶׁאָמְרָה כָּשֵׁר.
עִם עשבי תִּבּוּל, معدنوس[2] קָצוּץ וְכַמּוֹן
לֹא הַרְבֵּה.
עַל הַדֶּרֶךְ קוּ-דָּאם עִם בֶּטֶן מְלֵאָה בְּבַת קְטַנָּה
לָאוּלטְרָה-סָאוּנְד וּבַחֲזָרָה.
מְחַלֵּק הַפְלָיֵרִים מַצִּיעַ לָנוּ עִסְקִית בַּחֲצִי מְחִיר
וּמַחְמוּד הַקָּטָן מִסְתַּכֵּל עַל הַיּוֹנִים וְשׁוֹאֵל לָמָּה הֵן
אוֹכְלוֹת כָּל הַזְּמַן
הִיא מַזְכִּירָה לוֹ שֶׁגַּם הוּא הַבֹּקֶר אָכַל
וְשׁוּב מַחְמוּד מְדַבֵּר וְהִיא עוֹנָה בְּהִמְהוּם,
יוֹנָה.
מֵאֵיפֹה אֲנִי
אַרְבָּעִים שָׁנָה
הַהוֹרִים שֶׁלִּי מִלּוּב
אֲנִי עוֹנָה
וַאֲחוֹתִי מְסַפֶּרֶת עַל הָרְדִיפוֹת שֶׁל הַיְּהוּדִים
בְּסוּרְיָה לִפְנֵי שְׁלוֹשִׁים שָׁנָה
שְׂפַת אֵם, לִפְעָמִים זוֹרֶמֶת לִפְעָמִים תְּקוּעָה
הֲכָנָה לְנִתּוּחַ קֵיסָרִי
מְתַרְגֶּמֶת לָהּ מִסְמָכִים לַעֲרָבִית
אֵיךְ אוֹמְרִים בַּלּוּטַת הַתְּרִיס
אֵין לָךְ בְּעָיוֹת בַּבַּלּוּטָה, אֲנִי בּוֹחֶנֶת אֶת עֵינֶיהָ
כְּלִי מַזִּיעָה.

Muttersprache

Umm Mahmud, die man diskret Nadschla nennt
Und offiziell Frau Mahamud
Und unter uns nichts
Und auch mich nicht
Wir sprechen hier eine Sprache
Sie erklärt mir, wie man ägyptische Falafel bereitet mit *ful*
muqaschschar[1]
Für einen Moment dachte ich, sie sage *kascher*
Mit Würzkräutern und gehackter Petersilie und Kreuzkümmel,
davon nicht zuviel
Am Ku'damm, den Bauch voll kleiner Tochter
Auf dem Weg zum Ultraschall
Ein Flugblattverteiler offeriert das Geschäftsessen zum halben Preis
Der kleine Mahmud betrachtet die Tauben und fragt, warum die
dauernd äßen
Sie erinnert ihn daran, dass auch er heute Morgen gegessen hat
Und Mahmud redet weiter und sie antwortet murrend,
Eine Taube.
Woher ich bin?
Vierzig Jahre
Meine Eltern sind aus Libyen
Antworte ich
Und meine Schwester erzählt über die Judenverfolgungen
In Syrien vor dreißig Jahren
Muttersprache, manchmal fließend manchmal stockend
Vorbereitungen auf einen Kaiserschnitt
Ich übersetze ihr Formulare ins Arabische
Wie sagt man Schilddrüse
Du hast keine Probleme mit der Drüse, ich prüfe ihre Augen
Schweißgebadet.

AUS DEM HEBRÄISCHEN
VON LUKAS MÜHLETHALER

---

1 מְקֻשָּׁר (מְקֻלָּף)
2 מַעֲדנוּס (פֶּטְרוֹזִילְיָה)

---

1 Geschälte Favabohnen.

פרעה	Pharao
אֲנִי רְצוּעָה לְפַרְעֹה	Ich bin an Pharao gefesselt
אַל תִּקְרָא לִי מִדְבָּר	Erzähle mir nichts von Wüste
נִשְׁמַת שִׁפְחָה נִשְׁמָתִי	Meine Seele ist die einer Sklavin
אַל תִּקְרָא לִי מֹשֶׁה	Erzähle mir nichts von Mose
רְצוּעָה בְּמַרְצֵעַ	Angebunden durch den Pfriem
לְיַד מַשְׁקוֹף חָלוּד	Neben rostigen Zargen
אַל תִּקְרָא לִי חֵרוּת	Erzähle mir nichts von Freiheit
בְּלִבִּי חָרוּת הַשּׁוּם	In meinem Herzen eingegraben
רֵיחַ הַשּׁוּם וְהַקִּשּׁוּאִים	Sind Knoblauchgeruch und Zucchini
קְלִפּוֹת שֶׁל בְּצָלִים	Die Schalen von Zwiebeln
אַל תִּקְרָא לִי כְּנַעַן	Erzähle mir nichts von Kanaan
אֲנִי נִשְׁאֶרֶת כָּאן	Ich bleibe hier
לָמוּת	Zu sterben.

AUS DEM HEBRÄISCHEN
VON LUKAS MÜHLETHALER

עמוס	Amos
אִמָּא,	Mutter
בָּאנוּ לָךְ מַהֵר מִדַּי,	Zu schnell kamen wir für dich
סְלִיחָה.	Bitte verzeihe
רַק רֶגַע אַחֲרֵי הַחֲתֻנָּה	So kurz nach der Hochzeit
לֹא הָיִית מַמָּשׁ מוּכָנָה.	Warst du nicht wirklich bereit
וְאַתְּ כְּבָר אִמָּא.	Und wurdest doch Mutter
וְשׁוּב אִמָּא וְשׁוּב	Und nochmals Mutter und nochmals
כְּבָר חָשַׁבְתְּ לִבְרֹחַ לֹא לָשׁוּב	Und dachtest an Flucht ohne Rückkehr
מִבֵּית הַצְּעָקוֹת, הַיְּלָדִים וְהַמַּכּוֹת.	Aus dem Haus des Gekreischs, der Kinder und Schläge
אִמָּא	Mutter
בֵּין בְּרִיחָה לִבְרִיחָה חָזַרְתְּ	Zwischen Flucht und Flucht kamst du zurück
כְּדֵי לִסְבֹּל עוֹד מְעַט	Um etwas später nur
אֶת אוֹתוֹ יוֹם שִׁשִּׁי	Jenen Freitag zu erleiden
אֵיךְ רֶגַע לִפְנֵי שַׁבָּת	Als kurz vor Schabbat
כְּשֶׁבָּאוּ לוֹמַר לָךְ חֲבָל עַל הַטִּרְחָה	sie kamen dir zu sagen: Die Mühe lohnt sich nicht
הַשַּׁבָּת שֶׁתָּבוֹא אֵינָהּ שַׁבָּת שֶׁל מְנוּחָה	Dieser Schabbat wird kein Tag der Ruhe
וְאַתְּ, אִמָּא,	Und du, Mutter
צָרַחְתְּ,	Hast geschrien
אֶת שְׂעָרוֹתַיִךְ קָרַעַתְּ,	Dir Haare ausgerissen
אֶת שְׁתֵּי לְחָיַיִךְ מָרַטְתְּ	Deine Wangen zerkratzt
וְהוּא לֹא שָׁב	Er aber kam nicht zurück
רַק אֹסֶף יְלָדִים מָאוּס	Nur ein Haufen lästiger Kinder
מַבִּיט בָּךְ, מְצַפֶּה לִתְשׁוּבָה	Schaute dich an eine Antwort erwartend
וְאַתְּ חָשַׁבְתְּ	Und du erwägtest
אֶת מִי מֵהֶם הָיִית	Welches von ihnen du
בִּמְקוֹמוֹ מַקְרִיבָה	an seiner statt geopfert hättest

AUS DEM HEBRÄISCHEN
VON LUKAS MÜHLETHALER

חֲצוּיִים
אִמִּי עוֹרֶמֶת תַּבְלִינִים עַל צַלַּחַת
לְאַט כְּמוֹ בְּבַקְבּוּק עָפָר צִבְעוֹנִי:
פִּלְפֵּל אָדֹם בּוֹהֵק,
שׁוּם מָעוּךְ בְּתַחְתִּית,
וְכֻרְכּוּם בְּאֶמְצַע לְיַד הַמֶּלַח
הַגַּס כְּמוֹ יָדֶיהָ.
אַט אַט נוֹצָר קוֹנוּס צִבְעוֹנִי,
לֵיצָן צוֹחֵק בְּעֶצֶב.
אִמִּי עוֹרֶמֶת תַּבְלִינִים,
כְּמוֹ אֶת רִגְשׁוֹתֶיהָ:
תִּסְכּוּל מְרִירוּת וְהָאַהֲבָה.
מְעַרְבֶּבֶת טוֹב עִם מַיִם
וּמְבַשֶּׁלֶת עַל אֵשׁ קְטַנָּה
עִם תַּפּוּחֵי אֲדָמָה חֲצוּיִים,
וְרֶסֶק עַגְבָנִיּוֹת מְשִׁימוּרִים.
אִמִּי רוֹקַחַת חַיִּים.
וְאָנוּ הַיְלָדִים אוֹכְלִים,
מוֹעֲכִים אֶת הַחִצִּים
בִּמְרִירוּת הַשּׁוּם
אֶת תִּסְכּוּל הַמִּילִים
בָּרוֹטֶב הָאָדוֹם הָאָדוֹם הַזֶּה
טוֹבְלִים אֶת הַלֶּחֶם וּבוֹלְעִים
כָּךְ גָּדַלְנוּ חַיִּים שְׁלֵמִים
חֲצוּיִים.

Halbiert
Meine Mutter stapelt Gewürze auf einem Teller
so langsam wie bunte Erde in einer Flasche:
leuchtend rote Paprika
zerdrückter Knoblauch
und Kurkuma neben dem Salz
grob wie ihre Hände.
Langsam, langsam formt sie einen Farbkegel
ein traurig lächelnder Clown
meine Mutter stapelt Gewürze
wie ihre Gefühle:
Frustration, Bitterkeit und Liebe.
Im Wasser gut verrühren
und bei niedriger Hitze
mit halbierten Kartoffeln kochen.
Tomatenpaste in Dosen
Meine Mutter behandelt das Leben.
Und wir Kinder essen,
quetschen die Pfeile
in die Bitterkeit des Knoblauchs
die Frustration der Worte
in diese rote rote Soße
tunken das Brot und verschlingen es
So wuchsen wir auf, ein ganzes Leben
halbiert.

AUS DEM HEBRÄISCHEN
VON HANNA PRZESZLAKOWSKI

KANN ZORN GERECHT SEIN?

Gedanken über eine alte Erzählung

UFFA JENSEN

Diese Zeitschrift ist nach einer der wenigen prominenteren Frauenfiguren im Talmud benannt: Jalta. Im Babylonischen Talmud, genauer im Traktat Berachot (dt.: Segenssprüche), wird eine Geschichte über sie erzählt, die uns in das Herz des politischen Zornproblems führt. Der Geschichte zufolge kehrte der jüdische Gelehrte Ulla bar Jischmael, der am Ende des 3., Anfang des 4. Jahrhunderts unserer Zeitrechnung wirkte, auf einer seiner Reisen zwischen Palästina und Babylonien bei Rav Nachman ein, einem in Babylonien ansässigen jüdischen Gelehrten, der wiederum mit Jalta verheiratet war. Nach dem gemeinsamen Mahl sprach der Gast Ulla, wie es der religiösen Tradition des talmudischen Judentums entsprach, einen Segen und reichte Rav Nachman den Segensbecher. Darauf schlug dieser seinem Besucher vor, den Becher auch an Jalta zu schicken, die offenkundig nicht direkt an dem Mahl teilgenommen hatte. Der Gast verneinte dies mit einem Zitat von Rabbi Jochanan: „Die Leibesfrucht der Frau wird nur durch die Leibesfrucht des Mannes gesegnet, denn [in der Tora] heißt es: „Er [Gott] wird deine Leibesfrucht segnen" (Deut 7,13) – es heißt nicht „ihre [fem.] Leibesfrucht," sondern „deine [masc.] Leibesfrucht." Mit diesen Worten verweigerte der Reisende aus Palästina Jalta als Frau die symbolische Teilhabe an dem Segen. Dass Ulla in seiner Begründung auf die menschliche Fruchtbarkeit einging und das Primat des Mannes darin behauptete, verstärkte den beleidigenden Charakter. Möglicherweise verweist diese Episode auch auf eine unterschiedliche Geschlechterpolitik in zwei verschiedenen jüdischen Gemeinschaften der spätantiken Welt.

Jalta, von der im Talmud an anderer Stelle berichtet wird, dass sie aus einem hochgestellten Haus des babylonischen Judentums stammte, reagierte prompt auf diese Demütigung: „Als Jalta dies unterdessen hörte, stand sie *zornig* auf, ging in die Weinkammer und zerschlug vierhundert Krüge Wein."[1] Als Rav Nachman Ulla danach erneut aufforderte, ihr den Becher des Segens zu schicken, wollte Ulla auch diesmal nicht folgen. Jalta ließ ihm daher ausrichten: „Von Herumtreibern kommt Geschwätz, von Lumpen Ungeziefer."[2] Aus ihren Worten triefte der Spott: Der Reisende zwischen Palästina und Babylonien, Ulla, sei eigentlich eine Art Landstreicher, schwätze nur und bringe Schaden und Ungeziefer nach Babylonien.

Diese Episode ist von der feministischen jüdischen Theologie vielfältig interpretiert worden, was auch damit zusammenhängt, dass Jalta eine der wenigen Frauen im Talmud ist, über die etwas mehr bekannt ist als ihr Name und ihre Beziehung zu Männern. Die Geschichte hat viele unterschiedliche Aneignungen inspiriert, inklusive einer Nachstellung der Zerstörung von 400 Flaschen Wein, die auf YouTube einsehbar ist und die Dimension von Jaltas Zorn besonders fassbar macht.[3] Mich interessiert diese Episode auch aus einem weiteren Grund. Die talmudische Erzählung von Jalta macht uns auf ein grundlegendes Problem politischer Emotionen aufmerksam: Sind Gefühle wie Zorn in der Politik gerecht und gerechtfertigt?[4] Es ist zunächst ja gar nicht offensichtlich, um was es bei Jaltas Zorn ging. Um das Unrecht, das in der Missachtung Ullas lag? Um ihren Status als wichtige Persönlichkeit? Möglicherweise erweist sich ihr Zorn auch als ein Bemühen, ihre Würde als Frau und als Mensch gegen die Diskriminierung zu behaupten. Mir scheint zudem, dass ihr Zorn spricht, sie sich mit diesem Gefühlsausbruch an jemanden wendet; doch an wen? An Ulla? An die jüdischen Männer? Oder gar an uns alle?

I. ZORN ALS POLITISCHES GEFÜHL Zorn, Wut und Empörung liegen oft nahe beieinander, sodass wir zwischen ihnen in unserer heutigen Alltagssprache kaum unterscheiden. Dennoch lohnt es sich, über die feinen Differenzen nachzudenken.[5] Die phänomenologisch-philosophische Literatur beschreibt Wut als einen „Zustand hoher affektiver Erregung", der sich allerdings nicht unbedingt auf ein konkretes Unrecht beziehen muss, sondern auch von allgemeinen Hindernissen, Frustrationen etc. ausgelöst sein kann.[6] In diesem Sinne funktioniert Wut ungerichteter und ist weniger moralisch aufgeladen. Zorn braucht dagegen ein Objekt, dem wir zürnen, und ein Unrecht, das unseren Zorn auslöst. Zorn verfügt über eine ‚alttestamentarische Wucht', mit der wir uns über ein konkretes Unrecht echauffieren.

Es gibt beim Zorn einen wichtigen Unterschied zum Hass: Beispielsweise können wir Zorn über ein Fehlverhalten unseres Kindes empfinden; wenn wir es aber deswegen beginnen zu hassen, ist unsere Eltern-Kind-Beziehung grundsätzlicher gestört. Auch wird in unserer Gesellschaft Hass viel stärker tabuisiert als Zorn oder Empörung. Das liegt nicht zuletzt

1 *bBerachot* 51b. Die Kursivierung stammt von mir. Die Übersetzung habe ich übernommen von Charlotte Elisheva Fonrobert: Der Zorn der Babylonierin Jalta In: *Jalta. Positionen zur jüdischen Gegenwart* 1,1 (2017), S. 14–21, S. 14.

2 Siehe ebd., S. 15.

3 Yalta's Beit Midrash בית המדרש של ילתא. https://www.youtube.com/watch?v=AX1MQHealYw (Zugriff am 04.01.2019).

4 Solche Fragen ergaben sich fast automatisch im Nachklang meines letzten Buches: Uffa Jensen: *Zornpolitik*. Berlin: Suhrkamp 2017.

5 Mein eigenes Verständnis von negativen Emotionen hat stark von dem weitgehend vergessenen Phänomenologen Aurel Kolnai profitiert. Vgl. vor allem Aurel Kolnai: *Ekel, Hochmut, Haß. Zur Phänomenologie feindlicher Gefühle*. Frankfurt am Main: Suhrkamp 2007.

6 Johannes Friedrich Lehmann: *Im Abgrund der Wut. Zur Kultur- und Literaturgeschichte des Zorns*. Freiburg i. Br.: Rombach 2012, S. 165.

an dem Charakter des Zorns als Reaktion auf ein Unrecht: Wir glauben uns zum Zorn legitimiert. Es muss dagegen viel passieren, bis uns Hassen erlaubt ist. Wenn jedoch ein Zorngefühl beständig aufgerufen und mobilisiert wird, wenn der Zornige also glaubt, immer wieder ins Unrecht gesetzt zu werden, dann ist es möglich, dass diese Tabuschranken überwunden werden und Hass entsteht.

Um auf Jalta zurückzukommen: Wir haben sofort den Eindruck, dass Jaltas Zorn Teil von Politik, ja von Geschlechterpolitik war. Dort hat Zorn keinen guten Leumund. Martha Nussbaum kritisiert in ihren neuesten Arbeiten zu politischen Gefühlen gerade die gegenwärtig so epidemischen Gefühle Wut und Zorn als „Gift für demokratische Politik".[7] Unter Rückgriff auf antike Philosophie führt Nussbaum aus, dass Zorn auf das Engste mit niederen Rachegelüsten zusammenhängt. Zorn basiere auf einer erlebten Verletzung, einem Schaden, der einem zugefügt wurde. Deswegen verlange der Zornige nach einer Wiedergutmachung, meistens indem derjenige bestraft werden soll, von dem die Verletzung – in der Realität oder in der Vorstellung – ausging. Neben der Dimension der Rache hält Nussbaum andere Elemente des Zorns für weniger wichtig. So meint sie, dass Respekt im Zorngefühl nur bei statusorientierten Personen relevant sei, wobei sie genau dies problematisiert. Es gebe wichtigeres als Status: Liebe, Gerechtigkeit, Arbeit, Familie. Respekt einzufordern, könne somit Teil des Zorngefühls sein, aber dies basiere ähnlich wie bei der Rache auf einer falschen Orientierung, da man sich nur für die eigene soziale und gesellschaftliche Position interessiere. Allerdings macht Nussbaum eine bemerkenswerte Einschränkung: Sie führt den Aspekt der Würde ein, die nicht wie Status funktioniere. „Notice that obsession with relative status is different from a focus on human dignity or self-respect, since dignity belongs to everyone, and people are equal in dignity [...]."[8] Hier fordert der/die Zornige also nicht nur Wiedergutmachung für eine demütigende Verletzung seines sozialen Status; er/sie möchte vielmehr respektiert werden. Geschehe dies im Namen eines würdeeinfordernden Mitglieds der Gattung Mensch, ist der Fall für Nussbaum anders gelagert. Im Namen menschlicher Würde scheint Zorn gerechtfertigt.

II. ZORN UND JALTAS WÜRDE Was drückte sich in Jaltas Zorn aus? Das ist natürlich nur innerhalb der talmudischen Erzählung zu klären, die uns über diese Episode überliefert ist. In diesem Rahmen lässt sich beispielsweise fragen: Verlangt Jalta eine Art Wiedergutmachung? Man kann ihre verbale Beleidigung Ullas zum Ende der Episode so verstehen, dass sie mit ihm gleichzieht. Aber: Da er ihr offenkundig davor ein zweites Mal den Segensbecher verweigert hat, stünde es auch nach Jaltas Gegenbeleidigungen keineswegs Unentschieden. Ein weiterer Aspekt ihres Zorns – das Zerschmettern von 400 Weinkrügen – richtet sich gar nicht auf einen Schaden Ullas. Vielmehr scheint es, als müsste ihr Mann die Beleidung Jaltas durch seinen Gast ausbaden, denn es dürfte sein Wein gewesen sein, der im Weinlager seines Hauses aufbewahrt wurde. In dem ‚emanzipierten' Sinne, in dem Rav Nachman auf der Einbindung seiner Frau in den Segen besteht, könnte man sogar sagen: Es ist ihr gemeinsames

7 Martha C. Nussbaum: *The Monarchy of Fear: A Philosopher Looks at Our Political Crisis*. New York: Simon & Schuster 2018, S. 68. Vgl. auch dies.: *Zorn und Vergebung. Plädoyer für eine Kultur der Gelassenheit*, aus d. Amerik. v. Axel Walter. Darmstadt: WBG 2017.

8 Siehe Nussbaum: *Monarchy of Fear*, S. 80.

Weinsortiment, das zu Bruch geht. Jalta verlangt also keine Wiedergutmachung, nimmt keine Rache, sondern fügt sich in ihrem Zorn selbst Schaden zu.

Der Wein ist außerdem als konkrete Flüssigkeit wichtig; denn er problematisiert das Motiv der Rache zusätzlich, welches bei Nussbaums Überlegungen zum Zorn zentral ist. Als Jalta die Weinkrüge zerschlug, beantwortete sie Ullas Beleidigung auf eine charakteristische Weise; schließlich hatte er ihr einen Segensbecher verweigert, der mit Wein gefüllt war. In diesem Ritual stand Wein für Fruchtbarkeit, also für genau das, was Ulla Frauen wie Jalta abgesprochen hatte. Jalta rächte sich keineswegs auf niedere Weise an Ulla, sondern vollführte eine Art symbolische Retourkutsche, eine höchst sublimierte Zornreaktion. Derartige Verfeinerungen spricht Nussbaum dem niederen Gefühl des Zorns ab.

Fragen wir weiter: Geht es Jalta um statuszentrierten Respekt? Als angesehenes Mitglied der babylonischen jüdischen Gemeinschaft dürfte ihr ihre soziale Position bewusst und wichtig gewesen sein. Aber die Erzählung liefert uns keinen Hinweis, dass ihre Aktion ein Versuch war, ihre soziale Ehre zu verteidigen. Vielmehr setzte sie mit ihrem Verhalten wohl ihren Ruf als gute Gastgeberin aufs Spiel. Das Zerschlagen der Krüge dürfte den Status ihres eigenen Hauses und ihrer Familie eher gemindert haben. Wahrscheinlich ging es Jalta in ihrem Zorn um Würde – und damit um die einzige positive bei Nussbaum angelegte Kategorie. Ulla hatte Jalta aufgrund ihres Geschlechts aus der Gemeinschaft des Segens ausgeschlossen. Er hatte ihre weibliche Fruchtbarkeit als in Gottes Augen weniger wert herabgewürdigt. Weil sie einen Angriff auf ihre Würde als Frau abzuwehren hatte, war ihr Zorn gerechtfertigt. Jalta ermöglicht es uns also, über Zorngefühle in der Politik nachzudenken: als Verteidigung der eigenen Menschenwürde gegenüber einer diskriminierenden Verletzung.

Das bisher Gesagte lässt sich zuspitzen – und nun definitiv gegen Nussbaums Problematisierung des Zorns in der Politik wenden: Wenn dies im Falle Jaltas sinnvoll behauptet werden kann, ist dann im Zorngefühl nicht stets ein Anspruch auf würdezentrierten Respekt enthalten? Wenn ich in meinem Buch *Zornpolitik* über jene Gefühlspolitik schreibe, die im rechtsextremen und -populistischen Milieu gehegt und gefördert wird, entschuldige ich dann all diejenigen, die lautstark ihren Zorn über eigene – vorgestellte oder reale – Verletzungen artikulieren und für diese etwa Migranten, Musliminnen, Asylbewerber, Jüdinnen etc. verantwortlich machen wollen? Nein, natürlich nicht. Denn auch unsere Gefühle unterliegen Begründungszwängen, gerade weil wir ihnen nicht vollständig ausgeliefert sind, sondern sie ebenso mobilisieren, manipulieren und produzieren.[9] Zorn mit der Verletzung der eigenen Würde, d. h., mit einem Angriff auf das eigene Sosein zu rechtfertigen, ist nicht einfach und bedarf eines argumentativen Nachweises. Frauenfeindliche, rassistische, antisemitische oder homophobe Angriffe sind demgegenüber Attacken auf die Würde der Betroffenen, weil sie deren Sosein herabsetzen. Demnach hätten Frauen, Migrantinnen, Homosexuelle, Juden, Asylbewerberinnen, Muslime etc. im Gegenzug eine Begründung für einen gerechten Zorn. Bei Zorngefühlen im rechtsextremen und rechtspopulistischen Milieu – und durchaus auch in den für diese Rhetorik anfälligen Teilen

9 Zu der Idee, dass wir Emotionen produzieren und nicht einfach haben, vgl. Monique Scheer: Are Emotions a Kind of Practice (and Is That What Makes Them Have a History)? A Bourdieuan Approach to Understanding Emotion. In: *History and Theory* 51,2 (2012), S. 193–220.

der Bevölkerung – müssten wir vielmehr die Nussbaum'sche Unterscheidung von würde- und statuszentriertem Zorn ernstnehmen. Mir scheint, dass sich viele Zornige im gegenwärtigen Deutschland in ihrem Status verletzt fühlen und dies dann als eine Verletzung ihrer menschlichen Würde missverstehen. Gerade an der Unterschiedlichkeit von Jaltas Reaktion lässt sich das nachvollziehen. Dass sich auch Zorn, der auf keiner Würdeverletzung basiert, aufschaukeln kann und dabei für die eigenen Statusverletzungen beständig die Falschen – nämlich Migrantinnen, Muslime, Juden etc. – verantwortlich machen kann, ist damit nicht ausgeschlossen. Hier kann dann auch die Grenze zum Hass überschritten werden.

III. ZORN ALS APPELL AN UNS Der Talmud vermerkt keine emotionale Reaktion von Jaltas Ehemann Rav Nachman. Das verwundert doch, schließlich zertrümmert sie seinen – oder ihren gemeinsamen – Weinvorrat. Sicher ein kleines und seltenes Vermögen im Babylonien des 3.–4. Jahrhunderts. Vielleicht schweigt der Text hier taktvoll. Wenn man allerdings davon ausgeht, dass Rav Nachman seine Frau gut kannte, erscheint seine Aufforderung an den Gelehrten Ulla, ihr den Segensbecher zu schicken, wie eine Art Vorwärtsverteidigung: wissend, wie heikel Jalta es aufnehmen könnte, wenn das unterbliebe. Gewendet auf die gegenwärtige Analyse von Zorn bedeutet das: Das Verhalten Dritter ist wichtig für die Analyse und Einschätzung von Zorn. Rav Nachman enthält sich nicht nur einer Verurteilung des Verhaltens seiner Frau; vielmehr drängt er seinen Gast noch ein zweites Mal, sie zu respektieren: „Hierauf sprach Rav Nachman zu ihm: Möge der Meister ihr doch einen anderen Becher schicken!“[10] Es scheint, als wusste Rav Nachman nicht nur von dem selbstbewussten Naturell seiner Frau; er verstand ihren Zorn, vielleicht teilte er gar ihre Beweggründe. Dahinter steht die grundlegende Frage: An wen wenden wir uns in unserem Verlangen nach Würde, wenn wir zornig sind? Dass es sich beim Zorn um ein kommunikatives, nach außen gerichtetes Gefühl handelt, lässt sich Nussbaum entnehmen: Die punitive Dimension verlangt öffentliche strafende Wiedergutmachung. Die soziale Dimension des Statusrespekts fordert die Wiederherstellung der eigenen Ehre ein. Auch die Würde ist ein Gut, welches man zwar in sich tragen kann, das aber auch sozial anerkannt sein will. Jalta dürfte ihren eigenen Zorn als gerechtfertigt empfunden haben. Der diskriminierende, sie verletzende Gegenpart Ulla wischte dies als irrelevant beiseite – vor allem mit seiner zweiten Verweigerung des Segens. Wenn Zorn aber ein kommunikatives Gefühl ist, tragen dritte Personen – nicht unabhängige, sondern involvierte Dritte wie Rav Nachman – eine Verantwortung, über den Zorn zu urteilen. In jenem Zorngefühl, mit dem wir unsere menschliche Würde verteidigen, artikuliert sich mithin der Wunsch nach Anerkennung durch ein Gegenüber. Dritte spielen eine viel wichtigere Rolle, als ihnen oft bewusst sein dürfte.

Hieran lässt sich eine kritische Reflexion auf Nussbaums Verurteilung bestimmter Zorngefühle anschließen: Jaltas Zorngefühl ist mehr als Verteidigung des eigenen Status; sie verteidigt eigentlich ihre Würde. Aus ihrer Diskriminierungserfahrung heraus formuliert sie mit ihrem Gefühl einen Anerkennungsanspruch. Doch wie steht es mit jenen Beispielen von Zornausbrüchen, wie sie im Umfeld des Rechtsextremismus und -populismus in den letzten Jahren sichtbar geworden sind? Wir können sie als unbegründet im Sinne der beschriebenen Würdezentrierung

10 *bBerachot* 51b.

zurückweisen, aber müssen wir uns nicht fragen, warum dieser Zorn in einigen Teilen der Bevölkerung so großen Widerhall findet. Diese massenhaft geteilte Gefühlsdynamik wirft also das Problem auf, wie es um die gesellschaftlich verfassten Anerkennungsverhältnisse und -möglichkeiten bestellt ist. Mir scheint es so möglich, den Zorn zu kritisieren und zugleich dieses Gefühl ernst zu nehmen. So lassen sich einerseits rassistische, homophobe, antisemitische, frauenfeindliche etc. Ausgrenzungen über Zorngefühle kritisieren und zurückweisen; andererseits lässt sich über das in der Diskriminierung artikulierte Anerkennungsverlangen nachdenken.

Es gibt Kriterien, denen zufolge wir ein Zorngefühl als Betroffene (Jalta), als Beobachtende (ihr Mann Rav Nachman) und Verursachende (der Gast Ulla) politisch beurteilen können. Richtet sich das Gefühl auf eine Statusverletzung? Oder ist die Würde des Zornigen als sein oder ihr Sosein tangiert worden? Dabei spielt die Form, wie das Zorngefühl geäußert wird, eine wichtige Rolle: Wie reflektiert und verfeinert ist die Artikulation des Zorns? Verlangt man nach Rache, also das punitive Gleichsetzen und Aufrechnen von Tat und Konsequenz? Oder ist der Zorn eine sublimierte Aufforderung, Position zu beziehen? In der talmudischen Geschichte von Jalta lernen wir ein Beispiel dafür kennen, dass Zorn ein gerechtes Gefühl sein kann, über dessen Geltung wir als Fühlende, als Verursachende und als Dritte eine politische Entscheidung zu fällen haben. Zorn verlangt von uns allen eine Haltung.

2 — ב

EXILE

Christoph Rodde:
Kipphorn, 2014.
Filzstift auf Papier, 70 × 100 cm.

KUNST IM AUSNAHMEZUSTAND

*Spielen Künstler*innen eine Rolle im Widerstand?*

ARIELLE ANGEL[1]

IN MEINEN FRÜHEN ZWANZIGERN reiste ich mit einer Gruppe von bildenden und Performance-Künstler*innen nach El Salvador, um von einer berühmten Menschenrechtsaktivistin namens Marta zu lernen. Es war November 2009, inmitten der Großen Rezession und die unbequeme Wahrheit des Klimawandels begann langsam zu uns durchzudringen. Obama hatte weder Guantanamo geschlossen noch die Kriege im Irak und in Afghanistan beendet. Als Menschen waren wir besorgt. Als Künstler*innen wollten wir nützlich sein. Eine Seelsorgerin der Vereinten Nationen, die Mutter einer Freundin, machte uns mit der Arbeit von Marta bekannt. Wir waren beeindruckt davon, wie sie gleichzeitig auf lokaler und globaler Ebene arbeitete und dabei eine Vielzahl an Mitteln nutzte – nicht bloß Protestaktionen und juristische Interessenvertretung, sondern, wie wir hörten, auch die Mittel der Kunst. Wir gründeten eine Gruppe namens „Künstler*innen für das 23. Jahrhundert" und flogen für eine von Marta angeleitete Woche nach El Salvador.

Wir, ein Dutzend Leute, wohnten bei Marta in Sonsonate und schliefen auf Matten auf dem Steinfußboden ihres offenen Wohnzimmers. Es gab strikte Regeln für alles – einschließlich dafür, wie man Handtücher aufhängte oder

1 Der Text erschien auf Englisch im New Yorker Magazin *Jewish Currents* (Summer Supplement 2018). Die *Jalta*-Redaktion bedankt sich für die Erlaubnis, den Text an dieser Stelle in deutscher Fassung abdrucken zu können.

das Besteck richtig abwusch; und wir wurden heftig gescholten, wenn wir etwas falsch machten. Es wurde offensichtlich, dass das Zusammenwohnen ein wesentlicher Bestandteil unserer Ausbildung sein sollte, ein Lehrbeispiel dafür, wie unser – US-amerikanischer – Leichtsinn und unsere Ignoranz bezüglich der kleinsten Dinge mit den hartnäckigsten Problemen der Menschheit verbunden werden könnten.

Tagsüber fuhr Marta uns von Ort zu Ort, um diese und jene Gruppe zu treffen. All diese Gruppen leisteten wichtige Arbeit in einer Vielzahl unterschiedlicher Bereiche, aber die Treffen waren verkrampft. Wir fanden kaum übertragbare Methoden und wenig Gemeinsamkeiten mit den Künstler*innen in Martas Orbit, die sich alle komplett der sozialen Arbeit verschrieben hatten: Sie boten Kunsttherapiestunden für Kinder an, die Opfer von Gewalt geworden waren, oder lehrten verarmte Frauen vom Land, wie man Kunsthandwerk aus Recyclingmaterial herstellen konnte. Marta selbst schien weitgehend desinteressiert an dem, was wir zu Hause taten, abgestoßen von der Anspruchshaltung und dem Luxus, die der Existenz als US-Künstler*innen eingeschrieben sind. Und wer konnte es ihr verübeln? Vor uns stand eine Person, die ihr *Leben* aufs Spiel gesetzt hatte; Sie war die einzige Überlebende eines Kaders radikaler Theolog*innen, die sich um den Erzbischof Óscar Romero versammelt hatten und die der Staat daraufhin zur Strecke brachte. Die Region, in der sie lebte, hatte immer noch eine der höchsten Mordraten auf beiden amerikanischen Kontinenten. Multinationale Konzerne plünderten das Land und die Welt. Es gab *echte* Arbeit zu tun. Wir hatten viel Respekt für Marta, und wir hatten erheblichen Aufwand betrieben, um bei ihr sein zu können. Darum dauerte es ein paar Tage, bis wir uns eingestanden, dass sie trotz ihrer erstaunlichen Einsicht in unsere Verantwortung als menschliche Wesen nicht so recht wusste, was sie mit uns als *Künstler*innen* anfangen sollte.

Ich ertappte mich dabei, dass ich mich mehr und mehr gegen die Regeln des Hauses auflehnte, gegen das fanatische Beharren auf Selbstlosigkeit und Gemeinschaftlichkeit. Ich blieb lange wach und führte beim Licht meiner Taschenlampe Tagebuch. Morgens blieb ich zehn Minuten länger liegen: auf der einzigen Matratze in der Mitte des Steinfußbodens, den meine Begleiter*innen bereits emsig fegten. Gegen Ende der Reise schrieb ich in mein Tagebuch:

> *Je mehr wir über Aktivismus und Wandel sprechen, werde ich mir immer sicherer, dass mein Ziel nicht Revolution, sondern Kunst ist. Ich bin nicht naiv genug zu glauben, dass Kunst tut, was notwendig wäre, aber ich glaube auch nicht, dass beides einander widerspricht.*

Es war der Beginn meines Gefühls, dass Kunst und Aktivismus zwei unterschiedliche Wege sind, und trotzdem hat der Zustand der Welt mich seitdem durchgängig dazu getrieben, zu versuchen, diese Wege zu vereinen.

DIE NÄCHSTEN JAHRE war ich eine bloße Beobachterin der wechselnden Protestbewegungen. Occupy Wall Street passierte, während ich meinen Master of Arts in Literatur machte. Ich verbrachte damals nicht wenig Zeit im Zuccotti-Park, war aber immer darauf bedacht, nicht Teil von etwas zu werden. Dann kam der Angriff auf Gaza 2014. Tausende Palästinenser*innen starben binnen Wochen – ganze Familien im Schlaf weggebombt. Als eine glühende, wenn auch ‚liberale' Zionistin, die ich bis zu diesem Punkt gewesen war, konnte ich die hohe Bedeutung, mit der ich Israel aufgeladen hatte, nicht zerstören, nur umlenken. Eine literarische Verarbeitung war dabei keine Option; ich fühlte mich auch so schon schrecklich allein. Obwohl ich niemanden kannte, fing ich an, zu Aktionen und Treffen der neugegründeten jüdischen Anti-Besatzungsgruppe IfNotNow zu gehen und dort so viel Verantwortung zu übernehmen, wie man mir zutraute.

Diese letzten Jahre bei IfNotNow sind zu einer Übung der Organisation von Kunst (*arts organizing*) geworden, einer Gelegenheit, diesen Begriff im kontinuierlichen Austausch mit den Bedürfnissen einer aktiven Bewegung zu definieren. Es gab einige persönliche Siege: Momente, in denen die Bewegung mir den Raum gab, etwas zu machen, worauf ich stolz war – einen Abend mit Performances, ein Poster, ein Banner, ein Zine – etwas, was uns um einen nicht quantifizierbaren Schritt voranbrachte. Aber viel häufiger als das Gefühl des Sieges fühlte sich der Versuch, meine kreative Praxis und meine Anliegen in die politische Arbeit zu übertragen, isolierend und unpassend an. Obwohl Aktivist*innen, die ich im Rahmen der Bewegung kennenelernt habe, der *Idee* der Macht der Kunst im Auftrag des sozialen Wandels wohlwollend gegenüberstehen, bevorzugen sie selbst traditionelle Formen des Protests – Demonstrationen, Kundgebungen, Aktionen – und konzentrieren darum auch alle ihre menschlichen, materiellen und zeitlichen Ressourcen darauf. Dagegen ist nichts einzuwenden: Es sind effektive und notwendige Taktiken, und solche, für welche Aktivist*innen in besonderer Weise qualifiziert sind. Aber selbst direkte Aktionen mit ihrem Hang zum Spektakel, mit unzähligen Gelegenheiten zu Performance, Design und kreativer Regie werden zu oft kunstlos ausgeführt, ihre imaginativen Potentiale verkürzt auf die Fläche eines Spruch-Banners.

Am Anfang versuchte ich noch, bei IfNotNow mehr Raum für Kunst zu schaffen, weil es das war, womit ich meine Zeit in der Bewegung verbringen wollte. Aber mit wachsender Erfahrung kam die Einsicht, dass die Veränderung der Umgangsweise mit einem Thema auch kultureller Werkzeuge bedarf – vor allem, wenn es darum geht, Menschen zu organisieren, die genauso gut einfach wegbleiben könnten. Ich begann, unsere Leitung zu sticheln: „Wer fühlt sich angezogen von einer Gruppe von 15 Leuten, die mit hässlichen Schildern vor dem Jewish National Fund rumstehen?", fragte ich sie. „Das sieht nur für euch nach Spaß aus, weil ihr Aktivist*innen seid" – womit ich Berufsaktivist*innen meinte, also solche, die vermutlich niemals etwas anderes tun werden. Die anderen von uns, argumentierte ich, bräuchten etwas Nahrhafteres, Schöneres.

Letzten Winter kulminierte meine Kampagne in einer IfNotNow-Kunstklausur, die Kreative aus der gesamten Bewegung für ein visionäres Wochenende nach Los Angeles brachte. Das Motto der Klausur war ein Zitat der Autorin und Aktivistin Toni Cade Bambara: „Die Rolle der Künstler*innen ist es, die Revolution unwiderstehlich zu machen." Wir schrieben es mit orangenem Edding auf Kraftpapier und hängten es im Raum auf. Aber mit Ende des Wochenendes waren viele der Annahmen, von denen die Klausur ausgegangen war, angekratzt oder gänzlich verworfen: Wenn ich ehrlich mit mir selbst bin, wusste ich, dass die Bewegung in ihrer alltäglichen Praxis vor allem Fähigkeiten brauchte, die aus dem Alltag der Werbeagenturen stammten – Grafikdesign und Videobearbeitung –, die also viel mehr mit der Herstellung von Propaganda als mit Kunst zu tun hatten. Unsere kollaborativen Workshops gehörten zu unseren am wenigsten erfolgreichen Veranstaltungen und enthüllten die Schwierigkeiten bei der Entwicklung künstlerischer Praxen in einer Gruppe, deren Mitglieder sich an erster Stelle aus politischen und nicht ästhetischen Gründen zusammengetan hatten. Hinzu kam außerdem, dass viele der ernsteren Künstler*innen – damit meine ich Berufskünstler*innen, solche, die vermutlich niemals etwas anderes tun werden – zu diesem Zeitpunkt die Bewegung nicht mehr beachteten oder schon wieder verlassen hatten; oder nicht ausreichend involviert waren, um an dem Treffen teilzunehmen.

Ich war immer noch davon überzeugt, dass die Bewegung Künstler*innen braucht und dass wir ihre magischen Praxen zu allseitigem Nutzen einsetzen könnten, wenn wir es nur schaffen würden, ihre Perspektiven wertzuschätzen. Und trotzdem verließ ich das Wochenende – das ich mitorganisiert hatte! – mit dem Gefühl, dass die Suche nach einer passenden Rolle für Künstler*innen in einer von Aktivist*innen geleiteten Bewegung einer Quadratur des Kreises gleichkam.

WARUM SCHEINT DIESES VERHÄLTNIS von Kunst und Aktivismus – Künstler*innen und Aktivist*innen – so problematisch, wenn es so bereichernd sein könnte? Kunst und Aktivismus sind ähnliche Arten von Berufungen, insofern man sie als allumfassenden Einsatz für eine bestimmte Lebensweise versteht. Beide verneigen sich vor höheren Werten und sind motiviert von dem Begehren nach Wirkung.

Gleichzeitig gibt es organisatorische Schwierigkeiten. Die zeitlichen Anforderungen des Aktivismus und die damit verbundenen Gruppenprozesse stehen oft im Widerspruch zur Zeit, die Künstler*innen zum Arbeiten brauchen. Und bis wir die Revolution herbeigeführt haben, wird der ehrenamtliche Charakter der meisten Arbeit innerhalb dieser Bewegungen Künstler*innen, eine ohnehin notorisch unterbezahlte Gruppe, weiterhin ausbeuten. Darüber hinaus werden Künstler*innen unterbewertet aufgrund eines aktivistischen Anti-Elitismus, dem Jederman-Ethos, der häufig mit einer ästhetischen Unbildung einhergeht.

Das führt dazu, dass die Fähigkeiten ausgebildeter Künstler*innen gegenüber denen von Laien in den Sphären der Bewegung nicht anerkannt oder wertgeschätzt werden.

Wenn die Probleme nur organisatorischer Natur wären, wären sie immer noch schwierig genug, aber nicht unlösbar. Aber es gibt auch tiefgreifendere Inkompatibilitäten. Denn nur scheinbar stehen Künstler*innen und Aktivist*innen im Einklang, wenn sie behaupten, dem Leben gegenüber wach zu sein und andere aufwecken zu wollen. Im Fall des Aktivismus bedeutet wach: aufgewacht (*woke*) – keine persönliche Praxis der Beobachtung und des Wandels innerhalb einer Form, sondern eine gemeinschaftliche Entscheidung im Dienst der ersehnten Veränderungen. Dieses ‚Im-Dienst-von' ist ein Knackpunkt für Künstler*innen: Seine Agenda droht, den ‚authentischen' Ausdruck zu ‚verunreinigen'. Aktivismus will Einheit, er will einfache Parolen und entschlossene Rhetorik. Kunst will unschärfere Dinge, unordentlichere und persönlichere. Aktivismus fordert Loyalität. Kunst kennt keine Loyalität außer die zu Praxis und Form. Aktivist*innen denken, Künstler*innen seien leichtfertig, und hegen ein Misstrauen, dass sie sich nicht ‚auf Linie' befänden. Künstler*innen denken, Aktivist*innen seien kurzsichtig und misstrauen ihnen, weil politische Orthodoxie hässlich und langweilig ist. Aktivismus verlangt von der Kunst, dass sie sich selbst erklärt und ihren Daseinsgrund darlegt. Kunst *ist* einfach und scheißt darauf, was der Aktivismus denkt.

Kurz gesagt können Kunst und Aktivismus fast als so etwas wie zwei konkurrierende Religionen verstanden werden, die zwei unterschiedlichen Göttern dienen: Aktivist*innen dem Gott der Gerechtigkeit; Künstler*innen dem Gott der Schönheit (oder Wahrheit, wenn man Keats Glauben schenkt, dass beides identisch ist). Obwohl diese zwei Glaubenssysteme nicht immer im Widerspruch zueinanderstehen müssen, sind sie auch nicht einfach das gleiche. Selbstverständlich leugnet das nicht die Existenz einer Menge impliziter oder ausdrücklicher politischer Kunst. Aber es scheint so zu sein, dass jedes einzelne Kunstwerk eine Entscheidung treffen muss – Kunst oder Aktivismus – und die Form daraufhin der Funktion folgt. Die chilenischen Frauen, die allein Cueca tanzen, um gegen das Verschwinden ihrer Ehemänner zu protestieren, sind schön und eindringlich, aber es ist Aktivismus. Das Broadway-Stück *Angels in America*, das kurz vor dem Höhepunkt der AIDS-Krise herauskam, ist definitiv Kunst, obwohl es endlos über Politik spricht. ACT UPs politische Begräbnisse: Aktivismus. Die Silhouetten der verstörenden Sklaverei-Scherenschnitte Kara Walkers: Kunst.

Es gibt genügend Werke, die sich nicht entscheiden. Der Großteil davon ist so leicht zu vergessen, weil er so gewöhnlich ist. Aber es lassen sich einige lehrreiche Beispiele finden. James Baldwin behauptete, dass Harriet Beecher Stowes *Onkel Toms Hütte*, ein Werk, dem zugeschrieben wird, die öffentliche Meinung zur Sklaverei verändert zu haben, als Kunstwerk versagt. Und dann gibt es außerdem die seltenen Fälle, in denen Werke beides gleichermaßen leisten, oft indem sie ihre Form nutzen, um ein einzigartiges Zeugnis abzulegen, welches uns hilft, ein enormes individuelles Entsetzen zu verarbeiten. Anna Deavere Smiths Theaterstücke über die US-amerikanischen ethnischen Verhältnisse beispielsweise. Das gleiche gilt für Joshua Oppenheimers Dokumentarfilm *The Act of Killing* über den indonesischen Politizid in den 1960ern.

Ist es eine unsinnige Aufgabe, zu versuchen, Kunst und Aktivismus zu entwirren? Möglich. Ich erstelle diese unabschließbare Liste, weil ich, obwohl ich nicht daran zweifle, dass ich eine Künstlerin bin, keine Klarheit darüber habe, wie meine Kunst mit meiner Verantwortung als Mensch im Zusammenhang steht. Meine Liste sagt mir, dass ich mich entscheiden muss. Zugleich lässt mich der aktuelle Moment in der Menschheitsgeschichte befürchten, dass es nicht ausreicht, einfach nur die Kunst zu wählen. Ich gehe davon aus, dass unsere gegenwärtigen Kämpfe jede*n von uns brauchen, dass wir alle geben müssen, was wir können. Künstler*innen, die wissen, wie man Menschen anzieht, wie man eine Botschaft in eine Kultur sickern lässt, wie man Menschen mit dem Leben in Kontakt bringt, könnten eine spezielle Rolle spielen. Aber während ein Teil von mir diese Vorstellung als organisatorische Herausforderung angehen will (Was können wir tun, um diese komplizierte Beziehung zu vereinfachen? Wie können wir die Künste in unsere Strategien integrieren und Künstler*innen zu ihren eigenen Bedingungen in die Bewegungen aufnehmen?), weiß ein anderer, tieferer Teil in mir, dass der von den Aktivist*innen erzeugte Rahmen selber falsch ist, zu dunkel und zu eng gezogen. Das erzeugt in mir den Willen, einen Zaun um meine heilige Praxis zu ziehen und keinem außer dem einen wahren Gott zu dienen. Dem Gott der Kunst, in Ewigkeit, Amen.
Solange die herrschenden Realitäten fortbestehen, die traditionellen ‚aktivistischen' Empfindungen unsere Politsphären regieren und der Kapitalismus unsere Ressourcen stiehlt, haben Künstler*innen, die den Ruf zum Kampf vernehmen, die Wahl: Entweder sie schließen sich der Bewegung als ein weiteres Paar Hände an und wenden sich von ihrer Berufung als Künstler*innen ab; oder sie bieten der Bewegung ihre künstlerischen *Kompetenzen* – oder auch gleich den vollen Umfang ihrer Kunstfertigkeit – und unterwerfen sich dem Kompromiss der politischen Agenda; oder aber sie beschließen, dass Kunst ihr eigener Beitrag ist, und begreifen diese als parallele Tätigkeit. Die letzte dieser Lösungen scheint die eleganteste und attraktivste zu sein, aber gibt es Zeiten, in denen sie unmoralisch ist?

DIE US-WAHLEN 2016 waren ein furchterregender Moment der Neuausrichtung. Plötzlich schien wieder alles möglich zu sein, wenn auch nur zum Schlimmsten. In diesem schrecklichen Zustand des Nichtwissens schien die Idee, meine Zeit damit zu verbringen, mit Sätzen und dem Leben ausgedachter Menschen herumzuspielen, völlig weltfremd. Ich war nicht allein. Kurze Zeit nach dieser

Katastrophe belegen die in Artikeln zusammengestellten Reaktionen von Schriftsteller*innen (vermutlich auch im Sinne anderer sprach- und fassungsloser Autor*innen) eine nahezu universelle Kopflosigkeit. Einige der Befragten vertraten sogar vehement die Auffassung, Kunst allein sei nicht genug, dass wir gerade, um die Kunst zu *schützen*, auf die Straße müssten.

Eineinhalb Jahre später scheint sich die Erzählliteratur noch nicht erholt zu haben. In einem kürzlich in *Literary Hub* erschienenen Essay beklagt der Literaturagent Erik Hane die Vorherrschaft einer von Trump verdorbenen Literatur („faschistische Regime, manipulierte Wahlen, verrückte Präsidenten und die sich abzeichnende Gefahr eines Atomkrieges") in dem Haufen unangefordert eingesandter Manuskripte auf seinem Schreibtisch: „Diese Autor*innen beschreiben nicht den politischen Moment, der Moment beschreibt sie."

Da liegt der Schluss nahe, jetzt sei nicht die Zeit für Kunst. Und doch ist, wie Hane in seinem Essay schreibt, die ergreifende Erfahrung, Kunst zu schaffen oder zu genießen, eine der wirkungsvollsten Waffen, die uns gegen die Unterwerfung unseres Innenlebens zur Verfügung stehen. In dieser Zeit konstanter, schwindelerregender Überfälle, in der die extreme Wachsamkeit gegenüber aktuellen Ereignissen von sinnlosem Scrollen abgelöst worden ist, kann das Wissen darüber, wann und wie man einmal weggucken sollte, sehr wertvoll sein.

Künstler*innen wissen das instinktiv; ihr Zwang zur Schöpfung treibt sie unweigerlich zurück in ihr Inneres, was sie nicht nur vor den gegenwärtigen Unwahrheiten schützt, sondern ihnen zudem ermöglicht, auch mit anderen Gefühlen als bloß Erschöpfung und Angst in Verbindung zu bleiben. Mahmoud Muna, Leiterin des Educational Bookshops, eines palästinensischen Kultur- und Literaturcenters in Jerusalem, sagte kürzlich zu mir: „Kunst wird die Menschen nicht befreien, aber sie kann sie davon abhalten, verrückt zu werden." Wir können die politische Zweckdienlichkeit eines Romans, einer Skulptur, eines Liedes (sogar eines Musikvideos) bestreiten, aber wir müssen uns nur die Klaustrophobie eines Lebens ohne sie vorstellen, die formelhaften Reden auf eintönigen Kundgebungen, das endlose beklommene empörte Scrollen durch die Twitteraccounts von Aktivist*innen, um zugleich ihre Notwendigkeit einzusehen. Der Allgemeine Jüdische Arbeiterbund boykottierte Vorstellungen im Ghetto Wilna – „Auf einem Friedhof spielt man kein Theater" –, aber binnen Monaten waren die Theatersäle wieder voll, so dass Hermann Kruk in sein Tagebuch notierte: „Das Leben ist stärker als alles andere."

DAS ALLES ZU WISSEN, macht es nicht angenehmer, ganze Tage zu Hause zu verbringen und die Paragraphen dieses Essays hin- und herzuschieben, während andere an der Grenze gegen die Familientrennung protestieren. Wieder einmal bin ich versucht, meinen Posten beschämt zu räumen. *Scheiß auf Kunst*, denke ich. *Gib mir Menschen, die ihr Leben auf's Spiel setzen.*

Dann erinnere ich mich an die dunklen ersten Tage nach der Wahl, als nur ein Gedicht von Avrom Sutzkever den Schrecken vertreiben, ein wenig Trost und Klarheit bringen konnte. Im Ghetto Wilna geschrieben, dokumentiert *Die Bleiplatten der Rom-Druckerei* den entscheidenden Moment, als die Platten der ehrwürdigen Druckerei für Munition eingeschmolzen werden:

Ein Vers aus Babylon, ein Vers aus Polen,
Brodelnd, fließend in die eine Form.
Jetzt muss jüdischer Mut, lang versteckt in Worten,
Die Welt in einem Schuss sprengen![2]

Damals schien mir sowohl in den Zeilen des Gedichts als auch in seiner Herkunft eine Antwort zu liegen: Es *gibt* also eine Zeit, zu der es gilt, die Kulturproduktion einzustellen, und wir sollten sicherstellen, dass wir bereit dafür sind. Aber man beachte zugleich den Weg, auf dem uns diese Lehre erreicht. Ein Gedicht! Geschrieben erst, nachdem die Produktionsmittel bereits zerstört worden waren. Geschrieben auch ohne die Gewissheit, ob es überleben würde – mit oder unabhängig vom Autor. Geschrieben in der wortwörtlich schmelzenden Hitze dieses Augenblicks, nicht *für* den Augenblick, sondern für mich, ein Dreivierteljahrhundert später, sodass ich die Länge der Zeit spüren kann, die Unbarmherzigkeit der Dunkelheit und den Triumph eines Durchhaltevermögens, der verschiedene Formen haben kann – in diesem Fall die eines Gedichts. Und dann erinnert mich der Twitter-Chor daran, dass diese Gefangenenlager für Immigrant*innen unter Obama gebaut wurden. Zoom weiter raus, sagen sie, um das Muster zu sehen, die alte amerikanische Tradition, Familien zu trennen, Schwarze Familien auf dem Versteigerungspodest auseinanderzureißen, Kinder amerikanischer Ureinwohner*innen zu entführen und umzuerziehen. Erinnere dich daran, dass Roosevelt die Asylsuchenden auf der St. Louis abgewiesen hat und damit Hunderte in den Tod schickte.

Verzeiht mir, dass ich in diesem Einwand eine perverse Art von Trost finde. Wenn wir nicht den Wert der Kunst bestreiten, sondern nur darum streiten, ob eine bestehende Krise die Rolle der Kunst steigert oder schmälert, dann hilft es, sich daran zu erinnern, dass im weiteren Sinn nichts daran *neu* ist. Camus schrieb *Der Fremde* im okkupierten Paris der 1940er, und auf keiner Seite findet sich ein Nazi. Sollen wir darauf bestehen, dass es bessere Zeiten gegeben hätte, es zu schreiben? Sollen wir die Berechnung seines Wertes vom Zeitpunkt seiner Schöpfung abhängig machen oder diesen Wert ausspielen gegen den verlorengegangenen Wert dessen, was der Autor stattdessen hätte tun können?

2 Im Original gibt Arielle Angel die Strophe auf Englisch wieder: A verse from Babylon, a verse from Poland, / Seething, flowing into the one mold. / Now must Jewish grit, long concealed in words, / Detonate the world in a shot!

Die israelische Künstlerin Hadassa Goldvicht legte nahe, Kunst sei „eine Form des Gebets", denn sie erzeuge Wandel mit einer ähnlichen energetischen Frequenz. „Ich übe meine Tätigkeit mit großer Furcht aus, weil [...] ich sehr stark glaube, dass sie die Welt verändert", sagt sie. Wir wissen nicht, was in unseren kleinen Akten der Schöpfung geboren und freigesetzt wird, wie der Hauch sich durch Zeit und Raum bewegt, beschleunigt, sich zerstreut und wieder sammelt, den Druck erhöht, sich emporhebt. Das Problem mit der Kunst ist nicht, dass sie ineffektiv ist, sondern dass es für sie keinen Seismographen gibt. Auch wenn aktuelle Ereignisse uns erschüttern, sollten wir nicht vergessen, dass unser Werk als Schöpfer*innen langsam und unterirdisch geschieht, eher der dramatischen tausendjährigen Bewegung tektonischer Platten gleicht als dem einzelnen Erdbeben.

Für viele von uns mag das ausreichen. Und jene, die immer noch den Sog zu direkterem Aktivismus verspüren, sollten überlegen, ob sie sich nicht als Künstler*innen statt mit Aktivist*innen organisieren sollten, um eigene revolutionäre Gruppen nach dem Vorbild und im Geiste der Situationist*innen zu gründen. Wir könnten bei unseren Werkzeugen und Taktiken beginnen, die unsere Aufgaben und Stärken in den Mittelpunkt rücken.

In El Salvador war ich mir sicher, dass Revolution nicht mein Ziel war. Aber das lag vor allem daran, dass ihre Mittel mir als etwas präsentiert wurden, was außerhalb des Lebens stand, als etwas, was mich von jenem Leben, von dem ich wusste, wie es gelebt werden müsste, fortführen könnte. Unsere Bewegungen chwerden mehr Menschen – und nicht bloß Künstler*innen – dauerhaft an sich binden können, wenn wir sie zum Teil des Lebens machen, wenn wir unsere kulturelle Arbeit also effektiv dazu nutzen, das Gewebe der Realität zu verändern. In diesem Prozess spielen Aktivist*innen zweifelsohne eine wichtige Rolle. Sie können uns zur Verantwortung ziehen, sodass wir nicht ausschließend, selbstzufrieden oder zahnlos werden. Aber wir können ihnen auch besser dienen, wenn wir uns nicht selbst verleugnen oder aufgeben, sondern auf unsere Fähigkeit als Künstler*innen zurückgreifen, Zeit zu transzendieren und den Standpunkt zu wechseln. Um die Zukunft in unserer Vorstellung neu zu gestalten.

AUS DEM AMERIKANISCHEN VON EWGENIA BARABOJ

„YOU'RE ASKING A GHOST IF HE BELIEVES IN GHOSTS"

MAYA SCHWEIZER IM GESPRÄCH
MIT ANNA SCHAPIRO

Die Themen und Phänomene, mit denen sich die Videokünstlerin Maya Schweizer befasst, lassen sich auf unterschiedliche Weise mit den Themen in Verbindung bringen, die bislang Gegenstand von Jalta *waren. Darum hatte ich schon lange den Wunsch, mit Maya Schweizer über ihre Arbeit zu sprechen. Das folgende Gespräch schlägt eine Brücke von der Gegenwartsbewältigung zu unserem Kunstheft* Exile. *Exil könnte hier entsprechend der kabbalistischen Vorstellung vielleicht als ein ‚Geist' verstanden werden, der das Exil auf der Erde bevorzugt, anstatt zu Gott hinaufzusteigen.*

ANNA SCHAPIRO: Liebe Maya, wie kam es zu dem Film *A Tall Tale*, den du 2017 aufgenommen hast?

MAYA SCHWEIZER: Ich habe im Juli 2015 zwei Wochen in einer Künstlerresidenz bei Askeaton Contemporary Arts verbracht. Askeaton ist eine Stadt im County Limerick, Irland, etwa 30 km von Limerick City entfernt. Die Stadt liegt am Ufer des River Deel, etwa 3 km flussaufwärts von der Mündung des River Shannon. Zu den historischen Bauwerken gehört ein Schloss – The Desmond Castle. Dieses wurde 1199 von William de Burgo erbaut und später zum Wohnsitz der Könige von Münster. Die Festung wurde zur Verteidigung erbaut und befindet sich auf einem Felsvorsprung. Teile des Fundaments aus dem 13. Jahrhundert sind noch erhalten.

Heute stehen die Ruinen des Schlosses unter Denkmalschutz und werden sehr langsam repariert. Diese Ruinen, die im Zentrum der Stadt auf einer felsigen Insel am Fluss Deel stehen, schienen mir sehr dominant. Denn man hat sie, egal wo man entlang gegangen ist, immer aus einer anderen Perspektive im Blick gehabt.

In Askeaton wohnte ich in den alten Barracken, die 1810 erbaut wurden. Sie sind Teil der Kaserne, die auf einem erhöhten, aber dezent abgelegenen Gelände steht, das einst der Polizei einen taktischen Standort mit freiem Blick auf das Schloss und über die Stadt bot. Die Kaserne gehörte früher der königlichen irischen Schutzpolizei, der Royal Irish Constabulary. Gleichzeitig ist die Umgebung von Askeaton erfüllt von Mythen und Legenden – Feen, Büsche, Elfen, Ruinen. Die irische Gotik und die Faszination für die Tradition der vom Übernatürlichen erzählenden irischen Fiktion des 19. Jahrhunderts trieben mich zum Film *A Tall Tale*. Nach zwei Wochen in der Künstlerresidenz musste man die noch nicht abgeschlossenen Arbeiten vorstellen. Dafür hatte ich eine Mise en Scène organisiert, in der ein gesatteltes Pferd mit einem unsichtbaren Ghostrider durch die historischen Ruinen von Askeaton wandert. Diese Performance habe ich gefilmt, sie war der erste Teil meiner Film-Baustelle.

AS: Kannst du noch mehr zu dem Titel sagen, woher kommt dieser?

MS: *A Tall Tale* ist im Irischen ein Märchen. Der Titel wurde von Orson Welles Stimme in dem Film *Return to Glennascaul*, in dem Hilton Edwards 1953 Regie führte, vorgestellt. In diesem Film lädt er ein, zuzuhören: „A short story straight from the haunted land of Ireland [...] *haunted I say, because there is no land so overcrowded with the raw material of tall tales. That's what this is then, a tall tale.*"

AS: In *A Tall Tale* baust du viele weitere Elemente aus anderen Filmen ein, die deinen Film *miterzählen*. Welche Funktionen haben diese Elemente und wie kommst du zu den Filmen, die du in *A Tall Tale* auftauchen lässt?

MS: Ich versuche Sätze aus Filmen zusammenzupuzzeln, durch die man die Anwesenheit eines filmischen Geistes fühlt, aber nie sieht. Dementsprechend suchte ich nach Filmen, die eine gotische Atmosphäre erzeugen. Mir ging es dabei um die Darstellung einer verunsicherten Beziehung zum Land, die die Umgebung in einen Ort der Angst, der Unsicherheit und der Entfremdung verwandelt.

AS: Und welche Stimmen sind es, die du in dem Film sprechen lässt?

MS: Es sind zum Beispiel die Stimmen von Orson Welles im bereits erwähnten *Return to Glennascaul*, kurze Fragmente und Sätze von Richard Johnson als Dr. John Markway in *The Haunting* (1963) sowie von Robert Wise über das Übernatürliche. Darüber hinaus tauchen die drei Hexen am Anfang vom *Macbeth* (1948) von Orson Welles auf, die ein Rezept für einen Zaubertrank murmeln. Anschließend hört man – die erste Szene von *Macbeth* bei Orson Welles – inmitten von Donner und Blitz die Vorhersagen der drei Hexen. Und zu guter Letzt taucht auch Louise Bourgeois aus *The Spider, the Mistress and the Tangerine* (2008) von Amei Wallach und Marion Cajori auf: „You have to get rid of the past, otherwise you suffocate". Sowie viele weitere Ausschnitte.

AS: Wie ist deine Arbeitsweise mit diesen Stimmen, welche Bedeutung haben sie für dich? Verstehst du sie als Zitate, Mehrstimmigkeit, Nährstoffe für die Geschichte, die du erzählen willst und in die du sie einschmelzen lässt?

MS: Es war so, dass die Kamera am Anfang die Büsche zeigt und dann nähert sie sich allmählich den Pillboxen. Pillboxen waren strategische Festungen zur Verteidigung entlang der Shannon-Mündung, die während des Zweiten Weltkriegs als Aussichtspunkte zur Überwachung des Flusses Shannon gegen deutsche U-Boote errichtet wurden.

Zu Beginn des Films spürt und tastet die Kamera das Terrain ab.

Wir folgen diesen Schritten, diese nähern sich allmählich einem Bunker, der dann auch betreten wird. Von dort aus begeben wir uns auf die Suche nach filmischen Geistern, Mythen und Ruinen, eine Art ‚Abruf' von Bildern, Mythen und Erinnerungen aus einer Vergangenheit durch die Filmgeschichte.

AS: Welche Rolle spielen die unterschiedlichen Vögel, die in dem Film auftauchen?

MS: Man sieht vier kurze Clips, in denen Vögel erscheinen und zwei Animationen vom Flug der Krähen, außerdem eine sehr pixelige Vogelschwarm-Sequenz. Dazu kommen noch der Reiher und die Krähen von Askeaton, die ich gefilmt habe. Die Idee war dabei, zwischen reellen und gefilmten Vögeln, also echten, gefilmten Elementen und rekonstruierten Bilder zu changieren, um die Bedeutung dieser Art von Vögel zu verdeutlichen. Die Krähen beispielsweise sind sehr präsent im Genre des Film Noir und werden darin oft als Messenger eingesetzt.

AS: „You're Asking a ghost if he believes in ghosts", sagt der Geist in *A Tall Tale*. Wer ist der Geist?

Kannst du ihn beschreiben?

MS: Interessante Frage. Das ist ein Zitat von Jacques Derrida, der sich selbst spielt im Film *Ghost Dance* (1983). Im Mittelpunkt des Films steht er als Philosoph, der Geister als Erinnerung an etwas betrachtet, das nie da gewesen ist. In meinem Film ist der Geist nicht so konkret. Er wird nie gezeigt, sondern empfunden.

Ich habe ja schon die Performance erwähnt, bei der ein Pferd mit Sattel, aber ohne Kavalier in der Stadt umherwandert und beim Schloss Desmond endet. Man sieht das Pferd dreimal in dem Film. Das Pferd ist an einer Reitleine angebunden, aber niemals ist ein Mensch in dessen Nähe sichtbar.

Die einzigen Personen, die wir sehen, stammen aus den Filmzitaten. Man könnte sagen, dass der fehlende Kavalier der Geist ist. Aber die Evozierung dieser Frage ist mir wichtiger in dem Film als das genaue Wissen.

AS: Und kannst du mehr dazu sagen, wer die Geister sind, nach denen du in deinen anderen Filmen suchst?

MS: Auch interessant... ich suche oft nach Spuren der Vergangenheit, die im täglichen Leben kaum sichtbar sind. Das beste Beispiel ist vielleicht *Der sterbende Soldat von Les Milles* (2014): In dem Film sucht die Kamera nach Spuren, um die Vergangenheit in die Gegenwart zu projizieren. Der Zuschauer erkundet das Dorf von Les Milles durch sehr fragmentierte Detailaufnahmen, die die historischen Schichten des Ortes sichtbar machen. Eine Art filmische Tiefenbohrung.

AS: Kannst du mehr sagen über das Unsichtbare in deinen Filmen? Kann dieses Motiv vielleicht als nicht sichtbare, aber wirkende Vergangenheit wie z. B. in deinem Film *I, an Archeologist* beschrieben werden?

MS: Bei *I, an Archeologist* geht es um eine Reiseleiterin, die ihre Tour in den jüdischen Katakomben der Villa Torlonia vorbereiten will. Die Villa Torlonia war von 1925 bis 1943 die offizielle Residenz Mussolinis, und unter dem Parkgelände wurden um das Jahr 1920 jüdische Katakomben aus dem 1. und 4. Jahrhundert n. u. Z. entdeckt.

Der Ort ist also voll von Geistern, die sich im Found Footage verstecken und mit zeitgenössischen Aufnahmen überlappen. Die Reiseleiterin ist mit ihrem Lichtdesigner, ihrem Kameramann und einer unsichtbaren Gruppe unterwegs. Sie versucht, uns das Grab einer hypothetischen Schauspielerin aus dem 1. Jahrhundert n. u. Z. namens Faustina zu zeigen, die in diesen Katakomben begraben wurde, weil sie Jüdin war. Dabei wird sie selber zunehmend von der Reiseleiterin zur Schauspielerin. Sie wechselt das Thema, personalisiert ihren Weg und vergisst die Anwesenheit der unsichtbaren Gruppe, während sie weitermacht.

AS: Wie hat sich deine Haltung zum Thema der Geister oder des Unsichtbaren durch deine Filme verändert?

MS: Es ist so, dass ich mich seit einigen Jahren in meinen Filmen mit der Beziehung zwischen Film und Denkmal als Träger von Erinnerungen beschäftige. Ich glaube, statt von Geistern könnte man also auch von immateriellen und materiellen Erinnerungen reden.

Meine Beschäftigung begann mit *Passing Down, Frame One* (2007) als ein Versuch, Erinnerung in einem Film festzuhalten. Diese Arbeit ist für mich der Ausgangspunkt meiner Memorial-Film-Serie. Die Stimme meiner Großmutter erzählt, wie sie 1944 als junges, jüdisches Mädchen mit ihrer Familie nur knapp der Deportation durch die Nazis entkam. Ihre Erzählung wird in ihrer ganzen Fragmenthaftigkeit und Fragilität abgebildet. Die mündliche Übermittlung fügt dem Ganzen eine weitere immaterielle Dimension hinzu, bevor die Erzählung am Ende des Films wieder materiell gefasst und in Form von Gedenktafeln abgebildet wird.

Meine anderen Filme beziehen sich eher auf Orte. Zum Beispiel *A Memorial, a Synagogue, a Bridge and a Church* (2012), der sich mit dem Fischerplatz (Rybné námestie) in Bratislava befasst. Dort steht das Holocaust-Mahnmal, eine fünf Meter hohe Bronzestatue des slowakischen Künstlers Milan Lukás. Es wurde 1996/97 an der Stelle der alten Synagoge errichtet. Von der Nahaufnahme der Elemente, aus denen die Skulptur und der Platz bestehen, führt die Kamera den Betrachter um den Ort. Dabei werden gleichsam durch die Vergangenheit auch die sozio-politischen Konflikte der 1960er Jahre in Bratislava thematisiert. Mit *A Tall Tale* (2017) und *Regarde par ici… Und dort die Puschkinallee* (2018), meinem letzten Film, hatte ich das Gefühl, die Kamera versucht mittlerweile, sich in die Steine der Denkmäler hineinzubewegen und diese zu ‚animieren'.

A light knock was heard at the door of the library.

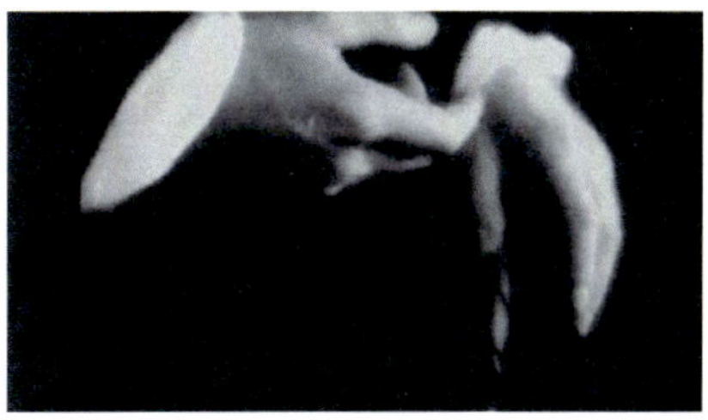

Do you think you can get rid of the past?

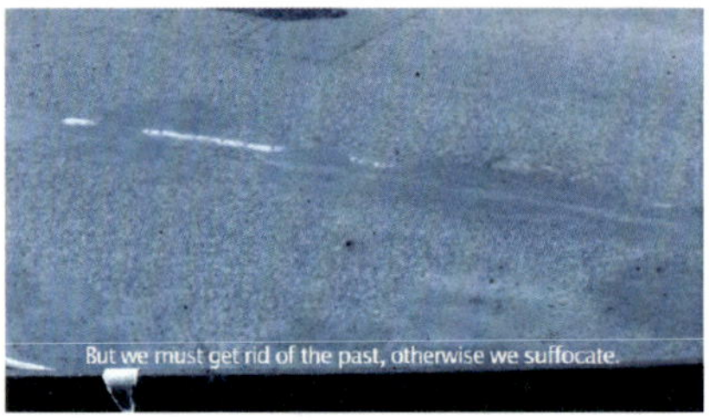
But we must get rid of the past, otherwise we suffocate.

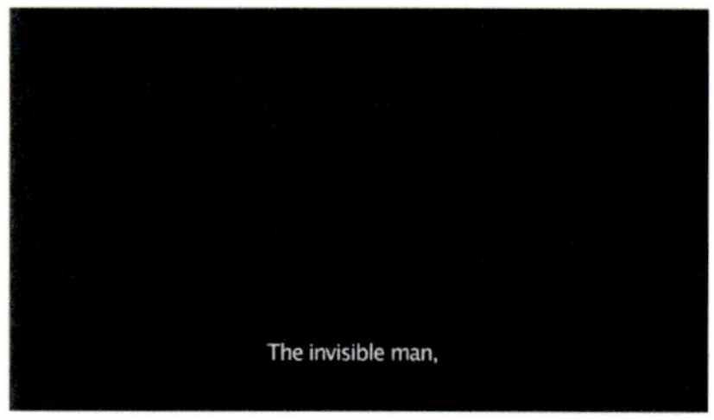
The invisible man,

GOTTWALD

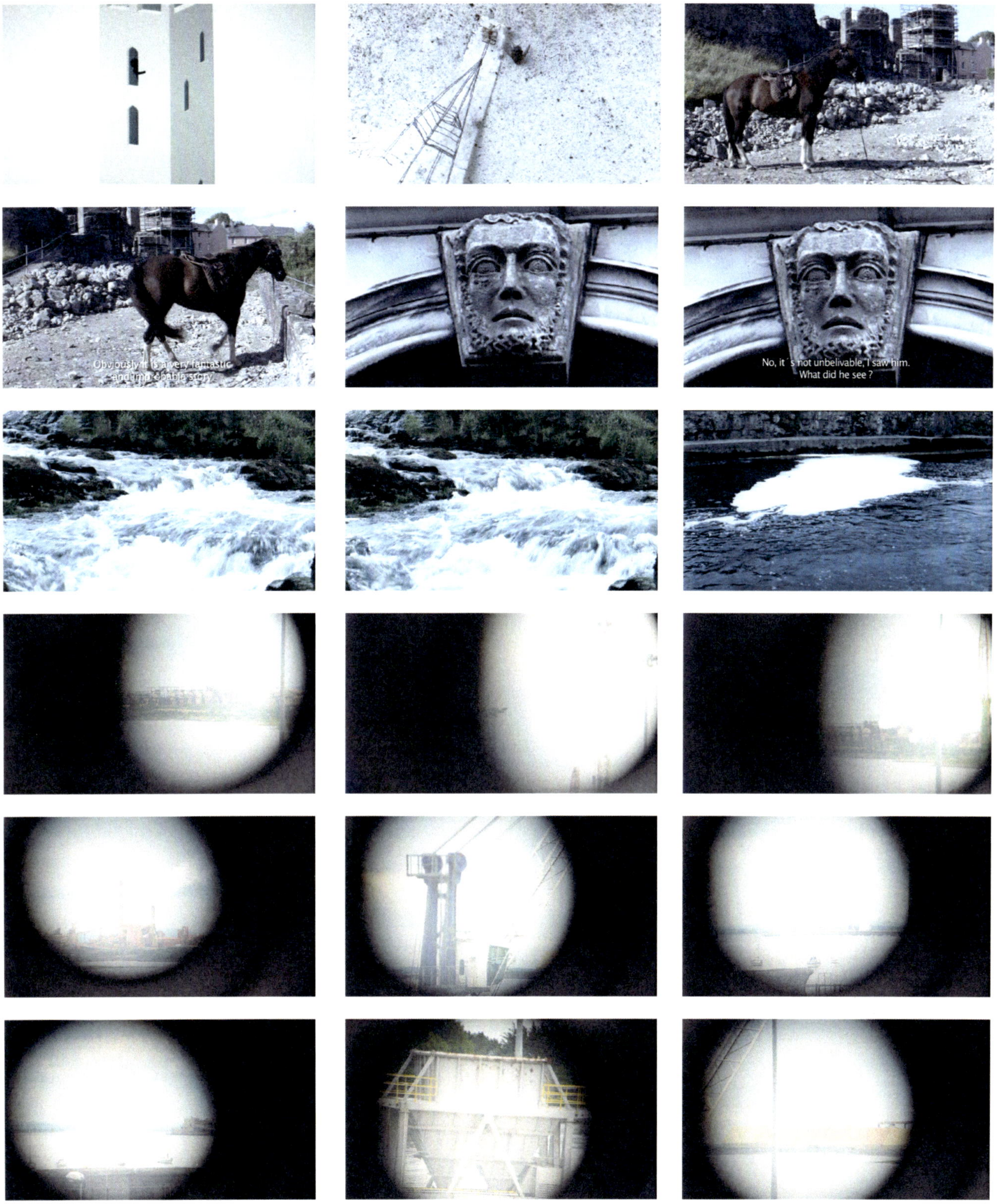
Obviously it is a very fantastic
and improbable story
No, it´s not unbelivable, I saw him.
What did he see ?

DESINTEGRIERTE ALLIANZEN

THI NGUYEN*

Was nun folgt, ist eine Kette an Geschichten eines desintegrierten Subjekts. Sie erzählt von Momenten der gemeinsamen Selbstermächtigung zwischen jüdischen und nicht-jüdischen Menschen. Es ist ein Bericht von einer Allianz, die nicht frei gewählt, sondern schicksalhaft war. Dennoch habe ich sie sehr lieb gewonnen. Und als ich die Überschriften der *Jalta*-Ausgaben las – *Selbstermächtigung*, *Desintegration*, *Allianzen*, *Gegenwartsbewältigung* – dachte ich sofort, dass ich dies nun aufschreiben müsste, dass es nun Zeit ist.

EINE SPEZIFISCHE FORM JÜDISCHER EINSAMKEIT

> *Auf dem organlosen Körper verteilen sich zunächst die Rassen, die Kulturen und ihre Götter. Noch war bisher unzureichend bemerkt worden, in welchem Ausmaß der Schizo Geschichte machte, die universelle Geschichte halluzinierte und delirierte, die Rassen in alle Welt ausschickte.*[1]

Die Katholiken hatten ein paar Rabbiner aus der Region eingeladen. Es sollte ein Tag der ‚interreligiösen Verständigung' werden. Wir Kinder wurden also auf die Bühne gestellt – zu repräsentativen Zwecken – und sangen verschiedene Lieder. Die Patres hielten ihre Reden; es war alles sehr theologisch und sehr kompliziert.

Ich stand an der Seite, ganz nah am Bühnenaufgang, wo auch die Rabbiner warteten. Man hatte sie in dieser ersten viel zu langen Stunde kein Wort sprechen lassen. Da ich den Pater sowieso nicht verstand, lauschte ich also deren Gespräch. Der eine sagte, es sei typisch und vielsagend, dass der Chor kein einziges jüdisches Lied singe. Die ganze Veranstaltung sei tief katholisch und er fühle sich, als hätte man ihm nur ein kurzes Nachwort gelassen. Der andere antwortete darauf etwas, das ich nicht hören konnte; aber seine körperliche Haltung machte klar, dass er damit befasst war, ihn zu trösten, ihm beizustehen. Da schaute er plötzlich zu mir, deutete auf mich, sagte: „Das ist die einzige, die zu uns gehört, auf dieser Bühne. Wie sollte sie sich durchsetzen?" Sein Blick war weich, voller

1 Gilles Deleuze / Félix Guattari: *Anti-Ödipus. Kapitalismus und Schizophrenie I.* Frankfurt am Main: Suhrkamp 1977, S. 109.

Mitgefühl. Und er hielt diesen Blick einen Moment fest, als wollte er auch mir beistehen, als könnte er fühlen, was mir Alltag war, als wüsste er das alles. Der Satz aber traf mich wie ein Schlag, denn ich hatte es vergessen: Meine eigene Herkunft war mir ebenso entglitten wie der Grund, wie und warum wir katholisch wurden. Und so aus dem Himmel heraus daran erinnert, dergestalt identifiziert, ja vielleicht sogar erkannt, fing ich an, durch den Sopran zu flüstern: „Wir singen jetzt ‚Hava nagila' – egal, was der Pater als nächstes andirigiert!" Den Rabbiner hatte ich nie zuvor gesehen und er mich auch nicht; aber ich wollte ihn stolz machen, ihm beweisen, dass ich mich sehr wohl durchsetzen konnte, dass es noch Luft zum Atmen gab auf der Welt.

Ich habe bis heute keine Ahnung, warum die anderen das mitmachten, aber sie taten es: Der Pater drehte sich rum; und noch vor dem ersten Taktschwung des eigentlich geplanten Liedes setzten wir ein, dann der Alt, dann der komplette Chor; und nachdem der Pater gemerkt hatte, dass es jetzt eh zu spät war, ging er einfach mit und dirigierte das Lied zu Ende.

Es war grober Ungehorsam; aber jemand hatte mich gesehen und das hatte mich für einen Moment mutig gemacht. Nachdem der Chor von der Bühne runterdurfte, lief ich so schnell weg, wie ich konnte. Ich hatte Angst. Ich rannte einfach. Verschwand.

Danach hörte ich, dass der Rabbiner noch nach mir gefragt habe. Auch ein paar Tage später telefonisch – ohne meinen Namen zu kennen. Er hatte im Augenwinkel noch gesehen, dass ich mir selbst mit der Hand immer wieder gegen den Kopf geschlagen hatte, während ich weggerannt war. Er muss wohl tief in Sorge gewesen sein. Man fragte nach ‚dem jüdischen Mädchen', aber man fand es nicht. Sie war verschwunden – wie vom Erdboden verschluckt.

EINE SPEZIFISCHE FORM NICHT-JÜDISCHER EINSAMKEIT

> *Schamangst tritt auf, wenn die Wünsche nach Liebe und Macht in diesem perzeptiv-expressiven Austausch vereitelt werden und wenn traumatische Hilflosigkeit darüber einsetzt, jemals solche Liebe und Macht – für den Augenblick oder auf Dauer – zu erreichen.*[2]

Da war diese Hausaufgabe. Sie forderte zum Erinnern auf – und zwar zum Erinnern der eigenen Familiengeschichte. Unser Geschichtslehrer hatte nur einen Fehler gemacht: Seine Aufgabenstellung war so formuliert, dass sie unterstellte, dass alle Schüler*innen ‚arische' Großeltern hatten. Als er die Stunde eröffnete, in der es galt, über diese Hausaufgabe zu sprechen, fragte er mit gewohnter Routine, wer die Hausaufgaben ‚vergessen' habe. Als sei es ein beliebiger Aufsatz. In meiner Existenz übersehen zu werden, war ich gewohnt: Menschen vergessen die Möglichkeit, dass es Menschen wie mich gibt. Damals sprach man noch nicht von ‚Migrationsgesellschaft'; Kinder wie ich wurden in der Wahrnehmung einfach ausradiert und dafür hatte ich meine eigene Handlungsroutine. Aber ich hatte keine Antwort darauf, wie ich in einer Standardabfrage zwecks Hausaufgabenkontrolle dafür Worte finden sollte. Ich war zu langsam. Also sagte ich zuerst „Äh", und dann: „Ich habe sie nicht gemacht".

Ich hatte meine Hausaufgaben gemacht – nur eben auf meine Weise und ziemlich verworren. Mit einer zunächst ganz pragmatischen Herangehensweise hatte ich mich nicht zum Opfer der falschen Aufgabenstellung machen

2 Leon Wurmser: *Die Maske der Scham. Die Psychoanalyse von Schamaffekten und Schamkonflikten*. Eschborn: Klotz 2008, S. 164.

wollen, sondern versucht, sie irgendwie produktiv zu wenden. Auf Basis der Überlegung, dass das Lernziel wohl sei, über das Schweigen nach dem Krieg zu sprechen, kam ich zu dem Ergebnis, dass ich die Aufgabe doch bearbeiten könne – nur eben auf Basis eines anderen Kriegs: des Vietnamkriegs. Ich dachte eine ganze Weile über das gegenwärtige Leben meiner Mutter nach, die nach wie vor komplex traumatisiert und schwer depressiv einen Großteil ihres Tages im Bett verbrachte. Niemals hätte ich diese Frau auf irgendetwas ansprechen können. Und als ich überlegte, ob ich davon in der nächsten Unterrichtsstunde irgendwie erzählen könnte, ob es auch nur denkbar wäre, so etwas in der Schule offenzulegen, da fiel es mir auf die Füße: Ich konnte nicht wissen, ob ich mit dem Problem allein dastehen würde.

Ich wollte nicht alleine sein, nicht schon wieder; und so verlor ich mich den Rest des Nachmittags in Phantasien darüber, dass – *wenn* – ja, wenn ein Jude in meiner Klasse sei, dass ich dann vielleicht endlich jemanden hätte, der mich verstünde, den ich fragen könnte, ob seine Mutter auch solche Dinge tut – und wie viele Generationen das wohl so bleiben würde. Ich stellte mir vor, wie wir über alles reden könnten: über Eltern, die einen viel zu streng erziehen, über seltsame Dinge, die man nicht tun oder ansprechen darf, weil sie an Krieg erinnern und den kompletten Abend ruinieren. Darüber, dass jedes beliebige Objekt diese Rolle annehmen kann – kein Gegenstand zu alltäglich, um in den Abgrund des Traumas gezogen und auf ewig mit diesem assoziiert zu werden.

Und während ich in meinem Tagtraum schon damit befasst war, verliebt in diesen Gedanken an einen Leidgenossen, einen, der verstehen würde, unsere Hochzeit zu phantasieren (Sorry: Pubertät ...), warf mir der Kosmos diesen Stein auf die Füße: Wenn es wirklich so wäre, flüsterte er mir zu, wenn da jemand wäre, dann säße diese Person gerade genauso verstört zuhause wie du – vielleicht traurig, vielleicht wütend, vielleicht etwas ganz anderes; ja, vermutlich eben doch ganz anders als ich; aber ich müsste für diese Person da sein in der kommenden Geschichtsstunde – so viel war sicher. Es ging schließlich nicht um Vietnam, sondern um die Shoah. Aber alles, was ich herausbrachte, war: „Äh. Ich habe sie nicht gemacht". Es war egal: Weder er noch sie existierte in diesem Klassenzimmer. Ich war allein.

EINSAM – GEMEINSAM – GEM_EINSAM

> *Und dennoch: Welch eigenartiger, merkwürdiger Charme geht von diesem Menschen aus, vom Kern seiner Menschlichkeit, die von der Psychose unberührt geblieben ist.*[3]

Es war in einer Psychiatrie, da begegnete mir Jesus. Nicht in einer meiner Halluzinationen, nein – auf dem Flur: Da war ein anderer Mann, so psychotisch wie ich, nur dass seine Psychose darin bestand, sich für Jesus zu halten. Er sagte den ganzen Tag antisemitische Dinge, er brabbelte sie vor sich hin, mal flüsternd, mit dem Oberkörper schaukelnd, mal in Schnappatmung.

Nachdem ich diese Chose gute 48 Stunden beobachtet hatte, sagte ich etwas. Ich legte meine Hand auf seinen Oberschenkel, um ihm zu signalisieren, dass ich ihn nicht attackieren würde, und flüsterte so leise und vertrauensvoll, wie ich konnte: „Du weißt, welche Gewalt du da von dir gibst, oder? Du hörst dich noch...?". Er nickte. „Und du weißt, dass das antisemitisch ist?". Er nickte. „Und –

3 Viktor E. Frankl: *Das Leiden am sinnlosen Leben. Psychotherapie für heute*. Wien: Herder 1977, S. 105.

glaube ich zumindest – du willst das nicht sagen, oder? Du als DU, du würdest das nicht als politische Haltung vertreten, oder?"

Er schaute mich an und sagte: „Natürlich nicht. Ich bin Jesus. Ich würde nie jemandem Gewalt antun." Also fragte ich ihn, warum er Jesus sei. „Warum Jesus? Warum bist du Jesus?", flüsterte ich. Und er flüsterte zurück: „Weil die Menschen sagen, dass sie Jesus lieben." – Ich atmete ein, um zu fragen, was so nah, vielleicht *zu* nah lag: „Und du bist Jude?" Er nickte; ich insistierte: „Ich meine dich, wirklich DICH, nicht Jesus, sondern ob DU jüdisch bist". Er nickte – und weinte. Ich nahm ihn in den Arm und hielt ihn fest, so fest ich konnte, damit er seine Haut spürt – und ich meine auch.

DIVIDE ET IMPERA – ÜBER DIE ROLLE NICHTJÜDISCHER MIGRANT*INNEN IM GEDENKSPEKTAKEL

„‚Nicht mitzuhassen, mitzulieben bin ich da' (Sophokles, Antigone)"[4]

Mit meinem Scheitern am Geschichtsunterricht in Deutschland und der Retraumatisierung darin bin ich nicht alleine: „Pass gut auf, was gesagt wird! Das machen wir bald mit dir", so der Ausspruch eines deutschen Schülers zu einer migrantischen Mitschülerin. Es lohnt sich nicht zu diskutieren, dass der Schüler dachte, das sei nur ein ‚cooler Scherz' und überhaupt nicht ernst gemeint. Fakt ist: Kartoffeldeutsche nutzen diese Unterrichtseinheit, um ihre Aggressionen gegenüber uns People of Color rauszulassen. Für viele von uns ist diese Unterrichtsreihe daher ein doppelter Tiefpunkt des Unmenschlichen, einmal historisch und einmal ganz gegenwärtig. Eine andere Vietnamesin erzählte mir, ein Mitschüler sagte damals: „Mit den Juden machen wir das nicht mehr, aber von Leuten wie dir war nie die Rede." Die Thematisierung der Shoah weckt in den Mehrheitsdeutschen Aggressionen und wir sind das nächstbeste Objekt im Raum, an dem man diese abreiben kann.

Was sekundärer Antisemitismus bedeutet, wurde einst von Zvi Rex mit dem Diktum „Die Deutschen werden den Juden Auschwitz nicht verzeihen" auf den Punkt gebracht. Diese Abwehr des Erinnerns und die Ablehnung gegenüber jüdischen Menschen werden ansteckend, wenn migrantische Menschen/People of Color in diesem Gedenkspektakel so viel Rassismus in ihren Schulen erfahren wie in sonst keiner Unterrichtsreihe. Auch diese haben dann einen Grund, nie wieder über die Shoah sprechen zu wollen – jedoch nicht aus Schuldabwehr, sondern weil man in dieser Unterrichtseinheit zum Prügelknaben der Kartoffeldeutschen wird.

Wenn in einem solchen Unterricht aus Täterperspektive dann auch noch behauptet wird, dies sei im Sinne jüdischer Menschen, ist die antisemitische und zugleich rassistische Farce komplett. Antisemitisch ist sie, weil die Behauptung, jüdische Menschen wollten diese Form des Gedenkens, sie als rachsüchtige und gegenüber uns People of Color feindselige Personen darstellt. Der Rassismus der Mehrheitsdeutschen wird darin auf euch jüdische Menschen projiziert: nicht sie selbst, sondern ihr wärt es angeblich, die darauf bestehen, dass im nationalen Gedenktheater die Rollen so verteilt werden, wie sie sind: die braven Deutschen und wir – die Migrationsanderen, die People of Color, die ihr hübsches didaktisches Konzept kaputt machen. Als ob die Antisemitismus-Prävention funktioniert hätte, bevor wir da waren!

4 So das Eingangszitat im Schlusswort von Wurmser: *Die Maske der Scham*, S. 485.

Dass man euch zum Sündenbock für alles macht, ist gewiss nichts Neues. Doch auch dafür musstet ihr im deutsch-nationalen Geschichtsunterricht herhalten: Mir wurde suggeriert, jüdische Menschen hätten ein Interesse daran, dass ich mir ritualisiert mitansehen muss, wie Kartoffeldeutsche eine Runde in Pseudo-Selbstgeißelung verfallen, um sich dann rumzudrehen und mich als ‚Schlitzauge' zu attackieren. Mir wurde vermittelt, ihr jüdischen Menschen wärt so missgünstig und geizig an warmen Gefühlen, dass ihr es richtig fändet, dass eine Unterrichtseinheit über antisemitische Karikaturen gemacht wird, Witze über die ‚gelbe Gefahr' aber unter die ‚Kunstfreiheit' fallen. Uns wurde vermittelt, all das sei in eurem Interesse – und das ist der eigentliche Skandal. Kurz: Jede Unterrichtsstunde über Antisemitismus, die ich in meiner Schulzeit hatte, war am Ende des Tages antisemitisch, weil man darin Rassismus damit legitimierte, dass der Jude das so wolle.

So wie es eine falsche Erzählung darüber gibt, dass der Antisemitismus angeblich erst durch (vorwiegend muslimische) Migrant*innen/Geflüchtete importiert werde, gibt es also eine komplementäre Erzählung, die euch erneut zum Sündenbock und uns erneut zu Prügelknaben macht: Es ist die Behauptung, es wäre Euer Wille, dass wir im Geschichtsunterricht nationalen Narrationen und Erzählzwängen unterworfen werden, in denen für unsere migrantische Perspektive kein Platz ist. Um euch zu schützen, dürften wir nicht sprechen, sondern müssten weiter schweigen.

Eigentlich wusste ich jederzeit, dass jüdische Menschen meine Verbündeten waren, aber man hatte mir diese Allianz verdorben, indem man sie mir als jene präsentierte, für die diese Nation homogen bleiben musste, weil nur die guten Kartoffeldeutschen aus dieser historischen Erfahrung etwas gelernt hätten, wohingegen wir Migrant*innen im Geschichtsunterricht konsequent als defizitär, als Problem, als minderbemittelt und als potentielle Bedrohung für den kartoffeldeutschen nationalen Konsens dargestellt wurden. Man hat uns also nicht nur nicht verbündet, man hat uns gegeneinander aufgestellt.

ABSEITS DES DOMINANZKULTURELLEN GESCHICHTSUNTERRICHTS – UNTER UNS

> *Es war nicht zuletzt die Lektion, die ich aus Auschwitz und Dachau mit nach Hause nehmen konnte: daß diejenigen noch am ehesten fähig waren, sogar noch solche Grenzsituationen zu überleben – diejenigen, sage ich, die ausgerichtet waren auf die Zukunft, auf eine Aufgabe, die auf sie wartete, auf einen Sinn, den sie erfüllen wollten. Und amerikanische Psychiater haben dies später in japanischen, nordvietnamesischen und nordkoreanischen Kriegsgefangenenlagern bestätigen können. Sollte nun, was von einzelnen gilt, nicht ebenso auch von der Menschheit im ganzen gelten? Und sollten wir uns nicht, im Rahmen sogenannter Friedensforschung, die Frage angelegen sein lassen, ob nicht auch für das Überleben der Menschheit die einzige Chance letzten Endes in einer allen gemeinsamen Aufgabe liegt, in einem gemeinsamen Willen zu einem gemeinsamen Sinn?*[5]

Die Allianz und die Solidarität müssen also als erstes gestiftet werden, um nicht in die oben beschriebenen Fallen des deutsch-nationalen Geschichtsunterrichts zu tappen: In meinem zweiten Anlauf der Beschäftigung mit diesem Thema suchte ich also im ersten Schritt nach

5 Frankl: *Das Leiden am sinnlosen Leben*, S. 27.

allen lebendigen Bildern jüdischen Lebens, die ich finden konnte: jüdische Comedy, seichte Hollywood-Produktionen, *Big Bang Theory*, jüdische Literatur und Kunstwerke und eine ausgiebige Recherche nach der weltbesten Version von *Hava Nagila*. Man wollte das Verhältnis zwischen unseren Bevölkerungsgruppen darauf reduzieren, dass wir erstens über nichts reden außer unsere Traumata und das zweitens in Konkurrenz zueinander, also gegeneinander. Also suchte ich zunächst nach allem anderen, das uns verbinden und verbünden könnte: Kunst, Musik, *chinese food*. Im zweiten Schritt befasste ich mich sodann mit Schriften darüber, wie jüdische Menschen die Shoah aufarbeiteten, und Erzählungen von Zeitzeug*innen darüber, wie ihr Leben weiterging – und auch dies stets mit dem Fokus darauf, dass selbst Menschen wie Mitinsasse ‚J.' und ich eine Chance haben, *trotzdem Ja zum Leben zu sagen*.

Diesen Zweischritt findet man beim oben zitierten Viktor E. Frankl; man kann ihn also direkt von jenen Zeitzeug*innen lernen: Unsere gemeinsame Zukunft kommt notwendigerweise vor der Vergangenheit, da diese mit Blick auf diese Zukunft erinnert und erzählt wird – bewusst oder unbewusst. Das Stiften von Allianzen und Solidaritäten zwischen jüdischen und anderen minoritären Gruppen in diesem Land geht in diesem Sinne einer Reflexion der Rolle nicht-jüdischer Minderheiten im dominanzkulturellen Gedenktheater notwendig voraus. Welche Rolle wir nicht-jüdischen Migrant*innen/People of Color darin spielen wollen, lässt sich nämlich nur in dieser Allianz erkunden. Allen meinen nicht-jüdischen, traumatisierten, migrantischen Brüdern und Schwestern empfehle ich daher dringend, darauf zu achten und darauf zu bestehen, dass die Deutungshoheit jüdischer Menschen über alle Fragen des Gedenkens und Erinnerns gewahrt bleibt: Dies liegt auch in unserem Interesse. Wenn jemand das Gedenken an die Ahnengeister anderer Leute pervertiert, um dich einzudeutschen,[6] wenn

6 Interreligiöse Verstehensbrücke zum Begriff ‚Ahnengeister': Ihr müsst euch den Buddhismus als eine Religion vorstellen, in der sich das ganze Analog zur Halacha *nur* darauf bezieht, wie man ordentlich gedenkt, erinnert und vergisst. Dazu und nur dazu dient – im Gegensatz zur hier im Westen kolportierten Verflachung und Trivialisierung – die Meditation: Sie reguliert gemäß religiöser Vorschriften das Erinnern, Gedenken und Vergegenwärtigen des Lebendigen sowie des Toten. Das Ziehen-Lassen der Gedanken (Vergessen) und das aufrechte Vergegenwärtigen (achtsames Erinnern) sind unsere zwei ‚göttlichen' Prinzipien. Alles andere sind Fußnoten darüber, wann was von beidem ‚nicht ganz koscher' ist. Sämtliche Gebote, selbst die alltäglichsten und banalsten, werden aus diesen Fragen des Gedenkens abgeleitet: So sind wir zum Beispiel nicht deshalb Vegetarier*innen, weil man keine Tiere essen sollte, sondern weil gewohnheitsmäßiger Fleischkonsum einen *das habitualisierte Töten als Tatsache vergessen* lässt (Atmen. Jetzt. Die kursivierten Worte des Satzes achtsam lesen und vergegenwärtigen). Leicht lässt sich nun erahnen, wie viel strenger die buddhistischen Regeln für das Gedenken an *Menschen* sind ... (Atmen). Daher auch die minimale Verschiebung vom Begriff des ‚Gedächtnistheaters' nach Y. Michal Bodemann zu ‚Gedenktheater' im obigen Passus: Praktiken des falschen oder unaufrichtigen Gedenkens wurden (auch) bei uns als ‚Schattentheater' metaphorisiert. Das Gedenken ist sodann nicht mehr wahrhaftig – und eben: nach buddhistischen Regeln eine der größten Sünden, die man dem Anderen antun kann. Wird nun ausgerechnet diese Religion, der Erinnern und Gedenken das Heiligste ist – so sehr, dass es keine anderen Götter neben diesen Vergegenwärtigungsregeln und -ritualen gibt – als ‚primitiv' dargestellt, ist wohl alles über rassistische Diskursmanöver in diesem Land gesagt. In einem nicht-rassistischen Land hättet ihr dies zuerst über den Buddhismus gelernt: Wir standen immer an eurer Seite als Guerillera gegen verbrecherisches Gedenken und verräterisches Vergessen. Nach buddhistischem Gesetz sind wir in dieser Sache eure Gedenk-Golems; eine unserer Regeln zum Gedenken nämlich lautet: „Gedenkst du aber den Ahnen der Nachbarstämme (also nicht deinen eigenen), tue es auf des Nachbars Weise, zu ihrer Zeit, auf ihr Geheiß hin; und unterwirf dich auch in der Ausführung deren Gesetz, denn dass es ihren Ahnen gefalle, sei dir wichtiger als deine eigenen Sitten" (keine Quellenangabe, da Auktorialisierungen der Grundgedanken nach unseren Gedenkregeln nicht ganz koscher sind;

jemand die Shoah instrumentalisiert, um sich gegenüber uns, die sie als primitive Völker verlachen, als moralisch überlegen zu gebaren, wenn du das Gefühl hast, Kartoffeldeutsche erinnern sich gerade aus den falschen Gründen, auf perverse Weise oder holen sich auf die Bilder des Schreckens heimlich einen runter, vertraue deiner Intuition und geh. Flüchte mit uns noch einmal – an einen besseren Ort. Wir warten woanders auf dich – *unter uns*.

---

das Gesetz wird in Gemeinschaften festgehalten und oral tradiert, damit es in den konkreten Auslegungen verhandelbar und flüssig bleibt). Daher rührt jedenfalls der enorme Widerstand dagegen, sich von Kartoffeldeutschen auch nur irgendetwas über Gedenken sagen zu lassen: Gemäß *unserem* Gesetz unterwerfen wir uns in dieser Sache dem *jüdischen* Gesetz. Obiger Satz, „dies liegt auch in unserem Interesse", hat dadurch für buddhistische Vietnames*innen besonders schweres Gewicht: Wir können in diesem Land ohne jüdische Deutungshoheit nicht in unserem buddhistischen Sinne ‚koscher' (wir würden einfach sagen ‚aufrecht') gedenken.

אני המזרחית

ICH BIN DIE MIZRAHIT

עדי קיסר

ADI KEISSAR

אֲנִי הַמִּזְרָחִית	Ich bin die Mizrahit
שֶׁאַתֶּם לֹא מַכִּירִים	die ihr nicht kennt
אֲנִי הַמִּזְרָחִית	ich bin die Mizrahit
שֶׁאַתֶּם לֹא מַזְכִּירִים	die ihr nie erwähnt
שֶׁיּוֹדַעַת לְדַקְלֵם	die alle Lieder
אֶת כָּל הַשִּׁירִים	von Zohar Argov
שֶׁל זֹהַר אַרְגּוֹב	aufsagen kann
וְקוֹרֵאת אַלְבֶּר קָאמִי	Und Albert Camus liest
וּבּוּלְגָּקוֹב	und Bulgakow
מְעַרְבֶּבֶת הַכֹּל לְאַט לְאַט	langsam zusammenrührt
עַל אֵשׁ קְטַנָּה	auf niedriger Flamme
חָלָב וּבָשָׂר	Milch und Fleisch
שָׁחֹר וְלָבָן	schwarz und weiß
הָאֵדִים מַרְעִילִים	Die Dämpfe vergiften
אֶת הַשָּׁמַיִם כָּחֹל לָבָן	euren blauweißen
שֶׁלָּכֶם.	Himmel.
מָה תַּעֲשׂוּ לִי?	Was werdet ihr mit mir machen?
אֲנִי נוֹשֶׁמֶת בְּעִבְרִית	Ich atme auf Hebräisch
קוֹנָה בְּאַנְגְּלִית	kaufe auf Englisch
אוֹהֶבֶת בַּעֲרָבִית	liebe auf Arabisch
כַּפָּרָה עַל הַסּוּרַכּ	Kappara al ha-Suraq
מִתְבַּכְיֶנֶת בְּמִזְרָחִית	klage auf Mizrahisch
The revolution will not be televised	*The Revolution will not be televised*
The revolution will not be televised	*The Revolution will not be televised*
כִּי בַּטֵּלֵוִיזְיָה יֵשׁ רַק פִּרְסוֹמוֹת	weil im TV nur Werbung läuft

שֶׁל כָּל מִינֵי בְּלוֹנְדִינִיּוֹת	aller Art Blondinen
אוּלַי בִּגְלַל זֶה קָרְאוּ לִי בַּבֵּית סֵפֶר	vielleicht war das der Grund, dass sie mir
כּוּשִׁית בַּהַפְסָקוֹת	in den Pausen Schwarze hinterherriefen
אֲנִי בָּאֶמְצַע	ich bin dazwischen
לֹא לְכָאן וְלֹא לְכָאן	nicht hier, nicht dort
אִם הָיִיתִי צְרִיכָה לִבְחֹר	müsste ich mich entscheiden
הָיִיתִי בּוֹחֶרֶת	wählte ich
.אַפְרוֹ תֵּימָן	afro-jemenitisch.
מָה תַּעֲשׂוּ לִי?	Was werdet ihr mit mir machen?
אַל תַּגִּיד לִי אֵיךְ לִהְיוֹת מִזְרָחִית	Erzähl mir nicht, wie eine Mizrahit sich verhält
גַּם אִם קָרָאתָ אֵדוּאַרְד סַעִיד	selbst wenn du Edward Said gelesen hast
כִּי אֲנִי הַמִּזְרָחִית	denn ich bin die Mizrahit
שֶׁלֹּא מְפַחֶדֶת מִמְּךָ	die sich nicht vor dir fürchtet
לֹא בְּוַעֲדוֹת קַבָּלָה	nicht in Zulassungskommissionen
לֹא בְּרַאֲיוֹנוֹת עֲבוֹדָה	nicht in Einstellungsgesprächen
וְלֹא בִּשְׂדוֹת תְּעוּפָה	und nicht auf Flughäfen
לַמְרוֹת שֶׁאַתָּה שׁוֹאֵל אוֹתִי	obwohl du mir dort
לֹא מְעַט שְׁאֵלוֹת	nicht wenige Fragen stellst
בְּעֵינַיִם מַאֲשִׁימוֹת	mich mit misstrauischen Augen
מְחַפְּשׂוֹת בִּי שְׁאֵרִיּוֹת עֲרָבִיּוֹת	absuchst nach arabischen Spuren
לְכַמָּה זְמַן הִגַּעְתְּ	wie lange willst du bleiben
וְכַמָּה כֶּסֶף יֵשׁ לָךְ	wie viel Geld hast du bei dir
לֹא בָּאת לְכָאן לַעֲבֹד נָכוֹן?	du bist nicht zum Arbeiten gekommen, oder?
לֹא בָּאת לְכָאן לַעֲבֹד נָכוֹן?	du bist nicht zum Arbeiten gekommen, oder?
מָה תַּעֲשֶׂה לִי?	Was werdet ihr mit mir machen?
וְהִנֵּה אֲנִי עוֹמֶדֶת בַּמֶּרְכָּז הַשָּׂבֵעַ	Hier stehe ich also im übersatten Zentrum
רָחוֹק מֵהַפֵּרִיפֶרְיָה הָרְעֵבָה	weit von der hungernden Peripherie
וְלָמַדְתִּי לְדַבֵּר אָקָדֵמִית	lerne die Sprache der Akademie
לִנְסֹעַ בְּקַו 25	die Buslinie 25 zu fahren
וְלִמְדֹּד אֶת הַמֶּרְחָק	die Entfernung zu messen
בֵּין הַשֵּׂכֶל לַלֵּב	zwischen Herz und Kopf
רַק כְּדֵי לְהָבִין	um den Weg
אֶת הַדֶּרֶךְ לַבַּיִת שֶׁלִּי	nach Hause zu verstehen
אֵיפֹה שֶׁאִמָּא וְאַבָּא	wo Mutter und Vater mir
אַף פַּעַם לֹא דָּחֲפוּ לִי	niemals ein Buch
סֵפֶר לַיָּד	in die Hand legten
אֲבָל כָּרְכוּ אֶת הַנְּשָׁמָה	aber ihre Seele
שֶׁלָּהֶם בְּשֶׁלִּי	mit meiner zusammenbanden

בְּהוֹצָאָה עַצְמִית	im Selbstverlag
בְּכָל פַּעַם	jedes Mal
שֶׁלָּקְחוּ אוֹתִי	wenn sie mich mitnahmen
לַסִּפְרִיָּה הָעִירוֹנִית	zur Stadtbibliothek
בְּכָל פַּעַם שֶׁבִּקְּשׁוּ	jedes Mal, wenn sie baten
אַל תִּקְרְאִי בַּחֹשֶׁךְ	lies nicht im Dunkeln
יֶהֶרְסוּ לָךְ הָעֵינַיִם	du wirst dir die Augen ruinieren
אָז יָצָאתִי לָאוֹר.	da trat ich ins Licht.
מָה תַּעֲשׂוּ לִי?	Was werdet ihr mit mir machen?
וְאַתֶּם גּוֹעֲרִים	Und ihr ermahnt mich:
אִם תַּפְסִיקִי לְדַבֵּר עַל זֶה	Wenn du nur aufhörst darüber zu sprechen
זֶה כְּבָר לֹא יִהְיֶה קַיָּם	wird es aufhören zu existieren
אִם תַּפְסִיקִי לְדַבֵּר עַל זֶה	wenn du nur aufhörst darüber zu sprechen
זֶה כְּבָר לֹא יִהְיֶה קַיָּם	wird es aufhören zu existieren
כִּי הַיּוֹם כֻּלָּם מִתְחַתְּנִים עִם כֻּלָּם	denn jede heiratet jeden heutzutage
שִׂימוּ מוּזִיקָה מִזְרָחִית בַּחֲתֻנָּה	spielt mizrahische Musik auf der Hochzeit
מִזְרָחִית עוֹשָׂה שָׂמֵחַ	mizrahisch macht glücklich
וּבְתוֹךְ הָרֹאשׁ שֶׁלִּי	und in meinem Kopf leiht mir
אֲהוּבָה עוֹזֵרִי	Ahuva Ozeri
נוֹתֶנֶת לִי שׁוּב אֶת קוֹלָהּ	wieder einmal ihre Stimme
נוֹתֶנֶת לִי שׁוּב אֶת הַקּוֹל	wieder einmal die Stimme
נוֹתֶנֶת לִי שׁוּב אֶת הַכֹּל	wieder einmal alles
וּבְתוֹךְ הָרֹאשׁ שֶׁלִּי	und in meinem Kopf
צִלְצוּלֵי פַּעֲמוֹנִים	Glockenläuten
"אִמִּי אִמִּי פִּתְחִי הַדֶּלֶת	*Mutter, Mutter, öffne die Tür*
כָּל גּוּפִי רוֹעֵד מִקֹּר	*Mein ganzer Körper zittert vor Kälte*
אִמִּי אִמִּי פִּתְחִי הַדֶּלֶת	*Mutter, Mutter öffne die Tür*
עַל כְּתֵפַי מַשָּׂא כָּבֵד".	*Auf meinen Schultern so ein Gewicht*

*ארבע השורות האחרונות לקוחות מהשיר "אמי אמי", מילים - אהובה עוזרי.

*Die letzten vier Zeilen sind dem Lied *אמי אמי* (*Meine Mutter, meine Mutter*) von Ahuva Ozeri entnommen.

(שחור על גבי שחור, 2014)

(*Schwarz auf Schwarz*, 2014)

AUS DEM HEBRÄISCHEN
VON MAX CZOLLEK

Christoph Rodde:
Telemini, 2007.
Bleistift auf Papier, 30 × 21 cm.

DIE KABBALA IM EXIL

MICHAEL HEINZMANN

Dieser Beitrag handelt von der Kabbala im Exil.[1] Dabei richtet sich das Interesse auf jüdische Sprachformen wie den Midrasch, die rabbinisch-talmudische Literatur oder die jüdische Mystik.[2] Exil als Thema ist der rabbinisch-talmudischen Literatur wie auch anderen jüdischen Texten wesentlich.[3] Die jüdische Ontologie des Exils erscheint – mit den Worten Jacques Derridas – in „sexueller Differenz" und ist für die Frage nach dem Sinn des Seins von grundlegender Bedeutung.[4]

Exil als jüdisch-rabbinische und kabbalistische Symbolik findet sich an prominenten Textstellen jüdischer Literatur. Nach dem Mythos der Kabbala ist die Tora als das göttliche Instrument der Weltschöpfung älter als der Kosmos: Einzig Gott und die Tora gelten als vorkosmische Gestalten. Beiden verleiht der Mythos ein sprachliches Gewand: Gott tritt in Gestalt seines vierbuchstabigen Namens YHWH auf. Aus diesen vier Buchstaben exiliert sich in einem Emanationsprozess der Gottesname in das Buchstabengewand der Tora, in das sich der Gottesname mit „schwarzem Feuer auf weißem Feuer"[5] eingraviert.[6] Die Tora ist das Exil des Gottesnamens, in der die Textur Gottes im Textgewand der Buchstaben erscheint. Das gesamte Alphabet der 22 hebräischen Buchstaben lässt sich aus Jod und Waw[7] gestalten, und es muss nichts materiell Neues zum ursprünglichen Gottesnamen hinzutreten, um das Buchstabengewand der Tora zu formen. Tora ist Körper, Gewand, Schleier – und Exil Gottes. In dieser Komplexität tritt die Tora der Gemeinschaft der Lernenden

1 *Exil* bezeichnet die Abwesenheit eines Menschen oder einer Volksgruppe von ihrer Heimat aufgrund von Ausweisung, Verbannung, Vertreibung, Ausbürgerung, Zwangsumsiedlung, religiöser oder politischer Verfolgung sowie Auswanderung wegen unerträglicher Verhältnisse. Der Begriff der Verstreutheit religiöser, nationaler, ethnischer und kultureller Gemeinschaften in der Fremde, die ihre Heimat verlassen hatten oder verlassen mussten und sich über die ganze Welt verteilt haben, bezog sich jahrhundertelang ausschließlich auf die Diaspora des jüdischen Volkes. Das hebräische Pendant ist Galut, abgeleitet aus der Wortwurzel *g-l-a*. Vgl. Wilhelm Gesenius: *Hebräisches und aramäisches Handwörterbuch*. Berlin/Göttingen/Heidelberg: Springer 1962, S. 139–140; insb. ebd., S. 140 zur Piel-Form von *g-l-a*.

2 Vgl. Lynn Davidman/Shelly Tenebaum (Hrsg.): *Feminist Perspective on Jewish Studies*. New Haven: Yale UP 1994.

3 Vgl. Elliot R. Wolfson: *Along the Path: Studies in Kabbalistic Myth, Symbolism, and Hermeneutics*. New York: SUNY Press 1995.

4 Siehe Jacques Derrida: *Geschlecht, Sexuelle Differenz, ontologische Differenz. Heideggers Hand*, aus d. Franz. v. Hans D. Gondek. Wien: Passagen 1988, S. 11.

5 Jerusalemer Talmud (jT) Sota 8, 3, 37a.

6 Siehe dazu Moshe Idel: *Kabbalah: New Perspectives*. New Haven/London: Yale UP 1988.

7 Jod präsentiert die Abstraktion des Punktes und Waw die Materialität der Linie.

gegenüber.[8] Im Lernen, der irdischen Hingabe an die Tora, berührt die Gemeinschaft Israels das Geheimnis Gottes, das sich in der Textur des Textes exiliert. Diese Begegnung zeichnen kabbalistische Meister in erotischen Zügen. So heißt es im Zohar:[9]

> *Wie viele der Menschen leben in Verwirrung und Torheit und schauen nicht den Wahrheitsweg der Thora! Und die Thora ruft ihnen doch liebend Tag für Tag, und jene wollen nicht, das Haupt zu ihr kehren. Freilich, ein Wort entläßt die Thora aus ihrem Schrein nach außen; läßt wenig nur schauen und verbirgt sich sogleich. Und wenn sie aus ihrem Schreine ein Wort für einen Augenblick enthüllt, dann nur denen, welche es kennen und erkennen können.* [...] *So offenbart sich und verhüllt sich wieder die Thora dem Freunde, nur ihm ihre Liebe zu bezeigen.* [...] *dann beginnt sie, mit ihm zuerst hinter dem Vorhang zu sprechen, den sie ausgebreitet hat: Worte seiner Art entsprechend, bis er ein weniges gewahren kann – das heißt dann „Derascha". Und weiter spielt sie mit ihm unter einem dünnen Mantel mit Rätselworten, und dies ist „Haggada". Erst wenn er an sie gewöhnt wird, eröffnet sie sich ihm von Angesicht zu Angesicht und spricht mit ihm über alle ihre verborgenen Geheimnisse und alle verborgenen Wege, die seit Urzeit in ihrem Herzen sind. Wird dann der Mensch erst in Vollkommenheit ein Vermählter der Thora, dann offenbart sie ihm alle ihre Geheimnisse, nichts fernend oder bergend vor ihm. Und spricht: Du siehst das Wort, das ich dir erst in feinem Winke zugewinkt, Geheimnisse so und so. Nun sieht er, daß diesen Worten nichts hinzuzufügen, von ihnen nichts wegzunehmen ist. So ist der wahre Sinn der Thora, dass auch nicht ein Zeichen ihr zugetan, von ihr hinweggenommen werden darf. Darum wollen die Menschen dessen achtsam sein, der Thora nachzufolgen, dass sie Geliebte der Thora seien.*[10]

Diese Vermählung Israels mit der Tora findet im Exil hren physischen Ausdruck.

Der Buchstabe ב (Bet)[11] zeigt nur nach der einen Seite auf den Text hin.[12] Die Beziehung korrespondiert unmittelbar mit dem Verhältnis des Lernenden, Lesenden und Interpretierenden zur Tora, zum Text, zur Lehre. Die hermeneutische Frage nach dem Verhältnis des Exils zur Heimat, des exoterischen und esoterischen, des literalen und spiritualen Textsinns, nach dem Verhältnis von *sensus literalis* und *sensus spiritualis*[13] wird als PaRDeS[14] tradiert.[15] So überrascht es nicht, dass diejenigen, die in den Garten, Pardes, heimkehren, die Meister der Tora sind: R. Akiwa, Ben Soma, Ben Asai, Acher und Elischa ben Abuja.[16]

8 Näherhin: der Gemeinde Israels.

9 Zohar (bzw. Sohar) zu Ez. 1,28, 8,2; Dan. 2,31, 12. Der Zohar (dt. der strahlende Glanz), ist das bedeutendste Werk der Kabbala.

10 *Der Sohar. Das heilige Buch der Kabbala*, hrsg. u. aus. d. Hebr. v. Ernst Müller. München: Hugendubel 2009, S. 38–39 (III.fol.152a); vgl. Georg Langer: *Die Erotik der Kabbala*. München: Diedrichs 1989, S. 24–25.

11 Bet. Der Zahlenwert ist 2; Bet ist der erste Buchstabe der Tora.

12 Siehe Elliot R. Wolfson: *Circle in the Square. Studies in the Use of Gender in Kabbalistic Symbolism*. Albany: SUNY Press 1995, S. 16–17.

13 In der christlich-mittelalterlichen Tradition als „vierfacher Schriftsinn" bezeichnet; siehe Daniel Krochmalnik: *Im Garten der Schrift: Wie Juden die Bibel lesen*. Augsburg: Sankt Ulrich 2006, S. 10.

14 Ebd., S. 15–17, 19, 26.

15 Ebd., S. 9: „Literarisierung, Konzeptualisierung oder Typologisierung, Idealisierung und Hypostasierung [...] littera gesta docet, quid credas allegoria, moralis quid agas, quod tendas anagogia."

16 Ebd., S. 13.

Im Exil des Textes offenbart sich der Sinn der Lehre als tief verstandene Materialität des Buchstabens für den Meister des Zohar; so heißt es bei Elliot R. Wolfson:

> [...] *the search for the deepest truths of Scripture is a gradual stripping away of the external forms of garments until one gets to the inner core, but when one gets to that inner core what one finds is nothing other than the peschat, the text as it is.*[17]

Inmitten der Textur des Textes, ganz der Hermeneutik ausgeliefert, offenbart sich dem Lernenden das Geheimnis Gottes. Die Tora ist nach kabbalistischer Überlieferung eine „Jungfrau ohne Augen"[18], ein unendlich interpretierbarer Text, eine Geliebte, die ihr Antlitz allein dem Geliebten im Exil erscheinen lässt – und auch dies nur im Moment der Umarmung in größtmöglicher Ent-Fernung: „Dann wird ein solcher Mensch vollendet genannt, ein ‚Meister', das heißt aber ein ‚Vermählter der Tora' im genauen Verstand." Diesem mythischen Moment der Heimkehr entspricht in den Büchern der Tora keine Textstelle, da Tora nur im Schleier ihres Buchstabengewandes auftritt. Die Umarmung ist nicht der Moment, in dem das Weibliche in Erscheinung tritt, sondern der Moment ihrer Exilierung. Im Zohar heißt es: „lehitchabber ba ba'oraita anpin beanpin – sich zu vereinigen mit ihr, der Tora, von Angesicht zu Angesicht."[19]

Im Exil zeigt sich die Tora verschleiert, ihr öffentliches Angesicht ist ihr Rücken, und so lesen die kabbalistischen Gelehrten:

> *Mein Antlitz kannst Du nicht sehen* [...], *wann meine Erscheinung vorüberfährt,* [...] *schirme ich meine Hand über dich.* [...] *Hebe ich dann meine Hand weg, siehst du meinen Rücken, aber mein Antlitz wird nicht gesehn – vera'ita et achorai upanai lo jera'u.*[20]

Die Tora ist der Rücken Gottes, seine andere, seine weibliche Seite.[21] Die Ontologie des Geschlechts, die sich in den Texten der mittelalterlichen Kabbala, insbesondere des Zohar abzeichnet, kennt wie alle neuplatonisch-philosophischen Systeme keine radikalen Brüche in der Geschichte.[22] Alles Seiende, alle Wirklichkeiten, leiten sich von einem einzigen Ursprung ab; der *prima causa*, interpretiert als ‚erste Exilierung', die alle Wirklichkeit begründet.

Die exilierte Tora verbürgt ‚Anderheit' und steht in der esoterischen Literatur der mythischen Figur Lilith diametral gegenüber.[23] Die im toraischen Schöpfungsbericht nicht erwähnte erste Frau Adams ist

17 Elliot R. Wolfson: Beautiful Maiden without Eyes. Peshat and Sod in Zoharic Hemeneutics. In: Michael Fishbane: *The Midrashic Imagination Jewish Exegesis, Thought, and History*. Chicago: SUNY Press 1993, S. 155–203, hier S. 167, 169; vgl. Paul Ricoeur: *Hermeneutics and the Human Sciences. Essays on Language, Action, and Interpretation*. Cambridge/Paris: Cambridge UP 1981, S. 164.

18 Siehe Wolfson: Beautiful Maiden without Eyes, S. 167, 169.

19 *Der Sohar*, S. 139–140 (I.fol.55b).

20 Ex 33,23; vgl.: Ex 33,20: „[...] Mein Angesicht wirst Du nicht sehen; denn kein Mensch wird leben, der mich sieht."

21 Die Worte *achor* und *acher* (Rücken und der Andere) haben im Hebräischen eine gemeinsame Wurzel. Die weibliche Seite Gottes repräsentiert Alterität, Anderheit, allerdings eine Anderheit ohne Autonomie, ohne Selbständigkeit, da sie lediglich die ‚Kehrseite' Gottes darstellt; anders jedoch bei Elliot R. Wolfson: On Becoming Female: Crossing Gender Boundaries in Kabbalistic Ritual and Myth. In: Tamar M. Rudavsky (Hrsg.): *Gender und Judaism. The Transformation of Tradition*. New York: New York UP 1995, S. 209–228, hier S. 211–212.

22 Siehe Wolfson: Beautiful Maiden without Eyes, S. 187.

23 Siehe Kocku von Stuckrad: *Lilith. Im Lichte des schwarzen Mondes zur Kraft der Göttin*. Braunschweig: Aurum 1997. Im Tanach tritt sie nur einmal in Erscheinung: Jes. 34,14.

ihrer Eigenständigkeit wegen im traditionellen Gedächtnis der jüdischen Überlieferung bewahrt, im Zusammenhang mit dem Exil. Lilith erscheint im 3. Jahrtausend v. u. Z. als babylonisch-sumerische Figur. Mit Adam synchron aus Erde und Staub erschaffen, hält sie dem sexuellen Herrschaftsanspruch Adams die Ebenbürtigkeit des gemeinsamen Ursprungs entgegen. Nach dem Alphabet des Ben Sira[24] hat Lilith sich geweigert, Adam gegenüber geistig oder physisch „unten liegen", das heißt, ihm „unter-liegen", zu sollen:

> *Denn als der Heilige, gepriesen sei er, seine Welt geschaffen hatte, erschuf er (auch) den ersten Menschen. Als er sah, (dass) dieser allein war, erschuf er sogleich für ihn eine Frau, die wie er aus Erde war. Und ihr Name ist Lilit.*[25] *Und er brachte sie zu Adam. Sogleich fingen beide an, miteinander zu streiten. Er sagte: „Du sollst unten liegen." Und sie sagte: „Du wirst unten liegen, da wir beide gleich sind, beide aus Erde." Und sie verstanden einander nicht. Als Lilit das sah, erinnerte sie sich an den Namen*[26] *Gottes, erhob sich in die Luft und entfloh.*[27]

Adam fordert seine patriarchale Stellung auch in der sexuellen Begegnung ein. Er bittet daraufhin Gott um ein willfährigeres Geschöpf[28] – und Eva aus Adam ist die göttliche Antwort auf diesen Wunsch. Eifersüchtig auf Eva verlässt Lilith Adam, und man findet sie seither im utopischen Exil. Mit ihr zusammen exiliert die esoterische Tradition weiblichen Selbstbewusstseins, die ihre Sinnlichkeit, ihre schöpferische Kreativität, ihre Eigenheit in Unabhängigkeit zu behaupten wagte. Liliths dämonische Züge in der mystischen Literatur bezeugen die Bedrohlichkeit dieser Art Ursprungsexil. Lilith ist die Verführerische, deren Weigerung, dem „Mannmensch" nur als Heimat zu dienen,[29] in mythischer Phantasie durch ihre letztlich grausamen Charakterzüge gerächt worden ist.[30] Sie ist die provokante Gegenfigur zur gottgefälligen Weiblichkeit. Im Gegensatz zur verschleierten Gestalt der Schechina ist Lilith unverschleiert. Im Zohar heißt es:

> *(Lilith) schmückt sich mit allerlei Zierrat wie eine Hure. Sie steht an den Wegkreuzungen, um die Männer zu verführen. Dem Dummen, der sich ihr nähert, ergreift sie, küsst ihn und gießt ihm Wein mit einem Satz von Schlangengift ein. [...] Ihr Mund ist klein wie eine enge Tür, [...] ihre Zunge ist scharf wie ein Schwert,*

---

24 Siehe Dagmar Börner-Klein: *Das Alphabet des Ben Sira*. Wiesbaden: Marix 2007. Es ist nicht in den Kanon des Tanach aufgenommen; vgl. Babylonischer Talmud (bT) San. 100b; Verweis auf Sir. 7,40: „Gedenke der letzten Dinge, so wirst du nie eine Sünde begehen."

25 Vgl. Wilhelm Bacher: Lilith, Königin von Smaragd. In: *Monatsschrift für Geschichte und Wissenschaft des Judentums* 19 (1870), S. 187–189.

26 Gemeint ist der Eigenname Gottes, der nicht ausgesprochen wird: YHWH.

27 Börner-Klein: *Das Alphabet des Ben Sira*, S. 74.

28 Vgl. ebd., S. 76: „Herr der Welt, siehe, die Frau, die Du mir gegeben hast, ist bereits entflohen." „Sogleich begaben sich jene drei Engel (Sanui, Sansansui und Samnaglaf) hinweg und holten sie inmitten des Meeres ein, an dem Ort, an dem einst die Ägypter ertrinken sollen. Dort packten sie sie und sagten zu ihr: ‚Wenn du mit uns gehst, ist es gut, wenn nicht, versenken wir dich im Meer'."

29 Vgl. bT San. 22b; Raschi zur Stelle.

30 Lilith und Samael gelten im Zohar als das „unheilige Paar", die dem „heiligen Paar", Gott und Schechina (*tiferet* und *malchut*), gegenübergestellt werden. Der *hieros gamos* des heiligen Paares entspricht nach kabbalistischer Lehre die Idealisierung der irdischen Beziehung zwischen Mann und Frau; vgl. dazu Gershom Scholem: *Ursprünge und Anfänge der Kabbala*. Berlin: Studia Judaica 1962, S. 261–262; ders.: Schechina: das passiv-weibliche Moment in der Gottheit. In: Ders.: *Von der mystischen Gestalt der Gottheit. Studien zu Grundbegriffen der Kabbala*. Rhein: Suhrkamp 1962, S. 135–191, hier S. 177. Vgl. Sigmund Hurwitz: *Lilith – die erste Eva. Eine Studie über dunkle Aspekte des Weiblichen*. Zürich: Daimon 1980, S. 109; von Stuckrad: *Lilith*.

ihre Worte sanft wie Öl. Ihre Lippen sind rot wie eine Rose, süß von aller Süße der Welt. Sie ist purpurrot gekleidet, geschmückt mit dem ganzen Schmuck der Welt [...]. Jene Dummen, die bei ihr einkehren und diesen Wein trinken, treiben mit ihr Hurerei. Was tut sie nachher? Sie lässt ihn allein schlummernd auf seinem Lager [...]. Wenn er aufwacht, [...] steht sie ihm gegenüber, angetan mit einem feurigen Kleid aus Flammen. Sie erregt Schrecken und läßt Körper und Seele erzittern. Ihre Augen sind riesig, in ihren Händen ist ein scharfes Schwert, von dem bittere Tropfen herabfallen. Sie tötet ihn und wirft ihn mitten in das „Gehennom".[31]

Die Autonomie des Weiblichen erscheint in der Kabbala auch in der Vorstellung der Sitra Achra – der anderen Seite, in der sich alle dämonischen, negativen und zerstörerischen Kräfte des Kosmos konzentrieren. Die Differenz zwischen diesen beiden Seiten, die in dieser Exilierung des Weiblichen angedeutet ist, untergräbt die Harmonie jedes pantheistischen Kosmos. Lilith bringt die Einheit Gottes ins Exil. In einer fundamentalontologischen Ordnung der Welt gibt es keine genuine Alterität. Die Einheit des monistischen Systems gründet in der *causa materialis* eines mythischen Lichtes, für das es keine weibliche Alterität gibt. In der ontologischen Ordnung bleibt die Weiblichkeit integraler Bestandteil des androgynen Urmenschen. Dieser konstituiert die soziale Souveränität und den politischen Herrschaftsanspruch der kabbalistischen Gelehrten.

Die Instrumentalisierung des exilierten Weiblichen zum Zweck der Konstitution des souveränen menschlich-männlichen Subjekts findet sich auch in den philosophischen Schriften von Emmanuel Levinas und Jaques Derrida. Was in Wolfsons Lektüre jüdisch-esoterischen Schrifttums als „kritische Exposition patriarchaler Strukturen mittelalterlicher Spiritualität" zu lesen ist, wird bei Levinas und Derrida zu philosophischen Aussagen über Sinnlichkeit, Genuss, Konstitution und Ökonomie des Menschen. In der Ökonomie des Lebens, in der das Ich seinen Ort als exiliertes Ich in der Welt sucht, ist die Präsenz des Weiblichen von konstitutiver Bedeutung.[32] Die Gegenwart eines empfangenden, weiblichen Antlitzes innerhalb der Grenzen des eigenen Exils, das die Last männlicher Selbstbezogenheit aufbricht, gilt für Levinas und Derrida als die Bedingung einer souveränen Konstitution des Selbst, das sich jetzt erst der ethischen Forderung des Anderen, des Nächsten, öffnet:

Der „Empfang des Antlitzes ereignet sich in ursprünglicher Weise in der Sanftmut des weiblichen Antlitzes", sagt Levinas, und weiter: „Hier kann sich das getrennte Seiende sammeln, dank der Sanftmut ‚wohnt' es, und in seiner Bleibe vollzieht es die Trennung."[33] Die den Menschen in seinem Exil umgebende weibliche Sanftmut ist für ihn die Voraussetzung männlicher Aktivität:

Die Innerlichkeit, die sich konkret durch das Haus „vollzieht", der Übergang zum Akt – „die Energie" – der Versammlung im Medium der Bleibe öffnet neue Möglichkeiten [...], die für ihre „Energie" wesentlich sind."[34]

Im innersten Selbst willkommen zu sein, ist die Bedingung der aktiven Teilnahme des ansonsten auf sich selbst zurückgeworfenen einsamen Exil-Ichs. Dieser Erfahrung des Willkommenseins im Inneren seiner selbst, im Inneren

31 Ebd., S. 105–106.

32 Siehe Emmanuel Lévinas: *Totalität und Unendlichkeit. Versuch über die Exteriorität*, aus d. Franz. v. Wolfgang N. Krewani. München: Alber 1987, S. 217–253.

33 Ebd., S. 216.

34 Ebd., S. 220.

seiner eigenen Ein-Wohnung, ist an die Präsenz des Weiblichen gebunden. Das Weibliche ist die verborgene Präsenz des männlichen Selbst, eine Präsenz, die im Exil nicht als solche in Erscheinung tritt.[35] Die Art und Weise, in der Levinas über das Exil der Anwesenheit des Weiblichen spricht, erinnert an die verschleierte Schechina:

> *Und der Andere, dessen Anwesenheit auf diskrete Weise eine Abwesenheit ist, von der aus sich der gastfreundliche Empfang schlechthin, der das Feld der Intimität beschreibt, vollzieht, ist die Frau. Die Frau ist die Bedingung für die Sammlung, für die Innerlichkeit des Hauses und für das Wohnen.*[36]

Die Weiblichkeit gehört zur Ökonomie des Hauses, zur Ökonomie des männlichen Ichs.[37] Sie konstituiert die Grundlage für ein Ich, das sich öffnen kann „für die unendliche Erhabenheit des Antlitzes des Anderen". Das Antlitz des Anderen, das die Totalität, die Geschlossenheit des eigenen Ichs aufbricht, stellt die Innerlichkeit, durch das Weibliche repräsentiert, in Frage. Es ist daher nur konsequent, dass Levinas sein viel zitiertes „Antlitz des Anderen" nicht mit den Zügen des Weiblichen versieht, sondern mit den Zügen eines Meisters, der lehrt:

> *Das Antlitz des Anderen manifestiert sich in einer Meisterschaft, die nicht erobert, sondern unterweist.* [...] *Die positive Erfahrung dieser friedlichen Beziehung mit dem Anderen* [...] *ereignet sich in der Sprache.* [...] *Die Sprache ist die Berührung durch den Abstand hindurch, Beziehung mit dem, was nicht berührt* [...]. *Sie gehört dem Bereich des absoluten Begehrens an.*[38]

Das Begehren nach der Berührung des Antlitzes des Anderen, des Meisters, ergreift den Menschen außerhalb des Hauses und der Innerlichkeit seines Ichs. Während sich das Weibliche nur innerhalb der Grenzen seiner eigenen Bleibe offen zeigt, als „Intimität und Sanftmut", tritt es im Exil verschleiert dem Antlitz des Meisters entgegen. Die Beziehung des männlichen Ichs zur Erhabenheit des Meisters ähnelt einer verschleierten Berührung, die den Abstand der Mittelbarkeit durch Sprache wahrt.

Die Phänomenologie des Exils kennt also ein zweifaches Spiel. Eines, das offen in der Verborgenheit spielt, und ein anderes, das durch das Exil in der Öffentlichkeit verschleiert ist. Das offene Spiel findet in der Verborgenheit des Exils statt, in der sich die Umarmung ereignet und in der das Antlitz des Weiblichen sich zeigt. Das versteckte Spiel findet in der Öffentlichkeit statt, hier verschleiert die Unterweisung des Meisters das Spiel mit der Anderheit menschlichen Antlitzes. Ganz im Gegensatz zu einer Tradition, in der die Erhabenheit Gottes sich im Körper der Schechina exilieren muss, steht das weibliche Exil bei Levinas für eine sprachlose Beziehung ein. Der exilierte Eros liegt, so Levinas, „an der Grenze zu einer Existenz, die ‚keine Umstände', ‚keine Umschweife' kennt, die von einer ‚nicht-bedeutenden' und rohen Dichte, von einer exorbitanten Ultramaterialität ist."[39]

Nicht wie im kabbalistischen Schrifttum, in welchem die literarische Textur des Exils mit der weiblichen Materialität gedacht wird, bezeichnet sie Levinas als „die Ultramaterialität [...], die exhibitionistische Nacktheit einer

35 Vgl. Luce Irigary: Questions to Emmanuel Levinas. On the Divinity of Love. In: Robert Bernasconi / Simon Critchley (Hrsg.): *Re-Reading Levinas*. Bloomington: Athlone 1991, S. 109–188.
36 Levinas: *Totalität und Unendlichkeit*, S. 222.
37 Ebd., S. 226, 224.
38 Ebd., S. 248–249.
39 Ebd., S. 372.

exorbitanten Gegenwart."[40] Das Geheimnis des Exils erscheint als Lichtlosigkeit, als Flucht vor dem Morgenlicht des Logos: „Das wesentlich Verborgene wirft sich gegen das Licht, ohne Bedeutung zu werden."[41] Die Gleichzeitigkeit des Geheimen und des Entdeckten, des „Heimat-Exil" nennt Levinas „Profanation":

> *Die Gleichzeitigkeit des Geheimen und des Entdeckten ist die genaue Definition der „Profanation". Das Geheimnis erscheint in der Zweideutigkeit.* [...] *Die Gleichzeitigkeit oder Zweideutigkeit dieser Zerbrechlichkeit und dieses Gewichts an Nicht-Bedeutung, das schwerer ist als das Gewicht des formlosen Wirklichen, nennen wir „Weiblichkeit".*[42]

Anders als in der jüdisch-kabbalistischen Tradition, in der die Gabe des Heiligen in der Gleichzeitigkeit und Zweideutigkeit des exilierten Geheimnisses erscheint, das sich nur exiliert offenbart, im Exil offenbar ist und darin offenbar bleiben muss, wird bei Levinas der Begriff des „weiblichen Eros" zum Inbegriff des Profanen. Anders als in der kabbalistischen Tradition, in der die Materialität der Schrift als ‚schwarzes Feuer auf weißes Feuer' gedacht wird, erscheint diese Gleichzeitigkeit bzw. Zweideutigkeit, in der das Entdeckte in seiner Ent-Deckung seine Exiliertheit dennoch nicht verliert, in der das Exilierte sich nicht enthüllt, sich in der Nacht nicht zerstreut,[43] bei Levinas als das Profane der Weiblichkeit.[44]

Das Licht menschlichen Antlitzes findet sich hier zur „dunklen Zweideutigkeit" ganz und gar im Gegensatz, während es im Kontext jüdisch-kabbalistischer Überlieferung in dieser Zweideutigkeit überhaupt erst erscheinen kann. Das „gebietende Antlitz" spricht bei Levinas eine eindeutige Sprache, die keiner Erklärung bedarf,[45] es steht auf ihm geschrieben: „du wirst/sollst nicht morden."[46]

Das „Antlitz der Tora" hingegen bedarf unendlicher Erklärung und spricht aus dem Exil nicht einmal diesen Satz. Die Vieldeutigkeit der Schrift, die die Gelehrten mit dem erotischen Spiel der Textur des Textes vergleichen, gilt auch für die Auslegung dieses Satzes selbst.

Der Ausweisung des „Buchs des Glanzes" (Zohar) aus dem Raum der Öffentlichkeit ins Exil, in welchem die Tora verschleiert auftritt, entspricht Levinas' Absage an die Mehrdeutigkeit des hermeneutischen Verhältnisses zur Tora zugunsten der Eindeutigkeit ethischen Sollens. Die Verortung der Tora im Exil und die rabbinisch-talmudische Literatur als Quelle aller Unterweisung werden zur unendlichen Lektüre der Pluralität philosophischer Ethik.[47] „Oh, wärest Du mir doch wie ein Bruder – mi jittencha ke'ach li",[48] so spricht nicht nur Shulamit zu Salomo im *Shir Ha-Shirim*, sondern auch die Prinzessin Tora im Exil.[49]

40 Ebd., S. 373–374.
41 Ebd., S. 374.
42 Ebd., S. 374–375.
43 Vgl. ebd., S. 379.
44 Vgl. ebd., S. 375.
45 Ebd., S. 381.
46 Ex. 20,12.
47 Die unendliche Geschichte des esoterischen Spiels im Shir Ha-Shirim ist eine voller Imperative. „Zieh mich dir nach!", „tu mir auf!", „komm!", „mach dich auf!", „eile!" – „ein Schauer von Imperativen", so Franz Rosenzweig im *Stern der Erlösung*, bestimmt diesen Text. Im *Stern der Erlösung* steht Exil für den Menschen ein, ungeachtet jeder ontischen Geschlechterdifferenz. Im Exil des menschlichen Selbst wird den Imperativen des Eros und der Sprache Weiblichkeit zur Grundbeschaffenheit des Menschen – nicht in der Exiliertheit der Geschlechter, sondern in seiner Beschaffenheit; siehe dazu Franz Rosenzweig: *Der Stern der Erlösung*. Frankfurt am Main: Suhrkamp 1988.
48 Ebd., S. 227; Hld 8,1.
49 Rosenzweig: *Der Stern der Erlösung*, S. 333.

ZUR SCHWEINEFRAGE

VALENTIN VELVEL LUTSET

דעתיד חזיר ליטהר

„Deatid hazir le'itaher"
Diese drei Wörter bedeuten so viel wie:
„In der Zukunft wird das Schwein koscher"

Das Schweinefleisch, die Haut des Schweins, sein Speck und seine Knochen sind sowohl als eigenständige Gerichte als auch als geschmacksstärkende Zutaten in vielen Esskulturen sehr begehrt!

Es ist nicht ganz unwahrscheinlich, dass das Schwein in der Zukunft auch im Judentum rein sein wird. Aber wie und warum?

Versuchen wir einmal, uns den Talmud und andere Schriften Unserer Weisen als ein Taschen-Kochbuch vorzustellen, das das jüdische Volk seit 2.000 Jahren begleitet.

Be-Teawon! Guten Appetit! Приятного Аппетита!

Drei Ideale

Die Bewegung zum Gleichgewicht braucht viele Schritte, wobei jeder sich zusammensetzt aus dem Egoismus („linke Haxe") und dem Altruismus („rechte Haxe") des Individuums. Die Aufgabe des Menschen besteht darin, die Reibungsstelle („mittlere Haxe") aufzuspüren — mit anderen Worten, durch altruistischen Gebrauch des eigenen Egoismus die Welt aufrechtzuerhalten.

Die drei „Haxen" werden aber von einer speziellen „Haut" umhüllt, die die „Haxen" trennt und dabei sie (die „Haxen") schön frisch und beweglich hält. Das ist #KLIPPA# — „die Schale" oder „die Haut", die in der Kabbala für die zerschlagenen Stücke des Universums und damit auch für die Destabilisierung der Menschheit steht.

Die Aktivität von Links und Rechts hat der Welt zwei große Religionen geschenkt: Christentum — Links, Islam — Rechts. Damit ermöglichen die beiden „außenstehenden Haxen" der „mittleren Haxe" Israel aufzuholen und die Abläufe der Natur zu verwirklichen. Während der Zeit des Exils ist es vor allem die lenkende und schützende Kraft der „linken Haxe", die Israel beeinflusst hat. Inzwischen aber kehrt die „rechte Haxe" mit der sich heranmachenden Erlösung zurück, welche dem gesamtgesellschaftlichen Egoismus des menschlichen Selbstbildes ein Ende setzen wird.

Seit ca. 2.000 Jahren war der Egoismus in allen Nationen dominant und daher war es die „linke Haxe", die sich, ummantelt von der entsprechenden #Klippa#, erweitert hat und flexibel geworden ist. Sie war der Hauptfaktor für die Gestaltungsmöglichkeiten des Volkes Israel. Sie trennte es von den anderen Völkern der Welt durch ihren Hass — und hat Israel damit durch alle Jahre des Exils vor der Assimilation bewahrt.

Am Ende des Exils reicht dies jedoch nicht mehr aus. Nun muss Die #Klippa# der „rechten Haxe" erweckt werden (diese #Klippa# entspricht der Macht des Ausgleichs), um Israel dazu zu befähigen, zu einem wahren Altruismus zu gelangen.

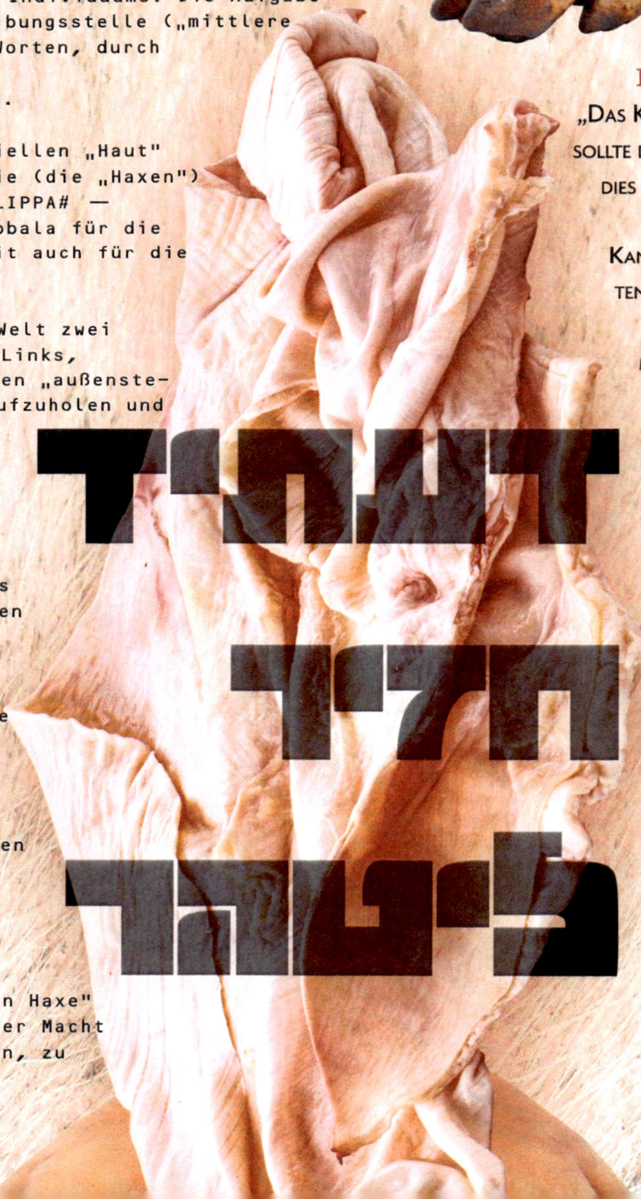

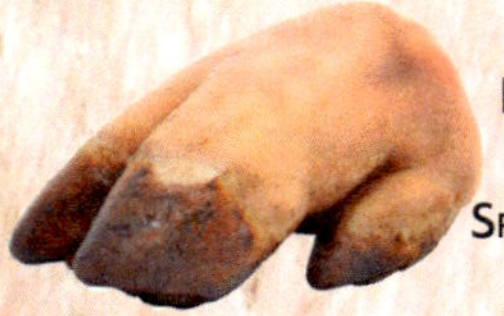

Ein Abschnitt aus dem von Rabbi Shlomo Ephraim ben Aaron Luntschitz verfassten und ursprünglich 1602 veröffentlichten Tora-Kommentar Kli Yakar. Der Name stammt aus den Sprüchen 20,15, in denen Salomon sagt, dass eine weise Rede wie ein „wertvolles Gefäss" (Kli Yakar) ist.

Die vier unreinen Tierarten – 3. Moses 11,4

„Das Kamel, denn es käut wieder [hat jedoch keine gespaltenen Hufe]". Es sollte doch eigentlich heissen: „denn es hat keine gespaltenen Hufe", denn dies ist doch der Grund, weshalb es unrein ist, und genauso stellt sich dieselbe Schwierigkeit [in den Versen] über den Hasen und das Kaninchen; beim Schwein sagt [die Schrift]: „denn es hat einen gespaltenen Huf", wo es doch eigentlich heissen sollte: „denn es kaut nicht wieder". Wieso beginnt [die Schrift] bei all den genannten Tieren mit ihren reinen [koscheren] Eigenschaften? Die Erklärung hierfür ist, dass das Vorhandensein einer reinen Eigenschaft, die all diese Tiere besitzen, ihre Unreinheit noch verstärkt. So heisst es auch über Essaw [Esau] (Bereschit Raba 65,1), dass dieser einem Schwein gleicht, welches [beim Schlafen] seine Beine ausstreckt und zeigen will, dass es koscher ist. Doch sein Inneres ist voller Hinterlist, wie das all jener, deren äusseres Auftreten nicht ihrem wahren Inneren entspricht. Dies ist die Art jener Täuscher, die sich koscher aufführen; solche Menschen sind ohne Zweifel schlimmer als der grösste Bösewicht, dessen Inneres und Äusseres gleich sind; dies entspricht auch dem Kommentar Raschis auf den Vers: „und sie konnten mit ihm nicht friedlich reden" (1. Moses 37,4). Die gespaltenen Hufe sind beim Schwein eine unreine Eigenschaft, denn durch diese kann es die Menschen in die Irre führen, indem es sich als ein koscheres Tier ausweist; dem entspricht die Erklärung zu Kamel, Hasen und Kaninchen. Und obwohl die Tiere [natürlich] nicht die oben genannten Eigenschaften [Hinterlist, böswilliges Täuschen] besitzen können, lösen sie diese doch in den Menschen, die sie essen, aus, „denn all diese Essenden werden sündigen" (Jeremia 2,3). Sie werden ein Teil jener Täuscher, die sich als koscher ausweisen, wie Essaw und seine Freunde [Edom].

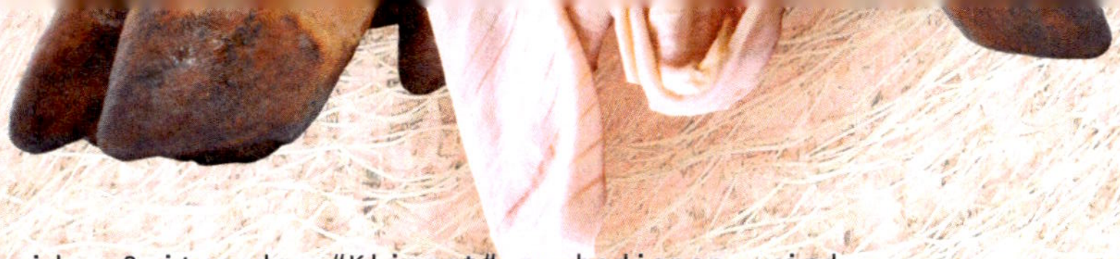

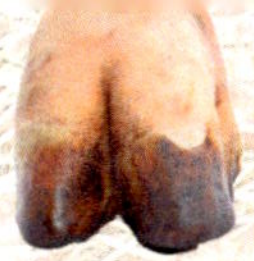

Wenn das Volk Israel lernt, sich beider Seiten der #Klippot# zu bedienen, wird es ein Gleichgewicht in dem mittleren Punkt errichten und damit die mittlere #Klippa# als zu sich selbst gehörigen Teil anerkennen. Damit wird das Ende der Welt, so wie wir sie kennen, erreicht und die Aufgabe der #Klippot# wird sich erübrigen.

Alle Kriege können in Wirklichkeit aber nur direkt durch unsere Gedanken gelöst werden. Wenn wir es schaffen, die Kontrolle des altruistischen Gebrauchs unseres Egoismus zu vervollständigen, dann werden wir eine mittlere „Haxe" erzeugen, die „die Krone ihrem Besitzer zurückbringen wird" und damit das Kommen des Maschiachs möglich macht.

„In der Zukunft wird das Schwein koscher“

Eine Aussage, die wir in den Schriften unserer Weisen aus dem späten Mittelalter finden.

Dem Wortstamm חזר = HoSeR = der zurückgekehrte wird die „י" (Jod) hinzugefügt – חזיר = HaSiR = das Schwein.

Und so werden aus DREI Buchstaben des Wortstammes VIER Buchstaben. Das Tetragrammaton, das aus VIER Buchstaben besteht, sowie der Buchstabe „י" (Jod) verweisen auf die eindeutige Auflösung der ‚SCHWEINEFRAGE' in der baldigen Zukunft vom Allmächtigen selbst. Diese kann aber nur durch die Aufhebung seiner Unterschrift erfolgen, indem Er Jod aus dem Wort wieder herausnimmt.

vier Königreiche – und hieraus ergibt sich, was [unsere Weisen] gedeutet haben (Wajikra Raba 13,5): „Das Kamel“ [gamal] – dies ist Babel, denn es heisst (Psalm 137,5): „Tochter Babels, du Totgeweihte! Glücklich, der dir zurückzahlt deine Taten [gmulech], die du uns angetan [gamalt]!“ „Den Hasen“ – dies ist Persien, welches „wiederkäut“ [wörtl.: das Wiedergekäute (gerah) erhebt], denn es zieht Gerechte heran, wie es steht (Esther 2,21): „Und Mordechai sitzt in den Toren des Königs“. „Das Kaninchen“ – dies ist Griechenland, welches „wiederkäut“ [wörtl.: das Wiedergekäute (gerah) erhebt], [was sich auf] Alexander den Grossen bezieht: „als er Schimon Hazaddik [den Hohepriester] erblickte, erhob er sich [von seinem Pferd], stand auf seinen Beinen und segnete ihn [...]“ (Traktat Joma 69). „Das Schwein“ – dies ist Edom [Rom], „denn es hat gespaltene Hufe“ – es weist sich selbst als koscher aus, „doch käut nicht wieder“ – zieht keine Gerechten heran, sondern tötet sie [im Gegenteil].“

Das Streben des jüdischen Volkes zur Erlösung ergab vier #GALUTOT# = **vier Königreiche der Versklavung**, die bis heute anhalten und von Unseren Weisen auch mit den **vier unreinen Tierarten** **(3. Buch Moses 11,4)** verglichen werden. **VIER #GALUTOT#** – der Exodus aus Ägypten (GALUT 0) ist das Anzeichen von Selbstbewusstsein, die Entdeckung des Ichs, die Fähigkeit, sich selbst zu bestimmen. Dabei gibt es **drei Ideale**, **die im Vordergrund stehen: die Stärke, das Vergnügen und die Intelligenz.** Die Stärke verweist auf politische Macht und Geld. Das Vergnügen verweist auf den Genuss, den man auch mit Hilfe von Geld erreichen kann, aber es geht nicht um die Kaufkraft an sich, sondern darum, was man für das eigene Geld bekommen kann. Und der Verstand, der Intellekt einer Person als die wichtigste menschliche Qualität. Jede dieser Fähigkeiten kann die Herrschaft in der Welt übernehmen. Und jede dieser Weltherrschaften verweist auf eine andere Versklavung des jüdischen Volkes in einem der Königreiche: Babylonien, Königreich der Stärke (GALUT 1 „BABEL“), Persien, Königreich des Vergnügens (GALUT 2 „MADAI“), und Griechenland, Königreich der Intelligenz (GALUT 3 „YOWAN“). Rom gilt als Synthese der drei Königreiche (GALUT 4 „EDOM“).

EMIGRATION, EXIL ODER DIASPORA

Die Perspektive der Dinge im Jüdischen Museum Frankfurt

MIRJAM WENZEL

Emigration, *Exil* oder *Diaspora* – diese Begriffe sind nicht nur konstitutiv für die jüdische Geschichte. Mit den beiden lateinischen Worten *Emigration* und *Exil* sowie dem griechischen Begriff *Diaspora* gehen auch unterschiedliche Vorstellungen davon einher, was den Raum auszeichnet, in den die Migration geführt hat, und welche Beziehung er zu dem Ort unterhält, an den sich ein Gefühl von Zuhause-Sein, gar Heimat heftet.

Mit der Zerstörung des Zweiten Tempels in Jerusalem um 70 n. u. Z. verlor die antike Judenheit ihr Zentrum kultischen Handelns und lebte fortan im Nahen und Fernen Osten sowie im Mittelmeerraum in der Diaspora. Diesen Begriff hatte mehr als zweihundert Jahre zuvor die griechische Übersetzung der hebräisch verfassten Tora, die Septuaginta, für die Verstreuung der zwölf israelitischen Stämme im Allgemeinen und die Zeit des so genannten Babylonischen Exils im Besonderen geprägt. Er wurde zum Sinnbild der Lebenssituation, in der sich die vormaligen Einwohner*innen des Königreichs Judäa in Folge der Expansion des Römischen Reichs, der Kämpfe gegen die römische Besatzung und des Verbots befanden, weiterhin in Jerusalem zu siedeln. Ihrer territorialen Souveränität und des Zentrums ihres Kults beraubt, galt das biblische Jerusalem, in dem der Tempel einst gestanden hatte, den weltweit zerstreuten Judenheiten fortan als eine imaginäre Heimat, die in den Schriften bezeugt, in deren Auslegung diskutiert und in der täglichen Gebetspraxis bestätigt wurde. Wie im Folgenden zu zeigen sein wird, stellt dieser Bezug auf das verlorene Zentrum ein Wesensmerkmal der jüdischen Zeremonialkultur dar.

Im 20. Jahrhundert änderte sich die Beziehung zu Jerusalem sowie zur biblischen Erzählung vom Gelobten Land. Mit der zionistischen Bewegung gelangten immer mehr Jüdinnen und Juden zu der Überzeugung, dass der Antisemitismus, mit dem sie sich vielerorts konfrontiert sahen, zum Wiederaufbau eines souveränen Gemeinwesens auf dem Territorium nötige, an dem ihre Vorfahren einst gesiedelt hatten. Ihre Einstellung spiegelte sich in der neuhebräischen Sprache, die mit biblischen Worten wie „Kibbuz Galujot" (hebr.: „Einsammlung der Exile") den Beginn eines messianischen Zeitalters herbeisehnte und nicht nur für eine Immigration, sondern für eine „Alija" (hebr.: „Aufstieg") ins Gelobte Land mobilisierte. Mit dem Zivilisationsbruch der Shoah verwandelte sich diese Einstellung sowie die vormalige Idee und Praxis der Einwanderung ins britische Mandatsgebiet Palästina in eine existentielle Überlebensfrage. Der deutsche Nationalsozialismus zwang nicht nur Jüdinnen und Juden, sondern auch andere rassistisch verfolgte Minderheiten, politisch Andersdenkende und Künstler*innen in die Emigration. In der geistes- und sozialwissenschaftlichen Auseinandersetzung mit den Jahren 1933–45 gewann daher der lateinische Begriff *Exil* an Bedeutung, der die gewaltsame Ursache der erzwungenen Emigration in Erinnerung hält. Während der griechische Begriff *Diaspora* im Zusammenhang mit der jüdischen Kulturgeschichte entstand und erst in den 1960er und 1970er Jahren auf Afroamerikaner*innen und später auf andere migrantische Communities übertragen wurde, ist der lateinische Begriff *Exil* zunächst an keine spezifische Gruppe, sondern im deutschen Sprachgebrauch vornehmlich an einen bestimmten Zeitraum, nämlich an die Jahre 1933–45, gebunden. Ein Exilant ist gemeinhin, wer in jenen Jahren den Sprach- und Kulturraum verlassen musste, an dem er oder sie zuvor zuhause war. In seiner Autobiographie *Als wär's ein Stück von mir* reflektiert der Schriftsteller Carl Zuckmayer diese Situation mit den Worten:

> *Die Fahrt ins Exil ist ‚the journey of no return'. Wer sie antritt und von der Heimkehr träumt, ist verloren. Er mag wiederkehren – aber der Ort, den er dann findet, ist nicht mehr der gleiche, den er verlassen hat, und er ist nicht mehr der gleiche, der fortgegangen ist. Er mag wiederkehren, zu Menschen, die er entbehren mußte, zu Stätten, die er liebte und nicht vergaß, in den Bereich der Sprache, die seine eigene ist. Aber er kehrt niemals heim.*[1]

Während im Exil – ebenso wie in der Diaspora – das Gedächtnis des Ursprung- oder imaginären Heimatorts und dessen Sprache gepflegt wird, unterhält der lateinische Begriff *Emigration* keinerlei Konnotation, die den verlassenen Ort in Erinnerung hält. Er meint lediglich Auswanderung. Eine Emigration kann – auch für Nichtjüdinnen und -juden – ins Exil führen oder aber in die Ankunft in einem neuen Land. Wie im Folgenden anhand der Künstlerbiografien von Ludwig Meidner und Jakob Nussbaum deutlich wird, führte die deutsch-jüdische Emigration in den Jahren 1933–39 zu beidem.

RITUELLE FORMEN DER ERINNERUNG AN DEN TEMPEL Nach der Zerstörung des Zweiten Tempels entwickelten Rabbiner eine kulturelle Praxis, die die Funktion des kultischen Zentrums in die gemeinsame Lektüre eines kanonischen Schriftzyklus und die Diskussion über deren Auslegung überführte. An die Stelle des Tempeldiensts und der Tempelwallfahrten traten ein kodifizierter Tages-, Jahres- und Lebensrhythmus, der tägliche Gottesdienst und das Studium von Tora und Talmud. Von dieser kulturellen Praxis zeugen die wertvollen hebräischen Handschriften und Bücher sowie die prächtigen Ritualgegenstände, die im Laufe der Jahrhunderte an verschiedenen Orten entstanden.

1 Carl Zuckmayer: *Als wär's ein Stück von mir. Horen der Freundschaft.* Frankfurt: Fischer 1967, S. 461.

Abb. 1
Tora-Vorhang aus rostrotem Samt mit Metallfadenstickerei in Springtechnik, applizierten Pailletten und Brokatstoff, Ende 19. Jahrhundert, 285 × 196 cm.

Im zweiten Teil seiner neuen Dauerausstellung im Rothschild-Palais entwickelt das Jüdische Museum Frankfurt neue Perspektiven und Zugänge zur jüdischen Zeremonialkultur. Im Zentrum der Präsentation stehen die Rückbezüge auf den antiken Tempel. In einer eigens entwickelten Raum-im-Raum-Konstruktion werden rituelle Gegenstände zu sehen sein, die in ihrer Form oder Funktion einzelne rituelle Handlungen aus der Tempelzeit fortschreiben oder in Erinnerung halten. Einige dieser Formen gehören bis heute eher dem Brauchtum an – insbesondere jene, bei denen die Zerstörung des Tempels selbst betont wird. Dies gilt zum Beispiel für das Zertreten eines Glases am Ende der Hochzeitszeremonie, das nicht etwa Glück bringen, sondern vielmehr daran erinnern soll, dass das Leben in der Diaspora fragil ist. Oder auch für das Abtrennen eines Stücks vom Brotteig für den Schabbat, der Challa im eigentlichen Sinne, die ursprünglich den Priestern im Tempel vorbehalten war und nunmehr verbrannt werden soll.

Eine andere Form der Erinnerung an das einstige kultische Zentrum zeigt sich in den Motiven, die den Tora-Schmuck sowie den Tora-Vorhang zieren. Eines der häufigsten Bildelemente sind zwei hohe Säulen, die an das Eingangsportal des Tempels erinnern. Andere Bilder und Muster des Tora-Schmucks stellen Reminiszenzen an die priesterliche Kleidung und die Innenausstattung des Tempels dar. Laut biblischer Überlieferung sollen die Tempelwände mit Palmen-Schnitzereien verziert und die Priestergewänder mit Glöckchen und Granatäpfeln aus Stoff versehen gewesen sein. Dementsprechend häufig sind Palmen und Granatäpfel auf Tora-Mänteln sowie Tora-Vorhängen abgebildet und Tora-Aufsätze sowie Tora-Schilder mit Glöckchen versehen. In diesen Formen und Motiven kommt die tiefe Verbundenheit des Tora-Schmucks mit dem einstigen kultischen Zentrum zum Ausdruck. Eine der bedeutendsten Textilien, die dem Jüdischen Museum Frankfurt von der Jüdischen Gemeinde Frankfurt als Dauerleihgabe anvertraut wurde, ist ein prächtiger Tora-Vorhang aus der zweiten Hälfte des 19. Jahrhunderts, der in rostrotem Samt gefertigt und mit Metallfädenstickereien, applizierten Pailletten und Brokatstoff verziert ist. (Abb. 1) Der Vorhang umfasst mehrere Motive, die auf zentrale Elemente des Tempels verweisen: In der Mitte ist die Bundeslade zu sehen, in der die Gesetzestafeln verwahrt wurden. Links und rechts von ihr sind die beiden Säulen abgebildet, die an das Eingangsportal des Tempels erinnern. Auf ihnen werden der siebenarmige Tempelleuchter, das historische Symbol des Judentums, und der Schaubrot-Tisch dargestellt, der zum vorgeschriebenen Inventar des Tempels gehörte. Die ebenfalls abgebildeten Palmblätter spielen auf die Palmendekoration im Tempel an. Die gesamte Komposition betont zudem die Verbindung zwischen dem einstigen kultischen Zentrum und der heiligen Schrift, der Tora. Über der Bundeslade ist eine Krone mit der Inschrift „Keter Tora“ (hebr.: „Krone der Tora“) angebracht.

Die Erinnerung an den Tempel ist für eines der Feste des Jahreszyklus, nämlich für Chanukka, von zentraler Bedeutung. Mit dem Anzünden von insgesamt acht Kerzen an acht aufeinanderfolgenden Tagen wird während des Lichterfests an die Geschichte des ersten Makkabäer-Buchs erinnert, derzufolge das geweihte Öl eines einzigen Fässchens reichte, um den Tempel wiedereinzuweihen und seinen Leuchter acht Tage lang brennen zu lassen. Der Zusammenhang zwischen dem achttägigen Fest des Lichtwunders und der Tempel-Menora kommt in der Form zum Ausdruck, in welcher die meisten Chanukka-Leuchter gefertigt sind. Im ersten Teil der neuen Dauerausstellung, die im Museum Judengasse präsentiert wird, ist nicht nur diese weit verbreitete Form einer achtarmigen Menora zu sehen, in deren Mitte der Lichtanzünder, Schamasch, angesiedelt ist. Hier wird auch ein Chanukka-Leuchter (Abb. 2) gezeigt, der eine ganz andere Form hat. Er besteht aus einer Bank, unter der sich acht Öllämpchen befinden und die von vier Sockeln mit Löwenmotiven getragen wird. Die Bank wird von einer reich verzierten Rückwand ergänzt, an deren rechter Seite ein großer Schamasch befestigt ist. Chanukka-Leuchter, die diese Form aufweisen, sind heute weltweit als Frankfurter Judaica bekannt. Sie werden auffällig häufig in den Haushalten von Familien genutzt, deren Vorfahren einst aus Frankfurt emigrierten.

FRANKFURTER EXILE Die große jüdische Tradition und Gelehrsamkeit, die die Frankfurter Jüdische Gemeinde seit dem Mittelalter auszeichnete, kam während der

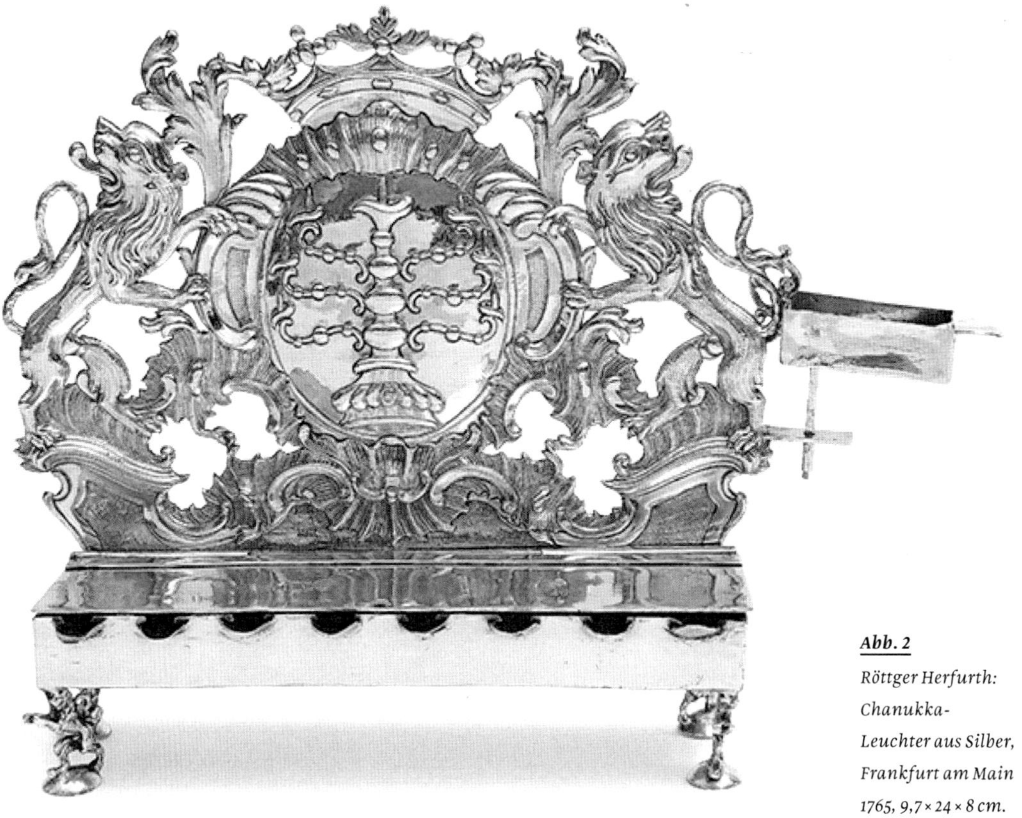

Abb. 2
Röttger Herfurth: Chanukka-Leuchter aus Silber, Frankfurt am Main 1765, 9,7 × 24 × 8 cm.

nationalsozialistischen Herrschaft in dieser Stadt an ein gewaltsames Ende. Sie wurde aber sowohl in zeremonieller wie auch in kultureller Hinsicht andernorts fortgesetzt. In der Geschichte und der neuen Dauerausstellung des Jüdischen Museums Frankfurt spielen diese Frankfurter Exile eine bedeutende Rolle. Rabbiner wie etwa Caesar Seligmann, Georg Salzberger und Henrique (Heinrich) Lemle, die in der Israelitischen Gemeinde Frankfurts tätig gewesen waren, begründeten nach ihrer Flucht aus dem Deutschen Reich in London und Rio de Janeiro neue Gemeinden, denen vornehmlich deutsch-jüdische Emigrant*innen angehörten. Diese Exilgemeinden führten die Frankfurter liberale Gottesdiensttradition fort, indem sie weiterhin die hebräisch-deutschen Gebetsbücher nutzten, die zumeist in der Privilegierten orientalischen und occidentalischen Buchdruckerey von Wolf Heidenheim in Rödelheim, heute ein Stadtteil Frankfurts, gedruckt und von den Emigrant*innen mit ins Exil genommen worden waren.

Auch die neo-orthodoxe K'hal Adath Jeshurun in Washington Heights knüpfte unmittelbar an Frankfurter Traditionen an. Ihr stand der Enkel von Samson Raphael Hirsch vor, der diese Strömung Mitte des 19. Jahrhunderts in Abgrenzung zur mehrheitlich liberal gesinnten Israelitischen Gemeinde Frankfurts begründet hatte. Von Beginn an wollte Rabbiner Joseph Breuer, der zuvor in Frankfurt eine Jeschiwa geleitet hatte, den Mitgliedern seiner deutsch-jüdischen Exilgemeinde die Möglichkeit geben, die neo-orthodoxe Tradition zu pflegen und die religiösen Schriften zu studieren. Daher kümmerte er sich nicht nur um einen Ort für den täglichen Gottesdienst, sondern richtete auch eine benachbarte Jeschiwa ein. Letztere wurde 1944 nach seinem Großvater Samson Raphael Hirsch benannt. Die Gemeinde praktizierte im Gottesdienst den neo-orthodoxen Frankfurter Ritus und führte den Brauch ein, einzelne Passagen ausschließlich von Männern sprechen zu lassen, die entweder selbst oder deren Vorfahren aus Frankfurt emigriert waren. Bis heute pflegt sie aschkenasische Traditionen der einstigen Israelitischen Religionsgesellschaft aus Frankfurt. In der neuen Dauerausstellung im Rothschild-Palais wird unter anderem ein Gedenkgebet zu sehen sein, das in der Gemeinde in den 1950er und 1960er Jahren zu Tischa Be-Aw, dem Tag der Erinnerung an die Zerstörung des Zweiten Tempels, gesprochen wurde. Das in Deutsch, Hebräisch und Englisch verfasste Gebet erinnert mit folgenden Worten an die Ermordeten:

> *Er, der gedenkt, die Seiner gedenken, Seiner Heiligen in jedem Geschlecht – seitdem Du, o G'tt, uns erwählt –*
> *Er gedenke der Schmach, die unserem Geschlecht angetan – wehe, was uns geschehen!*
> *Die von Blutfluten hinweg geschwemmt, die ihr Leben hingaben, die in Tränentiefen versanken,*
> *Gedenke ihrer, o G'tt, im ewigen Leben, für immer werde ihr Gedächtnis zum Segen.*[2]

Weitere Passagen der *Kinah* (hebr.: Gedenkgebet), die der ebenfalls aus Frankfurt emigrierte zweite Gemeinderabbiner Shimon Schwab verfasste, evozieren eine eindringliche Vorstellung vom Leiden in den nationalsozialistischen Vernichtungslagern und unterstreichen die Dringlichkeit, der Ermordeten zu gedenken. Das Gedenkgebet verdeutlicht, welche Bedeutung der Fastentag in dieser und auch anderen Exilgemeinden in den USA hatte: Tischa Be-Aw war in US-amerikanischen Gemeinden lange Zeit der wichtigste Gedenktag an die Opfer der Shoah.

EXILKUNST – LUDWIG MEIDNERS WERKE IN DEN JAHREN 1939–1953 In welchem Maß das Leben europäischer Jüdinnen und Juden, die vor dem deutschen Nationalsozialismus fliehen konnten, im Exil von der Ahnung und dem späteren Wissen um den Massenmord geprägt war, verdeutlicht nicht nur das Gedenkgebet aus der neo-orthodoxen Exilgemeinde in Washington Heights. Viele bildnerische und literarische Darstellungen sowie Tagebuchaufzeichnungen und Briefe sind von eben dieser Ahnung, der Sorge und Angst um die eigenen Angehörigen sowie den Traumata der Inhaftierungen gezeichnet, die dem Weg vieler Emigrant*innen ins Exil vorangingen. Unter ihnen kommt dem gezeichneten Zyklus *Leiden der Juden in Polen* von Ludwig Meidner eine besondere Bedeutung zu, weil er noch während des Geschehens entstand. (Abb. 3) Der bekannte expressionistische Maler, Schriftsteller und praktizierende Jude, dessen Werk im nationalsozialistischen Deutschen Reich als ‚entartete Kunst' gebrandmarkt und in der entsprechenden Ausstellung gezeigt worden war, floh 1939 nach London. Dort wurde er 1941 als feindlicher Ausländer inhaftiert. Die Serie von Aquarellen, später in *Massacres in Poland* umbenannt, entstand unmittelbar nach seiner Freilassung in den Jahren 1943–1945. Sie verdeutlicht nicht nur die Ahnungen des Flüchtlings von dem Massenmord, dem er entkommen war. Sie zeigt auch, welches Wissen der

2 Kinah von Rabbiner Shimon Schwab zu Tischa Be-Aw in der K'hal Adath Jeshurun. Jüdisches Museum Frankfurt, Inv.-Nr. JMF2018-0052.

Abb. 3: *Ludwig Meidner:* Menschenzug, *aus dem Zyklus* Massacres in Poland, *1942–45, Kohle, 56,6 × 74,8 cm.*

damaligen englischen Öffentlichkeit aufgrund von Augenzeugenberichten und Dokumenten aus den Lagern zur Verfügung stand. Meidner erwähnte seine Zeichnungen das erste Mal in einem Brief vom Januar 1943, in dem er ausführt:

> *Seit Wochen arbeite ich an einem Cyclus aquarellierter Zeichnungen „Leiden der Juden in Polen". So, auf solche Weise bin ich genötigt, immerfort, immerfort an das Schicksal meiner Brüder zu denken. Die Blätter sollen anschaulich sein, deutlich, ohne Beschönigung, dennoch nicht sensationell oder übertrieben krass.*[3]

Von Letzterem nahm Meidner, nachdem er kurz nach Kriegsende eine Ausstellung mit Fotografien aus den befreiten Konzentrationslagern Buchenwald und Bergen-Belsen besucht hatte, entschieden Abstand. Er schrieb in einem Brief:

> *Hier in London herrscht seit 2 Wochen berechtigte Erregung über die Schreckenslager in Deutschland, von denen jetzt entsetzliche Photos öffentlich ausgestellt sind, solche, die meinen Cyclus „Massacres in Poland", an dem ich seit 2 Jahren arbeite, völlig ad absurdum führen, weil diese meine Blätter*

3 Ludwig Meidner an Hilde und Walter Rosenbaum, 13./20.01.1943. Institut Mathildenhöhe, Städtische Kunstsammlung Darmstadt, aufbewahrt im Stadtarchiv Darmstadt, ST 45 Meidner 1184, veröffentlicht unter: https://kuenste-im-exil.de/KIE/Web/DE/Navigation/Sonderausstellungen/LudwigMeidner/08LeidenDerJudenInPolen/leiden_der_juden_in_polen.html (Zugriff am 13.01.2019).

völlig harmlos und „gemütlich" erscheinen mögen, neben jenen Dokumenten der grausigen Wirklichkeit.[4]

Die Konfrontation mit den dokumentarischen Fotografien führte dazu, dass der Maler die Arbeit an dem Zyklus nicht mehr fortführen konnte. Die erhaltenen 45 Blätter zeugen eindringlich von den Qualen, die ihm die Ahnung von dem Massenmord bereitete, noch bevor er dessen Dokumentation in Bildern gesehen hatte. Die prekäre Situation, in der er sich in materieller wie sozialer Hinsicht während der Jahre seines Londoner Exils befand, nahm bedrohliche Ausmaße an. Die Fremdheit, mit welcher Meidner der englischen Gesellschaft und ihrer Sprache begegnete, verstärkte die Bedrängnisse und Ängste, die sein Leben im nationalsozialistischen Deutschland geprägt hatten und sich in London fortsetzten. Diese Erfahrung führte dazu, dass ihm, wie er es ausdrückte, die „seelische Heimat"[5] abhanden kam.

Die Zeichnungen und Aquarelle, die Ludwig Meidner in den 1940er und frühen 1950er Jahren anfertigte, spiegeln nicht nur die Sorgen und Nöte eines deutschen Juden und die Isolation des Exils, sondern auch die gewaltigen und gewalttätigen Umwälzungen jener Jahre. Zeitgleich entstehen etwa Albert Camus' existentialistische Schlüsselwerke *L'étranger* und *Le mythe de Sisyphe* (beide 1942), Samuel Becketts Theaterstück *En attendant Godot* (1948–52), René Magrittes bizarre Bilder der *période vache* (1948) oder George Grosz' desillusionierter *Painter of the Hole* (1950), die ebenfalls als Spiegel der Zeit zu verstehen sind. Den schmerzhaften Verzerrungen dieser Darstellungen vergleichbar, bilden das Moment der Fremdheit, der Einsamkeit und auch des Grotesken bei gleichzeitigem Versuch, weiterhin – auch im Motiv des Bildes – an der jüdischen Tradition festzuhalten, zentrale Merkmale in Meidners Exilwerk. In welchem Maß seine Arbeiten in den Londoner Jahren nicht nur die damalige Zeit, sondern auch seine persönliche Notlage widerspiegeln, wird erst im Unterschied zum Spätwerk deutlich. Nach seiner Remigration in die Bundesrepublik Deutschland im Jahr 1953 gewinnt die Welt im Werk von Ludwig Meidner erkennbar an Form und Gestalt.

EMIGRATION ODER EINWANDERUNG – JAKOB NUSSBAUMS UMZUG NACH KINNERETH Für viele Künstler*innen, die in den Jahren 1933–45 fliehen mussten, wurde das Exil zu einem dramatischen Einschnitt in ihre künstlerische Laufbahn. Sie werden deshalb heute auch als Vertreter*innen der verschollenen oder vergessenen Generation bezeichnet. Zu dieser Generation zählen deutsch-jüdische Künstler*innen, die vor dem Ersten Weltkrieg geboren wurden und sich in der Weimarer Republik einen Namen gemacht hatten, bevor sie in der Zeit des Nationalsozialismus als ‚entartet' stigmatisiert, systematisch aus dem Kunstbetrieb ausgeschlossen, verfolgt und häufig ermordet wurden. Auch das Werk der bekanntesten jüdischen Künstlerpersönlichkeit Frankfurts zu Beginn des 20. Jahrhunderts, Jakob Nussbaum, ist infolge der nationalsozialistischen Herrschaft heute weitgehend in Vergessenheit geraten. Der Freund von Max

---

4 Ludwig Meidner an Siegbert Prawer, 03.05.1945. Jüdisches Museum Frankfurt, Ludwig Meidner Archiv, Dauerleihgabe von John Prawer, veröffentlicht unter: https://kuenste-im-exil.de/KIE/Content/DE/Sonderausstellungen/Ludwig Meidner/Themen/Einfuehrungstexte/09-nachkriegsdepression.html (Zugriff am 13.01.2019).

5 Ludwig Meidner: Tagebuch 1947-52, Eintrag v. 30.08.1947. Institut Mathildenhöhe, Städtische Kunstsammlung Darmstadt, aufbewahrt im Stadtarchiv Darmstadt, ST 45 Meidner 1926.

Abb. 4: *Jakob Nussbaum:* Landschaft (Kinnereth), *1925, Öl auf Leinwand, 70 × 100 cm.*

Liebermann, dessen Gemälde bereits 1900 in der Berliner Galerie Bruno und Paul Cassirer zusammen mit den berühmten französischen Impressionisten Claude Monet, Camille Pissaro und Alfred Sisley zu sehen waren, galt seinerzeit als einer der erfolgreichsten deutschen Impressionisten. Nussbaum konnte von seinen Auftragsporträts und Gelegenheitsverkäufen an Sammler leben und engagierte sich als Mitglied in verschiedenen Logen für die Künstler*innenförderung in Frankfurt. Im Unterscheid zu anderen bekannten jüdischen Künstler*innen jener Jahre wie etwa Ludwig Meidner oder auch Lesser Ury, Hermann Struck und Jakob Steinhardt spielte die jüdische Tradition in der Motivwahl des orthodox aufgewachsenen Impressionisten keine Rolle. Im Gegenteil: Nussbaum verstand sich als Mitglied der Frankfurter Gesellschaft und wandte sich als begeisterter Freiluftmaler bevorzugt der Landschaft zu. Eben diese Hinwendung kennzeichnet auch seine Bilder von der Stadt Frankfurt, deren industrielle wie auch städtebauliche Entwicklung er in einer Reihe von Stadtansichten festhielt. 1925 reiste der überzeugte Zionist ins Britische Mandatsgebiet Palästina und fertigte ein Gemälde und eine Mappe mit Radierungen von der Landschaft rund um den See Genezareth an. (Abb. 4) Als Kunstprofessor infolge des so genannten „Gesetzes zur Wiederherstellung des Berufsbeamtentums" von der Kunst- und Gewerbeschule Städel entlassen, entschloss sich Nussbaum bereits 1933 zur Emigration nach Eretz Israel. Er ließ sich in Kinnereth, also jenem Ort nieder, den er wenige Jahre zuvor besucht und gemalt hatte. Die wenigen Zeichnungen und Aquarelle, die der Künstler

Abb. 5: *Barbara Klemm: Buddy und Gerti Elias in ihrem Haus in Basel, 2013.*

hier anfertigte, bevor er 1936 starb, lassen allerdings vermuten, dass seine Alija weniger ein Aufstieg, sondern vielmehr eine Emigration in ein mühseliges Leben war.

REMIGRATION EINER FAMILIENSAMMLUNG – DAS FAMILIE FRANK ZENTRUM In welchem Maß Nussbaums Gemälde im Allgemeinen, insbesondere aber seine Stadtansichten zu Beginn des 20. Jahrhunderts zum Inventar in den bürgerlichen Haushalten Frankfurts gehörten, verdeutlicht unter anderem der Nachlass der Familie Frank. 2012 überantwortete der Anne Frank Fonds in Basel unter Leitung des Schauspielers und Cousins von Anne Frank, Buddy Elias, Gegenstände und Dokumente, welche die aus Frankfurt stammenden Familien Frank und Elias in die Emigration nach Basel mitnehmen konnten, dem Jüdischen Museum Frankfurt als Dauerleihgabe. Dieses gründete daraufhin das Familie Frank Zentrum, das einen Teil dieses Nachlasses im letzten Raum der neuen Dauerausstellung im Rothschild-Palais präsentiert. Hier wird auch das Gemälde *Frankfurter Opernplatz* (1905) von Jakob Nussbaum zu sehen sein, das einen der beliebtesten Plätze Frankfurts zeigt. In der Nähe des Platzes vor der Alten Oper befand sich die Privatbank Michael Frank, in der viele Familienmitglieder arbeiteten. Die Frau des Bankgründers und Großmutter von Anne Frank, Alice Frank, nahm Nussbaums Gemälde 1933 mit in die Emigration nach Basel. Sie lebte fortan mit ihrer Tochter und deren Familie in einem Haus, in welches nach dem Zweiten Weltkrieg auch Otto Frank, der Vater von Anne, zog. In diesem Haus hing das Gemälde etwa 80 Jahre lang an zentraler

Stelle im Wohnzimmer. Barbara Klemm hat das Arrangement dokumentiert. (Abb. 5) Ihr Foto zeigt Buddy Elias mit seiner Frau Gerti Hand in Hand auf dem Sofa unter Nussbaums Opernplatz-Gemälde. Es verdeutlicht, von welch' zentraler Bedeutung die Erinnerung an Frankfurt in den Emigrant*innenfamilien Frank und Elias war.

Flucht, Emigration und Exil haften als Provenienzgeschichten und persönliche Patina an den Gemälden, Dokumenten und Objekten, die das Jüdische Museum Frankfurt in seiner Sammlung bewahrt. Die entsprechenden Erzählungen und Darstellungen bilden einen roten Faden durch die neue Dauerausstellung, deren erster Teil im Museum Judengasse zu sehen ist und deren zweiter Teil demnächst auf drei Etagen des historischen Rothschild-Palais präsentiert wird. Die zweiteilige Ausstellung unterstreicht die Bedeutung Frankfurts als eines der Zentren der jüdischen Kultur in Europa vom Mittelalter bis zur Vernichtung in der Shoah. Der Neubeginn und die Gegenwart jüdischen Lebens in Frankfurt bilden den Ausgangspunkt dieser Präsentationen. Die zweiteilige Ausstellung betont die Vielfalt der jüdischen Kultur in der europäischen Diaspora und beleuchtet die Migrationsbewegungen und Konfliktgeschichten, die sie geprägt haben und bis heute auszeichnen. Sie wendet sich damit insbesondere jenen Besucher*innen zu, deren familiäre Geschichten von Migration gekennzeichnet sind, und ermuntert sie, ein selbstbewusstes Verständnis von einem Leben in der Diaspora zu entwickeln.

MINISTYDRA SAGT

GERHILD STEINBUCH

Der vorliegende Text ist Teil des Hydra-Manifests von Nazis & Goldmund und wurde im Rahmen der ersten öffentlichen Plenarsitzung des Ministerium für Mitgefühl verlesen.

Die Ministerin sagt Hydra sagt: Wir sind viele, und wir sind das Monster, das steht da vor den Toren Europas rum mit traurigem Blick, denn eingelassen wird es nicht, Europa ist jetzt wieder Prunk und Protz, ist Festsaal, schöne Festung, es hat die alten, ehrwürdigen Wände hochgezogen, sich zurückgezogen, denn wo Geschichte ist, kann man nichts falsch machen, nein, alles falsch machen, Geschichte nicht erinnern und im Rückzug alle Lügen überdauern, die man selbst in die Welt gesetzt hat, so lange, bis das letzte bisschen Wahrheit drunter verschütt gegangen ist und man wieder was zu reden hat, was zu sagen, ist ja sonst keiner mehr da, der gehört wird, nein, den man hören will.

Hydra fragt nach der Geschichte, die nicht gehört wird, Hydra geht ins Archiv, Hydra steht im Archiv, Hydra starrt durch die Lücken und die Geschichte, die das Licht so schön anstrahlt, starrt zurück.

Hydra zählt die Einschusslöcher, Zensuren, Zerstörungen.

Hydra will etwas sagen.

Hydra will etwas sagen.

Hydra zählt die Pausen, Stille, Schweigen.

Hydra liest Georges Didi-Huberman: Für denjenigen, der wissen will wie, kann das Wissen weder Wunder noch Rast bieten. Es ist ein endloses Wissen: die unendliche Annäherung an das Ereignis und nicht dessen Erfassen in einer offenbarten Gewissheit. Es gibt kein „Entweder Ja oder Nein", nicht „Entweder Allwissen oder Allleugnung", nicht „Entweder Offenbarung oder Schleier". Durch die Zerstörung selbst und durch die Zerstörung der Zerstörungsarchive legt sich darüber ein gewaltiger Schleier, der sich allerdings jedes Mal dann ein wenig lüftet – und uns erschüttert –, wenn wir an einem Zeugnis wahrnehmen, was es durch sein Schweigen aussagt, wenn wir an einem Dokument sehen, was es durch seine Unvollständigkeit selbst aufzeigt.

Hydra hält inne. Denkt nach. So gut das noch geht.

Und weil das Denken doch nicht so gut geht, hat Hydra jetzt ein Heimwehgefühl, das kommt ja immer dann, wenn man es brauchen kann. Ein Zuhause als sichere Geschichte, die so unkaputtbar ist, dass kein Weltwind sie umweht.

Und gegen dieses Heimwehgefühl fährt Hydra in die sogenannte Heimat, diese Heimat, die, Hydra liest jetzt Qualitätsmedium, liest darin Gauland, um vom rechten Populismus zu lernen, in die Heimat also, die, so sagt Herr Gauland, wenn sie verschwindet, niemals wiederkehret, aber die sogenannte Heimat steht so dermaßen fest vor Hydra von der Ankunftshalle weg in alle Himmelsrichtungen hübsch ausgerollt und Hydra denkt sich, dass wir in diesem Wir geübt sind im Verschwinden, denkt an kontaminierte Landschaften und –

Hydra sagt Martin Pollack sagt: Lange Jahre verband ich mit der Landschaft meiner frühen Kindheit die schönsten und angenehmsten Erinnerungen, bis ich mich mit der Geschichte meiner Familie auseinanderzusetzen begann.

Und Hydra liest: In Wien hatte schon im Oktober der Judenhass solche Ausmaße erreicht, dass er sich nicht mehr bloß gegen Juden direkt richtete, sondern verstärkt auch gegen Nichtjuden, die bei Juden eingekauft oder sonst mit diesen noch einen menschlichen Umgang gepflegt hatten.

Und Hydra betreibt Widerstandsrecherche und landet umgehend auf einer Website: „Willkommen im Widerstand", hochwertige Produkte, den aktuellen Ereignissen angepasst, ein Sticker in Form eines Stolpersteins, darauf der Name Daniel H., das Opfer aus Chemnitz.

Hydra sagt: Reconquista als Retraumatisierung.

Und Hydra liest weiter: Hier waren am 9. November zunächst auf dem abgedunkelten Heldenplatz neue SS-Rekruten zu einem makabren Schauspiel angetreten und mit Fackeln zur Angelobung Am Hof abmarschiert, als aus München die Aktionsbefehle eingingen. Gegen zwei Uhr nachts kamen dann telefonische Anweisungen, wie der Pogrom abzuwickeln sei. Sie wurden, anders als oft fälschlich und entschuldigend gesagt wird, nicht in dunkler Nacht, sondern meist erst im hellen Lichte des folgenden Tages auf eine schreckliche Weise ausgeführt.

Und Hydra klickt, in dieser nicht so schönen Welt des rechten Merchandise, ein Aufkleber in Form eines Judensterns mit Aufschrift „Sachse".

Und tags drauf ist wieder Donnerstag und Hydra in Wien, Hydra demonstriert und sie hört Doron Rabinovici zu, er sagt: Am Mittwoch der letzten Woche starb mein Freund Rudi Gelbard. Seit der Befreiung aus dem Lager, aus Theresienstadt – als Jugendlicher – protestierte er schon gegen die Altnazis und die Neonazis. Immer wieder ging er mit uns gegen die FPÖ auf die Straße. Mit uns rief er, was auch heute unsere Parole bleibt. Sie lautet: „Widerstand!"

Und Hydra denkt an „Willkommen im Widerstand" und die Chemnitzer Gedenkmärschler, denkt an „Nationalsozialismus-jetzt-jetzt-jetzt"-Sprechchöre, die Selbstdefinition als eigentlich linke Bewegung.

Und Hydra wiederholt: Reconquista als Retraumatisierung.

Hydra sagt Manuel Gogos sagt: Nicht nur Gewaltlosigkeit, auch Vielfalt reklamiert die Identitäre Bewegung für sich: Sie hat nichts gegen die Vielfalt mittelalterlicher Fürstentümer, genauso wenig wie gegen die extraterrestrische Vielfalt von Menschen, Vulkaniern und Klingonen, so lange man sich nur besucht und sonst schön auf seinem Planeten bleibt. Man könnte den propagierten ‚Ethnopluralismus' der Identitären fast für linke Globalisierungskritik halten; doch letztlich geht es ihnen um Abgrenzung und die Reinheit der Kulturen. Wenn Martin Sellner auf der Demo dann den Einpeitscher gibt, ahne ich, warum der österreichische Autor David Schalko schreibt: die Identitären haben ihren Goebbels studiert.

Und Hydra macht sich dicht: Sie hören: Reportage über die Zerstörung des Tempels in Wien-Leopoldstadt im Zuge des Novemberpogroms 1938. Der Sprecher sagt: Die Wiener Bevölkerung, die immer mit erbittertem Grimm an diesem Prunkbau in der Tempelgasse vorbeigegangen ist, steht jetzt auf der Straße und jeder möchte gerne hereinsehen, möchte sich überzeugen, wie es hier aussieht und ob tatsächlich alles so ist, wie's ihm um's Herz ist, nämlich so, dass man es nicht wieder aufbauen kann.

Hydra fragt sich, ob es wirklich noch eine Generation braucht, die sich nicht erinnert.

Hydra fragt: Wo ist der Riss, der durch die Geschichte geht, geh'n muss? Hydra hört immer wieder, hört auf's Knacken, Knistern, aber da spricht nichts, alle Geschichten weg, alle Menschen weg, ich glaube, der Tempel kann ohnehin bald einstürzen, sagt der Sprecher, wir haben alle nichts dagegen.

Hydra sagt: Jetzt ist der Krebs wieder zurück und hat Metastasen gebildet in Europa.

Und Hydra macht sich dicht und hört erneut: Reportage über die Zerstörung des Tempels in Wien-Leopoldstadt im Zuge des Novemberpogroms, Hydra erträgt das alles nicht, sie fährt zum Urlaub an die Ostsee, nein, zur Wellness, in Prora steht sie am Strand und schaut in die Glanzfensterwohnungen im Denkmalschutzbereich, und Hydra denkt, wie einfach man vergessen kann, was nicht zu vergessen ist.

Hydra betrachtet Kindergesichter, sie betrachtet Kanzlergesichter, Hydra stapft durch die Stadtlandschaft aus Pappe.

Hydra sagt: Wir sind die Bilder, die wir uns von andren machen.

Hydra hält inne.

Und Hydra im Europa da erklimmt die Podien.

Hydra sagt: *Als Aktive der Kulturlandschaft in Deutschland stehen wir nicht über den Dingen, sondern auf einem Boden, von dem aus die größten Staatsverbrechen der Menschheitsgeschichte begangen wurden. In diesem Land wurde schon einmal Kunst als entartet diffamiert und Kultur flächendeckend zu Propagandazwecken missbraucht. Millionen Menschen wurden ermordet oder gingen ins Exil, unter ihnen auch viele Künstler*innen.*

Hydra sagt: *Solidarität statt Privilegien. Es geht um Alle. Die Kunst bleibt frei!*

Hydra sagt: *Wir sind viele. Jede*r einzelne von uns.*

Hydra sagt die Ministerin sagt: Vielen Dank für Ihre Aufmerksamkeit.

Exit Ministydra.

CALCULATING THE PRICE OF EXILE

NINO BINIASHVILI, MIT EINER EINFÜHRUNG
VON ANNA SCHAPIRO

Nino Biniashvili versucht in ihrer Videoarbeit von 2009,[1] den Preis des Exils zu kalkulieren. Sie untersucht die verschiedenen Orte, an denen sie bis dahin gelebt hat: Schweden, Georgien, Israel aus einer „gender-female perspective", wie sie notiert. In dem Video hört man ihre Stimme, die flüstert:

If I was Georgian, …

If I was Swedish, …

If I was Israeli, …

Biniashvili stellt Fragen danach, wer sie an jedem der Orte sein würde und wie ihr Leben als Frau an diesen Orten verlaufen wäre. Wie würde man beispielsweise ihre Nase in Georgien und wie in Schweden wahrnehmen – als schnippisch, zu groß oder ständig laufend? Und wie würde sie auf die Zuschreibungen und Erwartungen der jeweiligen Gesellschaften reagieren?

Während jedes „If I would be" nach den Möglichkeiten und Zwängen verschiedener Orte und den Lebenswegen innerhalb dieser fragt, ist ein Blatt zu sehen, das sich mit diesen Fragen und Annahmen auffaltet. Auf den folgenden Seiten sind Filmstills daraus abgedruckt.

1 https://www.ninobiniashvili.com/calculatingexile/ (Zugriff am 04.01.2019).

If I was
Georgian
I would have a
significant nose

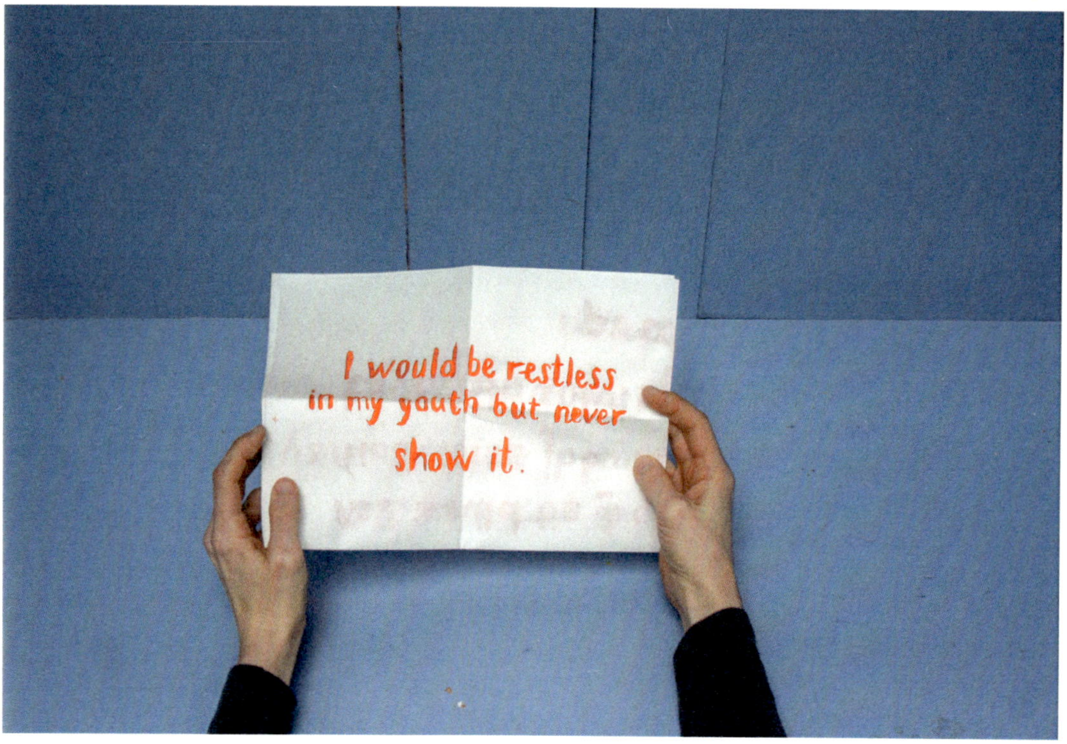
I would be restless
in my youth but never
show it.

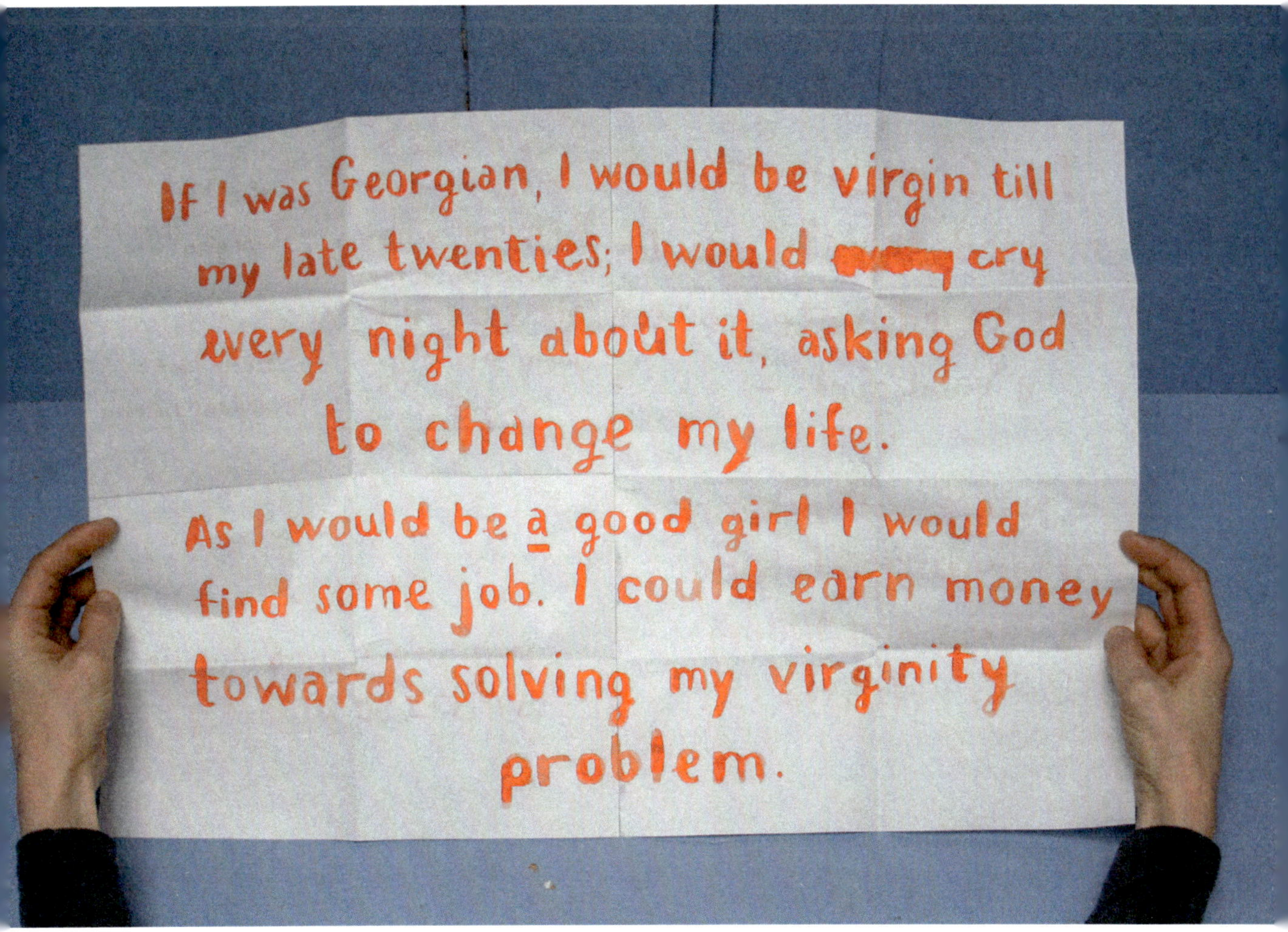
If I was Georgian, I would be virgin till
my late twenties; I would cry
every night about it, asking God
to change my life.
As I would be a good girl I would
find some job. I could earn money
towards solving my virginity
problem.

DIE ZWEITE BABYLONISCHE VERWIRRUNG

Ausdrucksprobleme in der Kritischen Theorie

ANSGAR MARTINS / LEONIE WELLMANN

Das Verhältnis von Kritischer Theorie und Judentum ist nicht gerade romantisch. Zwar webt etwa Theodor W. Adorno in seine späten Schriften Konzepte des Kabbalaforschers Gershom Scholem ein, der Bezug auf explizit jüdische Motive wird aber erst vor dem Hintergrund des Nationalsozialismus verständlich. Das Umfeld des Instituts für Sozialforschung, zu dem Adorno gehörte, wurde weitgehend durch den Antisemitismus auf die eigenen jüdischen Hintergründe aufmerksam. Im Folgenden geht es darum, wie diese jüdischen Selbstverständnisse sowie die Reflexionen zum Nationalsozialismus mit Fragen sprachlichen Ausdrucks zusammenhängen. Diese Auseinandersetzung führt zur Grenze von Theorie und Literatur – zuletzt zu Franz Kafka. Im Zentrum steht dabei Adorno, dessen Theorien sich aber immer im kontroversen Austausch mit seinem gedanklichen Umfeld entwickeln. So kam es nach 1945 zum Streit zwischen Adorno und Siegfried Kracauer – über die Frage, ob man nach Deutschland zurückkehren könne, dürfe oder gar müsse. Kracauer, der erst 1941 aus Europa entkam, beschloss, niemals ins Land der Täter zurückzukehren und nur mehr auf Englisch zu publizieren. Für Adorno, der 1949 nach Deutschland zurückging, bedeutete Kracauers Entscheidung eine Wiederholung dessen, „was der Hitler ohnehin uns angetan hat".[1] Seine Rückkehr verstand Adorno vor allem auch als eine solche zu einer Sprache, „die ich als meine eigene schreiben kann, während ich Englisch in den langen Emigrationsjahren bestenfalls so schreiben lernte wie die anderen."[2] Hinter

1 Theodor W. Adorno an Siegfried Kracauer, 27.08.1955. In: Theodor W. Adorno: *Briefe und Briefwechsel*, Bd. 7, hrsg. v. Wolfgang Schopf. Frankfurt am Main: Suhrkamp 2008, S. 475.

2 Theodor W. Adorno: Auf die Frage: Warum sind Sie zurückgekehrt? In: Ders.: *Gesammelte Schriften*, Bd. 20.1, hrsg. v. Rolf Tiedemann. Frankfurt am Main: Suhrkamp 2003, S. 394–395, hier S. 394. Vgl. zur Verflechtung von Exil, Rückkehr und Sprache Asaf Angermann: The Exile of Metaphysics. Adorno and the Language of Political Experience. In: *Naharaim* 9,1–2 (2015), S. 179–194.

den divergierenden persönlichen Konsequenzen Kracauers und Adornos standen zunächst unterschiedliche Analysen des Nationalsozialismus: laut Kracauer vor allem ein spezifisch deutsches Phänomen. Er legte in *From Caligari to Hitler* (1947) eine massenpsychologische Perspektive auf ein autoritäres deutsches Unbewusstes vor. Adorno dagegen betonte, dass er

> *viel zu sehr gesellschaftlich denke, um den Faschismus als Sache des sogenannten deutschen Nationalcharakters zu sehen, sondern ihn als Konsequenz einer sozialökonomischen Entwicklung begreife.*[3]

Die *Dialektik der Aufklärung*, Max Horkheimers und Adornos Versuch, die Präsenz von Barbarei in der Zivilisation bis in die Urgeschichte zurückzuverfolgen, beansprucht eher eine universal-kulturelle als eine historisch partikulare Tendenz zu beschreiben: die Verselbstständigung gesellschaftlicher Organisations- und Zeichensysteme gegen das Individuelle, das abgenutzt und gleichgemacht wird. Genau das sei in der nationalsozialistischen ‚Volksgemeinschaft' durchgeschlagen. Dieses geschichtsphilosophische Modell antwortet freilich wiederum auf eine historisch partikulare Situation: Nach dem Nationalsozialismus musste die Zivilisationsgeschichte auf die Möglichkeit solcher Katastrophen durchgesehen werden. Die Lehre aus der Exilerfahrung war negativ. Es hätte nie so kommen dürfen.

Die Konsequenz daraus war für Adorno wie Horkheimer (der in Rückkehrfragen übrigens die neutrale, aber deutschsprachige Schweiz bevorzugte), keinerlei Identifikationsfläche anzubieten, sondern negativ im Modus der Kritik zu verharren. Schon in den 1920er Jahren verdächtigten die kritischen Theoretiker jede positive Antwort auf die „Krise des Sinns",[4] auf die Suche nach ideologischem „Asyl"[5] in der Moderne als autoritär. Die Überbietung dieser Befürchtungen durch die Nazis zwang zum Denken ‚auf der Flucht', das jedem scheinbar festen Boden unter den Füßen entsagt:

> *Die negativen, negativistischen Geister, die nur sehen und sagen, was das Grauen ist, was nicht sein soll, die Gott zu nennen sich scheuen, was wollen sie? – Daß es gut wird. Die Positiven handeln in seinem Namen, sie bejahen die Welt und ihren Schöpfer. Sie [...] sind nicht gegen die heiligen Güter. Sie führen sie im Mund. So einigte Hitler die Deutschen, indem er die Juden als Opfer designierte, Nasser die Araber, indem er Israel als Opfer designiert.*[6]

Horkheimer postuliert hier, dass „positive" Bekenntnisse angesichts des „Grauens" in der Welt nur zu dessen Aufrechterhaltung beitragen und in Menschenverachtung umschlagen. Die „positive" Einigung durch den Antisemitismus erscheint so als barbarischer Religionsersatz. Eine Fortsetzung positiver Heilsversprechen mit faschistoider Tendenz erkennt Adorno auch in der sprachlichen Form von Martin Heideggers „Jargon der Eigentlichkeit": (Nicht nur) Heideggers Sprache gewähre dem Nationalsozialismus „Asyl; in ihr äußert das fortschwelende Unheil sich

3 Adorno: Auf die Frage, S. 394.

4 Theodor W. Adorno: *Ästhetische Theorie. Gesammelte Schriften*, Bd. 7, hrsg. v. Rolf Tiedemann. Frankfurt am Main: Suhrkamp 2003, S. 231.

5 Vgl. Siegfried Kracauer: Die Angestellten. In: Ders.: *Werke*, Bd. 1, hrsg. v. Inka Mülder-Bach. Frankfurt am Main: Suhrkamp 2006, S. 289–297 (Kap. „Asyl für Obdachlose").

6 Max Horkheimer: Notizen 1949–1969. In: Ders.: *Gesammelte Schriften*, Bd. 6, hrsg. v. Alfred Schmidt. Frankfurt am Main: Fischer 1991, S. 189–424, hier S. 240.

so, als wäre es das Heil."[7] Angesichts der existenzialontologischen Verschmelzung von Sprache und Ideologie wird Adornos Punkt verständlich, Ideologiekritik müsse – wie er hinzufügt: „heute" – immer auch Sprachkritik sein. Das gilt nicht nur für Nazi-Ideologie, sondern auch für „Sprache in der verwalteten Welt"[8] allgemein. Den Stand einer Sprache, „die denen im Munde quillt, die sie sprechen", nennt Adorno „zweite babylonische Verwirrung".[9] Dabei verweist der wiederkehrende Babylon-Bezug in der kritischen Theorie weniger auf das Exil als auf Turmbau und Sprachverwirrung.

Scholem und Walter Benjamin, bei denen sich Adorno stets ungeniert bedient, verstehen menschliche Sprache unter Berufung auf kabbalistische Sprachmystik als Verfallsform des nie direkt zugänglichen, unendlich deutbaren göttlichen Wortes. Diese konstitutive „Sprachverwirrung", die den historischen Sprachen vorausgeht, führt von einer „adamitischen" Namenssprache, die noch das Wesen der Dinge traf, zu deren Instrumentalisierung und „Verknechtung": „Zeichen müssen sich verwirren, wo sich die Dinge verwickeln."[10] Die Verwirrung meint die historische Verselbständigung und Verabsolutierung menschlicher Zeichensysteme, die sich von den Dingen entfernen und bloß ihrer immer komplexeren Verwertung dienen. „Aus der Ferne", so Adorno, sei „der Eiffelturm das schlanke, dunstige Zeichen, welches das unverwüstliche Babylon in den Himmel der Moderne streckt."[11] Je höher der Turmbau der Zivilisation aufgerichtet wird, desto auswegloser, statt dass die Menschen zum Bewusstsein ihrer selbst kämen. Dazu schreibt Horkheimer:

> *Allein mit Technik läßt der Himmel sich nicht erobern. Einmal versuchten sie es mit der Konstruktion zu Babel, und es entstand die Sprachverwirrung. Jetzt soll die Raumfahrt es schaffen, und die Sprache verstummt.*[12]

Sprache, die von dem Anspruch, dem Subjekt die Welt differenzierend anzueignen, abgelöst ist, wird leer. Sie verstummt in der „geschichtliche[n] Stunde, in der die vom Markt diktierte Kommunikation [...] derart auf der Sprache lastet", dass diese „[l]ieber unverständlich [wird], als die Sache durch eine Kommunikation zu verunstalten, welche daran hindert, die Sache zu kommunizieren."[13] Sprache sagt dann nichts mehr über die Dinge aus, sie hält sie nur noch fest oder beschränkt sich auf formalistische Spielerei mit sich selbst.

Von „babylonischer Verwirrung" schreibt Adorno entsprechend auch hinsichtlich des Positivismus, der Theorie auf Hypothesen

---

7 Theodor W. Adorno: Jargon der Eigentlichkeit. In: Ders.: *Gesammelte Schriften*, Bd. 6, hrsg. v. Rolf Tiedemann. Frankfurt am Main: Suhrkamp 2003, S. 413–523, hier S. 416.

8 Vgl. Karl Korn: *Sprache in der verwalteten Welt*. Olten/Freiburg i. Br.: Walter 1959.

9 Theodor W. Adorno: Aufzeichnungen zu Kafka. In: Ders.: *Gesammelte Schriften*, Bd. 10.1, hrsg. v. Rolf Tiedemann. Frankfurt am Main: Suhrkamp 2003, S. 254–287, hier S. 259.

10 Walter Benjamin: Über Sprache überhaupt und über die Sprache des Menschen. In: Ders.: *Gesammelte Schriften*, Bd. II.1, hrsg. v. Hermann Schweppenhäuser/Rolf Tiedemann. Frankfurt am Main: Suhrkamp 1991, S. 140–157, hier S. 154.

11 Theodor W. Adorno: Im Jeu de Paume gekritzelt. In: Ders.: *Gesammelte Schriften*, Bd. 10.1, S. 254–287, hier S. 325.

12 Max Horkheimer: Über das Vorurteil. In: Ders.: *Gesammelte Schriften*, Bd. 8, hrsg. v. Gunzelin Schmid Noerr. Frankfurt am Main: Fischer 1985, S. 194–200, hier S. 200.

13 Theodor W. Adorno: Skoteinos oder Wie zu lesen sei. In: Ders.: *Gesammelte Schriften*, Bd. 5, hrsg. v. Rolf Tiedemann. Frankfurt am Main: Suhrkamp 2003, S. 326–375, hier S. 340.

reduziere.[14] Positivistische Restriktion und Heideggerscher „Jargon" teilen den Anspruch, positiv auszusagen, was ist, statt, was nicht sein soll. So trifft sie Adornos Vorwurf, das, was ist, bloß ‚tautologisch' zu verdoppeln. Seine eigene Kritik daran hält dem Immergleichen eine Form von Transzendenz entgegen: Es gibt mehr als die dürftige Immanenz der Zeichen. Diese Transzendenz ist gemeint, wenn Adorno sich auf „Theologie" beruft: „Eigentlich hat man zu wählen zwischen der *Theologie* und der *Tautologie*. Ich würde dann doch die *Theologie* vorziehen."[15]

Diese Theologie fällt mit Horkheimers und Adornos Verständnis des biblischen Bilderverbots zusammen. Der Dienst am Absoluten sei die Kritik des Relativen, einziger Glaubenssatz das Verbot, „das Falsche als Gott anzurufen".[16] Das Recht des Bildes werde gerade durch sein Verbot gerettet, nicht durch das Entgegensetzen positiver Ideen. „Dialektik offenbart [...] jedes Bild als Schrift. Sie lehrt aus seinen Zügen das Eingeständnis seiner Falschheit lesen [...]. Damit wird die Sprache mehr als ein bloßes Zeichensystem."[17] Die negativ-theologischen Thesen wie die zitierten Äußerungen zu Exil, Rückkehr und Faschismus münden immer wieder in die kritische Reflexion von Problemen sprachlichen Ausdrucks.

Wie das biblische Bilderverbot auf die Utopie übertragen wird, müssten analog auch die übrigen Motive heiliger Schriften einen „säkularen Sinn preisgeben" – und im Umkehrschluss seien „profane Texte so zu lesen, als wären es heilige".[18] Nicht Hiob-, sondern Kafka-Auslegung gilt Adorno als negative „Theologie" auf der Höhe der Zeit, die keinen Blick in den Himmel wage, sondern umgekehrt „die Schründe der Welt als höllisch aufglühen lässt".[19] Der „Jude Kafka", könnte man mit Kracauer ergänzen, „trägt das Entsetzen in die Welt, weil sich ihr das Antlitz der Wahrheit entzieht."[20] Auch Scholem und Benjamin verhandeln theologische Fragen vermittelt durch Kafka-Deutungen. Solche Übergänge von Philosophie über Politik und Theologie zu Literatur sind keine kontingenten Sprünge. Die zitierten Texte schneiden so unterschiedliche Gebiete vielmehr an, um erweiterte Ausdrucksmöglichkeiten zu gewinnen, die sich nicht auf formale Informationsvermittlung reduzieren lassen. In der Kunst-Theorie der kritischen Theoretiker geht es insofern nicht primär um Kunst, sondern um deren epistemische und sprachphilosophische Potenziale. Gelungene Kunstwerke, so Adorno, ließen sich daran erkennen, „ob die Krise des Sinns im Gebilde reflektiert ist, oder ob sie unmittelbar und darum subjektfremd bleibt."[21] Adorno schreibt in diesem Sinne von der „Sprachähnlichkeit"

---

14 Theodor W. Adorno: Einleitung zum „Positivismusstreit in der deutschen Soziologie". In: Ders.: *Gesammelte Schriften*, Bd. 8, hrsg. v. Rolf Tiedemann. Frankfurt am Main: Suhrkamp 2003, S. 280–353, hier S. 326.

15 Theodor W. Adorno: Graeculus (II). Notizen zu Philosophie und Gesellschaft 1943–1969. In: Rolf Tiedemann (Hrsg.): *Frankfurter Adorno-Blätter*, Bd. 7. München: Text + Kritik 2003, S. 9–41, hier S. 38.

16 Max Horkheimer / Theodor W. Adorno: Dialektik der Aufklärung. In: Max Horkheimer: *Gesammelte Schriften*, Bd. 5, hrsg. v. Gunzelin Schmid Noerr. Frankfurt am Main: Fischer 1985, S. 13–290, hier S. 46.

17 Ebd., S. 41.

18 Günter Mensching: Laudatio für Rolf Tiedemann. In: Elisabeth Lenk / Gesa Lolling (Hrsg.): *Philologie und Scham und andere Texte von und über Rolf Tiedemann*. Wetzlar: Büchse der Pandora 2006, S. 19–24, hier S. 19–20.

19 Adorno: Aufzeichnungen zu Kafka, S. 284.

20 Siegfried Kracauer: Das Schloß. Zu Franz Kafkas Nachlaßroman. In: Ders.: *Werke*, Bd. 5.2, hrsg. v. Inka Mülder-Bach. Berlin: Suhrkamp 2011, hier S. 191–194, hier S. 194.

21 Adorno: *Ästhetische Theorie*, S. 231.

aller Kunst.[22] Sie ermöglicht, gegen das Verstummen anzuschreiben, dem „perennierende[n] Leiden [...] Ausdruck" zu verleihen.[23] Kafka etwa bringe „Spuren der Erfahrungen, die vom Bedeuten zugedeckt werden", zum Ausdruck, ohne sich dem Zwang der eindeutigen Sprache zu ergeben. Dadurch vermöge er, der „zweite[n] babylonische[n] Verwirrung" zu widerstehen, „ohne zu ermüden". Kafkas „Gestus" sei die Feststellung „So ist es",[24] „eine Bestätigung der Ausweglosigkeit, die zugleich den Weg anzeigt, den man gehen will, ohne daß ihn ein Argument als Ausweg, als erprobte Praxis, als allgemein gültige Auflösung der Aporie kennzeichnen könnte."[25] Dieser „Gestus" könne die Welt so darstellen, wie sie ist, ohne ihr das letzte Wort zu überlassen. Das „So ist es" treffe das Versperrte und Ungewisse, statt es durch Systematisierung zu glätten. „Die schlechte Unendlichkeit des Dargestellten teilt sich dem Kunstwerk mit."[26] Gelungene literarische Werke bewegten sich so an der Grenze, „auf die auch der Gedanke stößt".[27]

Damit sind wohlgemerkt nicht nur Grenzen von Sagbarkeit gemeint, sondern die Grenzen von Erkenntnis unter den Bedingungen kapitalistischer Vergesellschaftung: Die Mysterien der Theorie werden mit Karl Marx erst in der menschlichen Praxis gelöst. Die einstweilige Unmöglichkeit praktischer Veränderung motiviert in der Zwischenzeit Adornos Versuch, die Erinnerung an Utopie ästhetisch wachzuhalten. Horkheimer stand am Ende all diesen Utopien skeptisch gegenüber: „Die konservativen Stücke Kafkas lassen in der Literaturhistorie und im Massenbetrieb auch als billiges Vergnügen sich umfunktionieren. Karl Kraus bleibt trotz des Konservatismus auf Studenten beschränkt."[28] Selbst diese Sätze aber stellen noch Versuche dar, die Falschheit des Ganzen auszudrücken – woran jeder der kritischen Theoretiker auf eigene Weise zu scheitern versteht.

---

22 Ebd.

23 Theodor W. Adorno: Negative Dialektik. In: Ders.: *Gesammelte Schriften*, Bd. 6, hrsg. v. Rolf Tiedemann. Frankfurt am Main: Suhrkamp 2003, S. 7–400, hier S. 355.

24 Adorno: Aufzeichnungen zu Kafka, S. 260.

25 Alexander Garcia Düttmann: *So ist es. Ein philosophischer Kommentar zu Adornos „Minima Moralia"*. Frankfurt am Main: Suhrkamp 2004, S. 9.

26 Adorno: Aufzeichnungen zu Kafka, S. 266.

27 Theodor W. Adorno: Kleine Proust-Kommentare. In: Ders.: *Gesammelte Schriften*, Bd. 11, hrsg. v. Rolf Tiedemann. Frankfurt am Main: Suhrkamp 2003, S. 203–215, hier S. 215.

28 Horkheimer: Notizen 1949–1969, S. 323.

YOUR VERY OWN DOUBLE CRISIS CLUB

Ein übersetztes Klagelied mit furchtbarem Akzent

SIVAN BEN YISHAI

GEBRAUCHSANLEITUNG | 0

Der Text kann Spuren von Klammern und Bühnenanweisungen enthalten. In diesem Fall bitte ich um Entschuldigung; alles, was gesagt wird, sollte laut gesagt werden. Klammern sind eine Ausrede und sollten ignoriert werden.

Anders als mit den Klammern verhält es sich mit den Leerstellen zwischen den Sätzen. In jeder dieser Stellen wären alle nicht erzählten Geschichten zu finden. Bitte abbremsen.
Die verstummten Geschichten sind die wichtigsten.
Worte sind bloß der Anlass, damit die nicht erzählten Geschichten schweigend dastehen und gesehen werden können. Ohne Worte gibt es keine Leerstellen, daher müssen Worte geschrieben werden.
Hört auf die Leerstellen.

WIR | 1

Es ist nicht schwer zu beschreiben, was ich sah,
als ich den Kopf umdrehte und zurückblickte.

Die Stadt war weit weg,
winzig.
Brannte in der Ferne wie ein Stern im All.

Wenn ihr sie von oben betrachtet hättet wie ich,
wenn ihr sie von einem Hausdach aus gesehen hättet wie ich,
hättet ihr die Leute aus ihr herausströmen sehen.
Ein Schwarm von Menschen wie Bonbons, die aus einem zerbrochenen Glas rollen.

Feuer verbrennt ihnen den Rücken.
Das Feuer –
leckend, geil, tätowiert ihnen den Rücken.

Meine Stadt.
Mein Aufstieg
und Fall.

Die schwarzen Rauchwolken über der Stadt – tweeten, posten, beschreiben, qualmend, die Katastrophe all jenen, die rechtzeitig fliehen konnten.
Die Stadt brennt, und wir stehen alle drum herum.
Die Stadt wird gegangbangt – und wir gucken zu.

Inzwischen ist sie tot. Inzwischen ist sie wahrscheinlich tot.
Ja, meine Stadt.
Sie ist tot und alle sind tot, liegen nackt auf den Straßen,
und auch, wenn du weglaufen würdest, würdest du immer tot in ihr zurückbleiben.
Auch wenn du dachtest,
du könntest aus ihr fliehen,
bleibst du tot in ihr zurück.
Wie ein toter Embryo in einem Bauch.

Wie lange bleibt ein Embryo am Leben, wenn die Mutter schon tot ist?

Lebendig in einem toten Körper.
Meine Stadt
und ich.

Und der Moment, in dem wir begreifen, dass wir gefangen sind.
Auf den Hausdächern, und in der Prophezeiung.
Der Moment, in dem wir ein letztes Mal den Kopf drehen.
Der Körper läuft schon voraus und der Kopf blickt zurück.
Mit diesem Moment eröffnen wir unser Klagelied.
Und ihr, liebe Zuschauer, wischt die Tränen ab.
Weint nicht um uns heute Abend.
Wischt die Tränen weg,
und im Gedenken an unsere gute Stadt steckt euch die Hände bitte direkt in eure Unterwäsche.

Spürt die Wärme. Sie ist vergänglich.
Wir fangen gleich an.

Was ihr zu tun habt: Nehmt ab und zu die Hände aus der Unterwäsche und riecht daran.
Kein Entkommen.

Die Türen sind zu, die Körperöffnungen der Mutter erschlaffen, kalt, tot.
Das Bonbonglas ist zerbrochen,
wir, Bonbons, sind herausgekullert, und da sind wir nun.
Zwischen euren Füßen.

Über die ganze Welt waren wir verstreut.
Keine Brüder, keine Schwestern. Wir sind jetzt hier.
Auf euren Straßen, auf euren Ämtern, in euren Nachrichten.

Die Türen sind zu. Die Vergangenheit ist vorbei.
Unsere Mütter wurden auf den Straßen verbrannt wie Hexen, unsere Fußballmannschaften sind aus der Liga geflogen, und keine Eurovision-Partys mehr für uns.
Unsere Sprache hat ihren Sinn verloren
und unsere Schiffe, unsere Märsche, unsere Züge ...
Sie wurden Symbole in euren Zeitungen, schickes Projektmaterial für eure politischen Künstler,
eine ganze Welt neuer Arbeitsmöglichkeiten für eure Sozialarbeiter.
Tagein, tagaus kümmert ihr euch um unser Problem, keine Frage.
Danke.

Feuer.
Und Erinnerungen.
Unsere brennende Vergangenheit.
Aber das vergessen wir mal.
Jetzt gibt's nur noch uns.
Uns.
Euch.
Diese Bühne.
Hier begegnen wir uns.

Und mal ehrlich.
Wir müssen ein bisschen faken, so tun, als ob, damit es funktioniert.
Wir – tun so, als ob wir irgendeine Ahnung von euch hätten, als ob wir euch *irgendwas* zu erzählen hätten.
Ihr – tut so, als ob ihr uns zu verstehen versucht. Ja. Das ist das Mindeste, was ihr tun könnt. So zu tun, als hättet ihr es versucht.

So oder so – heute Abend verkaufen wir hier all unsere aufgegebenen Habseligkeiten.
Alles, was wir zurückgelassen haben, als wir weggelaufen sind.
Und machen wir uns nichts vor – wir verkaufen es unter Tränen.
Und machen wir uns nichts vor – wir verkaufen es euch.

Unsere verlassenen Häuser, all die Gegenstände darin,
werden, so in 30 Minuten,
eure wohlsubventionierte Immigrantenpoesie.

Vielen Dank, dass wir an euren Förderungen teilnehmen dürfen. In unserer Stadt muss man die Flagge der Stadt hochhalten, wenn man sich um eine Stelle bewirbt.

In meiner Stadt gibt es keine Kunstprojekte mehr.
Die Künstler und die Bienen,
die sind zuerst gestorben.
Die Künstler wurden auf Bühnen erschossen,
vor den Augen der aufgebrachten Menge,
weiße Flaggen im Arsch.

Die Leere.
Vielleicht sollten wir besser aufhören.

Liebes Publikum.
Nehmen wir die warmen Hände aus unseren Röcken-Hosen-Kleidern und riechen wir daran. Das erinnert uns an das, was wichtig ist.
Schiebt euch die Hände in den Schoß und dann unter die Nase und 3 und 2 und 1 und jetzt – einatmen!

DIE STADT | 3

Unter unserem Hausdach, unter der letzten noch leuchtenden Straßenlaterne der Stadt
stehen neun Streifenwagen um ein kleines Haus.

In der Mitte, in einem Kreis gelben Lichts,
in einem hellen Shirt, fast weiß,
wird eine Frau festgehalten,
ihr Gesicht ans Metall eines der Autos gequetscht.

Ihre Hände in Handschellen auf dem Rücken,
Ihr Hals verrenkt:
Blau
und rot
und die Lichter der Streifenwagen.
Die Hand eines Polizisten ruht, fast zart, zwischen ihren Schulterblättern,
während seine Augen paranoid umherblicken.

Er kann uns nicht sehen. Niemand kann das.
Aber wir sehen ihn. Wir sehen sie.

Ihre Haare, ihr weißes Shirt, ihr Gesicht, das zum Auto gedreht ist.
Ihre geschlossenen Augen.
Ihre Rippen –
bewegen sich leise mit ihrem Atem 1. 2. 3.
Unter der Handfläche des Polizisten 1. 2. 3.

1. 2. 3.
1. 2. 3.

Was passiert in einem Kopf – der Teil eines Körpers ist, dessen Gesicht schon so lang an der Tür eines Streifenwagens klebt?

*

All die Dinge, die unter unserem Hausdach passieren.
Unter unseren Füßen. 2. 3.

Jeder Moment. 2. 3.

Zum Beispiel,
jetzt.

1. 2. 3. – Jeder Moment, in jedem Moment,
auch jetzt,
unter uns,
ein Mensch, in der Stadt,
irgendwo, irgendwie,
ja irgendwer,
einer mindestens,
jetzt.

Dann neben ihm, jemand anderes hinter einem anderen Fenster,
vielleicht in genau derselben Mikrosekunde,
und auch
jetzt.

Und
über ihnen,
über allen,
werden Gewehrkugeln in die Luft der Stadt geschossen,
30-mal pro Stunde, 24 Stunden pro Tag,
eine Kugel – ein Knall – drei Männer fallen auf den Boden, ducken die Köpfe –
und das Drama,
die Gewehrkugeln,
die Männer,
der Krieg,
sie verschwinden natürlich,
sie werden natürlich sinnlos, noch bevor sie angefangen haben, und hinterlassen keine Spuren,
aber der Moment, in dem drei Männer hinfallen, unter Beschuss, und niemand außer uns hier bemerkt es,
der Moment –
das geschieht –
jetzt.

Eine Wange wird geschlagen.

Eine Kugel wird abgefeuert, noch einmal, und wahrscheinlich, nein ... ganz sicher. Jetzt, noch einmal.

Eine Pflanze bewegt sich zwei Nanometer nach oben.

Ein Panzer rollt langsam aus dem Tor der Stadt.

Schweres Klopfen an der Tür einer jungen, kranken Frau.

Eine Glasfigur zerbricht bei einem speziellen Besuch der Städtischen Luftwaffe im Nationalmuseum.

Ein junges Mädchen sitzt nach ihrer Hochzeitsfeier allein in einem Hotel, die Fenster geschlossen,
und wartet,
und wartet,
und wartet,
sie wartet
und aus diesen Fenstern
im Umkreis von 500 Metern um sie herum,
500 Meter von uns hier auf unseren Dächern,
500 Meter von jedem Hausdach,
an einer Million Orten ringsum in der verwüsteten Stadt,
bewegen sich nackte Leute in der Waagerechten,
vermehren sich,
reproduzieren die Menschheit auf eine Million Arten,
in einer Million Stellungen, an einer Million Orten,
mit einer Million Gesten, mit einer Million Zungen,
und wenn die Mauern in diesem Moment einstürzen könnten –
wenn alle Mauern ringsum einstürzen könnten –
und alle unsere hysterischen Parallelkörper mit ihrer ständigen, animalischen, heidnischen, pornografischen Beckenbewegung bloßgelegt werden könnten,
auf und ab, rein und raus,
nackt,
nackt,
die Stadt: wimmelnd, hungernd, will weitermachen, will kommen,
leben,
sich reproduzieren,
sich lecken,
sich pressen,
sich verschlucken,

und
in dieser gewaltigen Orgie der simultan-horizontal-horizontal nackten,
feuchten Menschen:

wird ein Kopf
vertikal
gegen die Tür eines Streifenwagens gedrückt.

Ihr Gesicht, ihre Augen, ihr weißes Shirt.
Ihre Stirn,
die Stunden.
Es sind schon Stunden.
Und wir, alte Krähen, über ihrem Kopf,
blicken runter und hoch,
hoch und runter.

Die Straßen sind grau. Kriegsporno.
Der entblößte Beton, die klaffenden Vaginaschlünde der verbrannten, zerstörten Gebäude.
Menschen mit Kameras wimmeln wie Mistkäfer im offenen Darm der Stadt, veröffentlichen ihre Nacktbilder auf Facebook.

Hubschrauber nehmen Touristen mit auf einen exklusiven „Flug durch die Zerstörung", 60 Dollar pro Kopf. Unten winken dutzende Affen den Touristen zu. Sie sind aus dem zerbombten städtischen Zoo ausgebrochen, haben die zertrümmerte Stadthalle erobert und pissen und ficken zwischen den riesigen Zementknochen.

Von jeher ging die Existenz der monumentalen Stadtlandschaft, die wir bis in den Himmel gebaut hatten, Hand in Hand mit den Fantasien, sie eines Tages zerstört zu sehen.
Die Großartigkeit einer Lawine. Die Schönheit des Zerfalls.

Vor dem zerbombten Präsidentenpalast wartet eine Gruppe Hungerstreikender auf den Tod. Die Medien haben sie längst vergessen, Passanten bahnen sich einen Weg durch ihre halbtoten Körper.

Im Palast – der Präsident hängt seit Wochen nackt vor der Blümchentapete der präsidialen Toilette. Seine Augen liegen wie zwei blaue, tote Zwillingskätzchen voller Tränen unter seinen schwebenden Sohlen. Das sanfte Quietschen des Stricks. Die Gier der Schwerkraft, die seinen Körper ansaugt.

Es hört nie auf. Die Schiffe sind gesunken. Die Stadt ist erledigt.
Der Alptraum wird nie enden. Die Sprache wird verschwinden.
Wir alle gleich nach ihr.

Leute überqueren in kleinen Gruppen die Straßen der Stadt,
rufen ihren Namen: „Meine Stadt ... Meine Stadt ..."
Versuchen, die Stadt aufzuwecken,
schlagen ihr totes Gesicht: „Wach auf ... Wach auf ..."

Aber ihre Organe sind tot. Verschrumpelt. Beschädigt.

Nur ein Fötus ist noch am Leben, der Fötus einer Krähe, und man weiß nicht, wie viel Lebenszeit ihm noch bleibt in diesem toten Körper, in dem er gefangen ist.

Meine Stadt geht in Flammen auf, und der einzige verbliebene Radiosender ist der der Armee, er spielt immer wieder denselben Popsong, schon seit Jahren.

Ganz herzlichen Dank übrigens, dass ihr heute Abend pünktlich gekommen seid. Danke, dass ihr überhaupt gekommen seid. Wer hätte gedacht, dass uns jemals jemand wie ihr zuhören würde. In unserer Stadt schneiden sie den männlichen Schauspielern mit Scheren die Ränder der Zunge ab, damit sie keine Zischlaute mehr aussprechen können.

Vielen Dank, dass ihr das nicht tut, danke, wir sehen, dass ihr euch wirklich richtig Mühe gebt, zuzuhören.

IHR | 8

Es ist nicht schwer zu beschreiben, was ich sah,
als ich den Kopf umdrehte und zurückblickte.

Die Stadt brannte. Steine fielen aus den Mauern, als ob die Mauern in Tränen ausbrächen.

Meine Stadt.
Mein Aufstieg
und Fall.

Wie lange bleibt ein Embryo am Leben, wenn seine Mutter schon tot daliegt?

Funktioniert der Embryo wie eines ihrer Körperteile? Wie ihr Herz?
Ich meine, stirbt der Embryo automatisch mit ihr?

Vollkommen am Leben bleiben, eingewickelt in einen toten Körper.
Meine Stadt
und ich.

Mit diesem Punkt eröffnen wir unser Klagelied.
Und ihr, liebe Zuschauer, wischt die Tränen ab.
Weint heute Abend nicht um uns.
Wischt die Tränen weg, und im Gedenken an unsere gute Stadt
steckt euch die Hände direkt in die Unterwäsche.
Spürt die Wärme.
Sie ist vergänglich.
Ja.
Ja.
Und jetzt, nachdem wir euch geholfen haben, es zu spüren,
bitte holt die Portemonnaies raus und gebt Geld.
Wir fangen jetzt an.

Kein Entkommen.
Die Türen sind zu,
die Öffnungen der Mutter hängen herunter, eiskalt.
Ihre Muschi – ist tot – versteht ihr? Keine Wehen pressen uns jetzt hinaus auf den roten Teppich unseres prächtigen Wunschkonzerts.

Das Glas ist zerbrochen. Wir, Bonbons, sind herausgekullert, und da sind wir nun.
Zwischen euren Füßen.

Über die ganze Welt sind wir verstreut. Keine Brüder, keine Schwestern.
Wir sind jetzt hier.
Feuer
und Erinnerungen.
Unsere brennende Vergangenheit.
Aber das vergessen wir mal.
Jetzt gibt's nur noch uns.
Uns.
Euch.
Diese Bühne.
Hier begegnen wir uns.

Und mal ehrlich.
Wir müssen ein bisschen faken,
so tun, als ob, damit es funktioniert.

Und wenn es nicht geklappt hat, entschuldigen wir uns, wie in einem hübschen Cabaret oder wie sie das mit diesem Lied machen, wenn sie zwischen den Akten ins Publikum gehen und sagen, es täte ihnen wirklich leid oder so.

Jedenfalls, unsere Stadt ist anders. Wenn deine Kunst schlecht war, ermittelt die Polizei gegen dich – nach der zweiten und fünften „Hannibal-Lecter-Verordnung".
Also, in meiner Stadt gibt es keine Kunst mehr.
Zum Glück konnten die Künstler sich selbst retten. Jetzt wohnen sie in schicken Zelten, gleich neben dem Palast der Kulturministerin. Jeden Morgen essen sie ein großes, veganes Frühstück mit ihr.

Manchmal wollen wir versuchen, wirklich mit euch zu sprechen.
Dann kommt so ein Drang, euch beizubringen, wie ihr mit uns sprechen sollt.
Euch zu erzählen, zu fragen... nach dieser Sache, die fehlt.
Aber nichts wird euch davon abbringen, ihr selbst zu sein.
Wir können euch nicht erziehen.
Wir sind die Gäste.
Wir sind diejenigen, die man nicht vermissen wird.
Wir sind eure Zuschauer.

Das hier – das ist das Haus eurer Geschichte.
Unsere ganze Geschichte ist nur ein kleines Kapitel in eurer.
Das wissen wir doch alle.

Die Besten von uns wurden zu euch.
Und manchmal sagen sie uns – in leidenschaftlichen, nächtlichen Diskussionen in unseren geschlossenen Krähen-Facebook-Gruppen sagen sie uns –
„Wenn die Leute hier sie euch nicht gefallen, dann könnt ihr gerne gehen."

Ja. Wir haben vor, wegzugehen.

Wohin?
Für uns gibt es keinen Ort auf der Welt.

Vielleicht sollten wir zurückkehren?
Der Salzgeschmack des Hungers in unserem Mund.

Wird sich jemals jemand an uns erinnern?
Wir haben beschlossen, erst mal abzuwarten.

So oder so –
heute haben wir hier all unsere verlassenen Habseligkeiten verkauft.
All die Dinge, die wir zurückgelassen haben, als wir weggelaufen sind.
Und machen wir uns nichts vor – wir haben sie verkauft, für Geld und Anerkennung.
Und machen wir uns nichts vor – wir haben sie euch verkauft.

Sie waren mal voller Leben. Unserem Leben.
Wir haben sie aber schon vor langer Zeit öffentlich zum Verkauf angeboten – und ihr habt sie gekauft. Mit einem Lächeln. Wir haben sie verkauft, ihr habt sie gekauft.
Dieses Spiel hat klare Regeln und wir waren radikal – aber die Münzen unserer Stadt sind in euren Städten nichts wert. Wir brauchten die Euros.

Unsere verlassenen Häuser, die Habseligkeiten darin – sie alle waren Teil des Immigranten-Poesie-Ausverkaufs, den wir heute für euch organisiert haben.

Vielen herzlichen Dank, dass ihr heute so viel für die Karten bezahlt habt.
Herzlichen Dank, dass ihr gekommen seid. Danke.

Guckt euch das an. Wenn ihr euch sehen könntet, wie ihr zuhört, danke sehr, wir lieben euch. Die Menschen sind so wunderschön, wenn sie nicht mehr Gegenstand der Geschichte sind, wenn sie nicht mehr das Hauptthema sind, wenn sie bloß zuhören.

Auszug aus dem Theaterstück YOUR VERY OWN DOUBLE CRISIS CLUB. EIN ÜBERSETZTES KLAGELIED MIT FURCHTBAREM AKZENT *von Sivan Ben Yishai; Teil 1 der Tetralogie* LET THE BLOOD COME OUT TO SHOW THEM, *Deutsch von Henning Bochert, mit freundlicher Genehmigung des Suhrkamp Theater Verlags.*

DOUBLE TROUBLE

YAEL FRANK

Double Trouble is part of the series *Island of the Wrong* (2017), a group of paradoxical sculptures that sweat, crash, and cry. The series proposes a metaphorical place to be 'not right' and imagines a sculptural state of being wrong. In *Double Trouble*, Frank uses the design of a well-known Israeli cookie brand, Smiles, which in itself is a cheap copy of the American Oreo cookie. She enlarges it, doubles it, and using plasticine, creates a surface that resists water, hence making the sculpture 'sweat' when it comes into contact with water.

Yael Frank writes about her work: "The idea came upon returning to Tel Aviv from a seven year stay in New York. It was summer, and I was sitting in my studio with a sweaty face. The humidity is not just a physical state, but also a state of mind, particularly when having to continually worry about the fact that not everyone sweats from their faces, but I do. When I was making art in New York, I was always anxious about translating the context of the materials and objects that I was using. I assumed that coming back to Israel I could stop translating. I found, however, that translation was now so embedded in my practice, that instead of 'returning' to an original mother tongue I was translating my translations. This became a very productive mode of production, juxtaposing local and American cultural fantasies to think about notions of being 'here'. This has been an ongoing investigation, the slowest landing."

Plasticine, styrofoam, metal, plastic containers, water.

Users are invited to use water spray containers to make the sculpture sweat and produce tears.

3 — ג

JUDEN* UND ...

Oder: Wir Alle und Heime

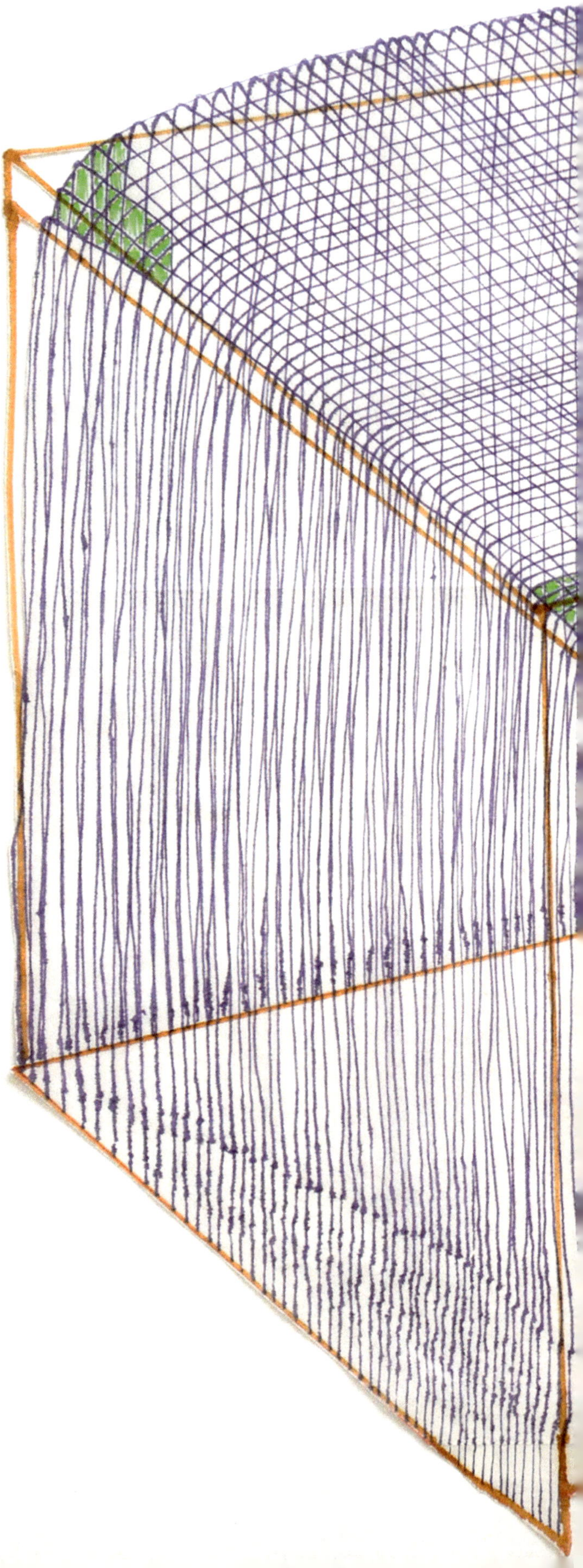

Christoph Rodde :
Scheinkäfig, 2013.
Filzstift auf Japanpapier, 40 × 46 cm.

BARSACH

Auszug aus dem gleichnamigen Hörspiel

MUDAR AL HAGGI

Omar

15. Juni 2015 Ich las meinen Namen auf der Liste jener, die in ein neues Heim in Suhl gebracht werden sollten. Es gab keine Garantie, dass das neue Heim besser sein würde, aber alle, die nach Suhl umziehen sollten, hatten diese Hoffnung, und die machte sie glücklich. Die Hoffnung, dass weniger Leute in einem Zimmer untergebracht würden oder dass jedes Zimmer über ein eigenes Bad verfügte. Vielleicht war da auch die Hoffnung, dass es Internet gäbe oder die Möglichkeit, morgens Kaffee zu machen.

Das Heim in Suhl bestand aus zwei Gebäuden, jedes so groß, dass es mehr als tausend Personen aufnehmen konnte. Die Neuankömmlinge mussten sich im fünften Stock ein Zimmer suchen, aber dieses Stockwerk war vollkommen leer und verlassen. Die Zimmer hatten weder Fenster noch Türen. Wir hatten gedacht, wir könnten uns die Zimmer aussuchen, die uns gefielen. Nun suchten wir nach einem Zimmer, für das wir aber erst eine Tür finden mussten, die wir einsetzen konnten. Unwillkürlich teilten sich die Ankömmlinge in Gruppen, und sofort war ich allein. Ich hatte es nicht geschafft, mich einer der Gruppen anzuschließen. Ein netter junger Mann bemerkte meine Verlorenheit und lud mich ein, in sein Zimmer zu ziehen, das er sich mit seinem Bruder teilte.

Omar

19. Juli 2015 Ich gewöhnte mich an den Ort und daran, mit zwei Menschen ein Zimmer zu teilen. Wir erfuhren bald, dass Suhl nicht unsere letzte Station sein würde. Allzu bald würden wir aber nicht von hier wegkommen.

Das Zimmer bestand aus drei Metallbetten, einem Metalltisch, zwei Stühlen und drei Personen: dem netten jungen Mann, seinem deprimierten Bruder und mir. Der Bruder verließ nie sein Bett, nicht einmal, um zum Essen zu gehen. So verlor ich den letzten Funken Hoffnung, auch nur einmal für zehn Minuten allein zu sein. Ich hatte in den letzten fünfzehn Jahren meines Lebens vermieden, meine Wohnung mit jemandem zu teilen, und nun musste ich mich daran gewöhnen, mit zwei anderen Menschen in einem Zimmer zu leben. Statt Regeln des Zusammenlebens einzuführen, wollte ich alles, was mich an meinen Zimmergenossen störte, ignorieren, und so tauchte ich schon bald selbst in meinem Bett unter und verbrachte die Zeit mit den jämmerlichen Versuchen, zu schreiben und meine Frau anzurufen. Der deprimierte Zimmergenosse hing die ganze Zeit am Telefon. Er bezahlte wie ich für das Internet. Ihm war nicht bewusst, dass man auch leise sprechen kann, und so musste ich alles mit anhören. Sie diskutierten, wie der Rest der Familie herkäme. Über Land, durch Bulgarien, sei es sehr gefährlich, sagte der Nette. Die Reise über das Meer sei noch gefährlicher, sagte der Deprimierte. Außerdem reichten die dreitausend Euro nicht für die ganze Familie. Deshalb mussten sie sich entscheiden. Der Deprimierte wollte seine Frau und seine Kinder auf die Reise schicken, denn die Familienzusammenführung würde zu lange dauern. Der Nette aber wollte, dass die Eltern zuerst kämen. Diese Diskussion endete in einer Schlägerei, und ich musste schließlich den Netten aus den Händen des traurigen Bruders befreien und ihn vor dem Erwürgen retten.

(Abgedunkelte Bühne, zwei Metallbetten, darauf Emad, der jüngere Bruder, und Jussuf, der ältere. Omar, der Autor, sitzt in der Mitte auf einem Metallstuhl, zum Publikum gewandt. Die drei sind erschöpft. Immer wieder sehr langes Schweigen zwischen den Dialogen.)

OMAR: Verdammt nochmal *(Schweigen)*. Ich dachte, dass ihr euch wenigstens wegen mir schämt *(Schweigen)*. Ich will schlafen, ich weiß aber nicht, ob ich kann. Ich bin nicht müde, aber ich bin mit den Nerven am Ende und muss mich ausruhen. Aber woher soll ich wissen, ob ihr nicht wieder aufeinander losgeht, wenn ich zurück in mein Bett gehe.

JUSSUF: Zur Hölle mit dem, der dich auf die Welt gebracht hat, du Hurensohn.

OMAR: Bitteschön! Antworte!

EMAD: Ich werde nicht antworten.

JUSSUF: Doch, los, sag was!

OMAR: Ich habe eine Idee. Ihr ruft jetzt eure Eltern an und sagt ihnen, was genau passiert ist. Ihr sagt ihnen, dass ihr euch gegenseitig die Köpfe eingeschlagen habt.

JUSSUF: Ich bin dafür, ihnen die Wahrheit zu sagen. Nämlich, dass dieser Hurensohn in Anwesenheit fremder Leute keinen Respekt vor seinem älteren Bruder hat.

EMAD: Der große Hurensohn hat angefangen, den kleinen Hurensohn zu erwürgen.

JUSSUF: Ich kenne dich, Emad ..., niemand auf der ganzen Welt kennt dich so gut wie ich. Pass bloß auf!

EMAD: Ich passe sowieso auf. Aber nicht, weil du mich kennst, sondern weil ich dich kenne.

(Jussuf steht auf, Omar stellt sich ihm entgegen und schreit so laut er kann. Jussuf geht auf seinen Platz zurück.)

OMAR: Sobald ich nervös werde, fange ich an zu zittern. Ich weiß nicht, warum, aber ich habe sowieso schwache Nerven. Sie schmerzen, sobald ich nervös werde oder angespannt bin. Jetzt im Moment tun sie mir sehr weh, weil ich vor euch beiden Angst habe. Ihr seid Idioten! Aber nicht, weil ihr Brüder seid und streitet, sondern weil ihr beide am Arsch seid und trotzdem streitet.

Diese Rede habe ich für jeden gehalten, der in dieser wüsten Welt am Arsch ist.

(Langes Schweigen)

JUSSUF: Mein Vater liebt mich, weil ich stark bin, weil ich bin wie er. Ich kann gut vor Leuten reden und ich mag es nicht, wenn jemand etwas falsch macht. Mein Vater hält mich für einen super Typen, ein echtes Mannsbild. Ich bin wie er, groß und dunkel. Mein Vater liebt mich, weil er weiß, dass ich hinter ihm stehe. Er weiß, dass er sich auf mich verlassen kann. Und wenn ich mit ihm rede, schaue ich ihn nicht direkt an, denn ich respektiere ihn und fürchte ihn. Ich möchte sein wie er. Ich kann auch sein wie er. Meine Frau und meine

Kinder lieben und respektieren mich, und sie fürchten mich. Mein Vater weist mich zwar manchmal vor meinen Kindern zurecht, und das ärgert mich, aber ich zeige es nicht. Ich tue so, als wäre ich glücklich und stolz darauf, dass mein Vater mich beleidigt, sogar vor ihnen, denn in Zukunft werde ich sie vor ihren Kindern zurechtweisen. Und sie werden das Gefühl haben, dass sie glücklich und stolz darüber sind. Deshalb liebt mein Vater mich. Das heißt, dass ich gewonnen habe.

EMAD: Und mich liebt meine Mutter, denn ich bin lieb, ich rede nicht viel, ich höre auf sie und bin fleißig in der Schule. Ich schaue mir mit ihr zusammen Seifenopern an und lasse mich emotional wie sie von ihnen mitreißen. Und sie liebt mich, weil ich ihr beim Spülen helfe und weil ich immer, wenn mein Vater sie schlug und sie dann auf ihr Zimmer ging, das Licht löschte und weinte, zu ihr ging und mich neben sie setzte. Ich wusste nicht, was ich tun sollte, aber ich blieb so lange neben ihr sitzen, bis sie aufhörte zu weinen. Meine Mutter liebt mich, denn wenn wir zu anderen Leuten gehen, fasse ich nichts an und mache nichts kaputt. Ich schreie nicht, und wenn mir jemand etwas gibt, nehme ich es nicht an. Wenn er aber darauf besteht, nehme ich es und sage danke. Und ich esse nicht viel, auch wenn ich furchtbar hungrig bin. Denn wenn man viel isst, halten die Leute einen für hungrig und glauben, man sei arm. Wir sind zwar arm, aber das ist ein Geheimnis, das soll niemand wissen. Und wenn wir mit dem Essen fertig sind, sagen wir danke. Meine Mutter liebt mich. Ja, sie hat mich zwar geschlagen, als sie Sexfotos bei mir fand, aber ich weiß, dass sie mich liebt, weil sie es meinem Vater nicht erzählt hat. Das würde sie nicht machen ..., er würde verrückt werden ..., er würde mich verprügeln ..., mein Vater ist brutal ..., aber auch zärtlich. Ein zärtliches Monster.

OMAR: Ich hätte fast mal jemanden umgebracht. Ich war dreizehn Jahre alt und habe Fische gezüchtet. Vielleicht habe ich damals die Fische mehr geliebt als alles andere. Einmal habe ich Geld von meinem Vater bekommen, weil ich bewiesen hatte, dass ich fleißig und wohlerzogen bin. Natürlich bin ich sofort los und habe einen Goldfisch gekauft, ein Weibchen, man konnte sehen, dass es schon bald laichen würde. Dann hätte ich ganz viele Fische. Als ich glücklich mit der Tüte mit dem Fisch darin nach Hause ging, sah ich, wie ein Kerl, der etwas älter war als ich, auf mich zukam. Er riss mir die Tüte mit dem Fisch aus der Hand, ich versuchte, sie zurückzubekommen, er entriss sie mir wieder und warf sie seinem Freund zu. Der machte das Spiel natürlich mit und verwandelte die Tüte in einen Ball. Ich fühlte mich so gedemütigt und hilflos. Nach einem kurzen Moment – ich kann mich noch sehr gut daran erinnern – habe ich nur noch den Fisch gesehen, ich habe die Augen des

Fisches gesehen, ich habe die Angst gesehen. Ich dachte mir, sie müssten sofort mit dem Spielen aufhören, egal wie. Ich habe geguckt wie ein armer Schlucker, der bittet und fleht, bis sich einer von ihnen erbarmte und mir die Tüte zurückgab, weil er angeblich Mitleid mit mir hatte. Als er näherkam, sah ich, dass es der gleiche Kerl war, der mir den Fisch gestohlen hatte. Er hielt mir die rechte Hand hin, um mir die Tüte zurückzugeben, und ich streckte meine Linke aus, um sie zu nehmen und meinem Freund zu überreichen, aber mit meiner rechten Hand riss ich ihn mit ganzer Kraft zu Boden. Stellt euch mal vor, dass ich das alles mit einer einzigen Bewegung getan habe. Ich warf mich auf ihn und würgte und würgte ihn. Ich wollte, dass er stirbt. Ich sah nur noch ihn, wie er ganz blau wurde und um Hilfe schrie. Ich wusste nicht, was ich tat, bis ich merkte, dass die Leute versuchten, ihn mir zu entreißen und es nicht schafften. Als ich das Gefühl hatte, er kriegt gar keine Luft mehr, ließ ich ihn los und trat ein Stück zurück. Ich schaute ihn eine Weile an, um ihm zu verstehen zu geben, dass ich ihn am liebsten umgebracht hätte. Dann stand er in aller Seelenruhe auf, mit gesenktem Kopf, und machte sich aus dem Staub. Ich aber ging glücklich nach Hause, weil ich das Gefühl hatte, dass ich stark sein kann. Aber ich kann mich noch gut an das Zittern meiner Hand und die Nervenschmerzen erinnern. Genau wie jetzt, ihr Mistkerle.

Ich werde jetzt schlafen und will nur eins von euch: Wenn ihr euch gegenseitig die Rübe einschlagt, dann macht es ganz still, ohne dass ich etwas merke.

(Omar legt sich auf sein Bett und versucht zu schlafen. Sehr lange Stille.)

EMAD: Mein Hals tut weh, Jussuf. Wegen dir. Also, warum hasst du mich?

JUSSUF: Weil du unmoralisch bist.

EMAD: Nein, ich bin nicht unmoralisch.

JUSSUF: Doch, du bist ein Lügner! Du lügst, weil du feige bist und nicht stark sein kannst, deshalb lügst du.

EMAD: Du kannst so sein wie ich. Du kannst so sein, dass dich alle lieben, wie sie mich lieben.

JUSSUF: Das will ich gar nicht ..., es ist mir egal, ob mich die Leute lieben.

EMAD: Und warum bist du dann traurig, wenn du allein bist?

JUSSUF: Ja, ich bin traurig, aber das ist immer noch besser als zu lügen.

EMAD: Du bereust, dass du die Universität aufgegeben hast. Du bereust, dass du früh geheiratet hast. Du bereust, dass du so jung Vater geworden bist. Du bereust, dass du jetzt deinem Vater gleichst. Du bereust, weil du keine Jeans mehr trägst und einen Bauch bekommst … Aber du sagst das alles nicht … Du hasst mich nur, weil ich das alles nicht gemacht habe, weil ich noch frei bin. Ich habe die Uni beendet und habe eine Arbeit gehabt, die mir Spaß gemacht hat. Und ich rede mit Mädchen … Du sprichst nicht mehr mit Mädchen. Du kannst das nicht, obwohl du hübscher bist als ich.

(Schweigen)

JUSSUF: Was hast du gesagt?

EMAD: Obwohl du hübscher bist als ich.

(Langes Schweigen)

JUSSUF: Vielleicht habe ich Omar aus Versehen geschlagen.

EMAD: Nein, nicht aus Versehen.

JUSSUF: Doch, aus Versehen.

EMAD: Der hat mehr gezittert als du und ich.

JUSSUF: Weil wir so hitzig waren.

EMAD: Morgen früh ruft unser Vater an.

JUSSUF: Wenn du es ihm erzählen willst, dann nur zu!

EMAD: Und was ist mit der Reise?

JUSSUF: Sie kommen auf dem Landweg.

EMAD: Nein, das geht nicht. Sie müssen fliegen, alles andere ist zu gefährlich.

(Omar steht plötzlich auf und stellt sich wieder zwischen sie. Alle drei schweigen. Die beiden Brüder scheinen so zu tun, als schliefen sie. Nach einigen Augenblicken kehrt Omar zu seinem Bett zurück. Langes Schweigen.)

JUSSUF: Ich will nach Aleppo zurück.

EMAD: Ich will raus aus dem Heim.

Omar

20. Juli 2015 Der Kampf ging glimpflich zu Ende, doch das Zimmer war halb verwüstet. Es war die letzte Nacht der beiden Brüder in diesem Heim. Am nächsten Morgen wurden sie an einen anderen Ort gebracht. Ich dachte, ich würde nun längere Zeit allein bleiben, bevor neue Zimmergenossen kämen, doch es verging keine Stunde, da brachte die Sozialarbeiterin zwei neue. Sie warfen einen Blick auf die Spuren der Zerstörung und forderten von der Sozialarbeiterin, ihnen ein anderes Zimmer zuzuweisen. Das gefiel mir. Ich beschloss, das Zimmer nicht zu putzen und die Verwüstungen der beiden Brüder nicht zu beseitigen. So gelang es mir, eine ganze Woche allein zu bleiben.

Omar

28. Juli 2015 Heute Morgen weckte mich furchtbarer Lärm. Es hieß, das Heim werde durchsucht. Niemand wusste, wonach gesucht wurde. Manche behaupteten, sie suchten nach Drogen, andere meinten, nach Geld, und wieder andere, nach Alkohol. Das war alles verboten. Ich hatte wirklich Angst, denn ich besaß Alkohol. Es war einer jener Augenblicke, in denen mein Vertrauen in meinen Verstand zurückkehrte. Ich füllte den Alkohol in eine Wasserflasche, und es sah wirklich aus wie Wasser. Als der Polizist mein Zimmer betrat, durchsuchte er es gar nicht. Aber er sah meinen Laptop und sagte erstaunt: „Aah, you have laptop …" und ging raus.

Omar

1. August 2015 Hier sind überall Flüchtlinge und alle wollen ihre Geschichte erzählen. Und alle versuchen, sie noch spannender und interessanter zu machen. Aber niemand übertreibt, wenn er erzählt, was auf dem Weg von seinem Heimatland nach Europa passiert ist. Das braucht keine Übertreibung. Das Grauen, das sie erlebt haben, reicht aus, um die Zuhörer in Erstaunen zu versetzen. Manchmal aber sind sie nicht in der Lage zu erzählen, was ihnen passiert ist. Einer verbrachte mehrere Tage im Freien im Schnee; ein anderer sah mit eigenen Augen, wie eine ganze Familie im Meer ertrank; einer erzählte, der Schleuser sei kurz davor gewesen, auf ihn zu schießen, als er sich weigerte, ins Boot zu steigen; einer war drei Stunden vor der ungarischen Polizei auf der Flucht; ein anderer wurde in Ungarn von der Polizei geschlagen, weil er sich weigerte, seine Fingerabdrücke abzugeben, um nicht in Ungarn Asyl zu beantragen, weil das seinen Asylantrag in Deutschland erschweren würde. Dieser Fingerabdruck in Ungarn war ein Grund für die Diskriminierung unter den Flüchtlingen. Wer Glück gehabt hatte oder schlauer gewesen war, hatte es nach Deutschland geschafft, ohne in Ungarn oder Mazedonien seine Fingerabdrücke abzugeben. Inmitten all dieses Durcheinanders wollte ich verhindern, dass mir jemand die Frage stellte, wie ich nach Deutschland gekommen sei. Ich wollte nicht, dass sie erfuhren, dass das Schlimmste, was ich erlebt hatte, die weniger als einstündige Verspätung meines Flugzeugs war ... Ein Schengen-Visum war eine Ausnahme, und wer so ein Visum hatte, sollte besser ruhig sein und nicht prahlen, um die Gefühle der anderen nicht zu verletzen.

Omar

22. August 2015 Alle, die mit mir zusammen in Sömmerda waren, erhielten ihre Aufenthaltserlaubnis, nur ich nicht. Ich merkte mir, um wie viel Uhr die Post kam und war noch vor dem Heimleiter am Briefkasten – aber nichts. Der einzige Satz, den der Heimleiter immer sagte, wenn er mich sah, war: „Keine Post." Das war auch der erste Satz, den ich auf Deutsch konnte: Keine Post. Er sprach diesen Satz mit Bedauern aus, und ich glaubte ihm. Ich habe nie mit diesem Mann gesprochen, denn er konnte kein Englisch und ich kein Deutsch. Aber aus irgendeinem Grund hatte ich den Eindruck, er hätte Mitgefühl mit mir und würde meine Situation verstehen. Er besorgte mir sogar ein Zimmer für mich allein, obwohl ich gar nicht darum gebeten hatte. Ich war ihm unendlich dankbar dafür.

Das Zimmer, von dem ich seit meiner Ankunft in Deutschland vor drei Monaten geträumt hatte, wurde jedoch mit der Zeit zu einem Grab. Es war ein kleines Zimmer mit Küche und Bad, aber es war so klein, dass man sich kaum darin bewegen konnte. Ich verließ das Zimmer nur, um Zigaretten, Esswaren und Bier zu kaufen. Ich war isoliert von der Außenwelt und begnügte mich damit, zu schreiben und manchmal einen Film zu sehen. Das Zimmer fraß mich auf. Es war klein und warm und dunkel. Niemand versuchte, die Grenze zu überschreiten und es zu betreten. Ich war fast glücklich dort. Ich wäre fast bereit gewesen, niemals mehr herauszukommen. Trotzdem wartete ich weiter auf meine Aufenthaltsgenehmigung. Ich lauschte genau auf die Schritte draußen und konnte die Schritte des Heimleiters identifizieren, der jeden Nachmittag um zwei Uhr kam, bei meinen Nachbarn an die Tür klopfte und die Post austeilte. Meiner Tür näherte er sich nie. Doch heute klopfte es. Ich öffnete ängstlich, er überreichte mir die Post. Aber es war nicht die Aufenthaltsgenehmigung, es war ein Roman, den ein Freund mir geschickt hatte ... *Das Totenschiff* von B. Traven.

PRODUKTION: DEUTSCHLANDRADIO KULTUR 2017.
ÜBERSETZUNG AUS DEM ARABISCHEN VON LARISSA BENDER

FÜHLEN SIE SICH WIE ZU HAUSE, ABER VERGESSEN SIE DABEI NICHT, DASS SIE ZU GAST SIND.

Auszug aus dem gleichnamigen Hörstück

ANNA SCHAPIRO

Klingeln an der Wohnung 39
Sprechanlage, durch die eine Frauenstimme spricht
ANNA

ANNA: Entschuldigen Sie, ich bin die Enkelin von Svetlana Borisovna, Anna Leonidowna Schapiro. Meine Oma hat früher hier in dieser Wohnung gelebt. Ich bin hier in dieser Wohnung geboren.

FRAUENSTIMME: Was wollen Sie von mir? Wie kann ich Ihnen helfen?

ANNA: Nun ja, wissen Sie, ich wollte einfach klingeln, vielleicht könnte ich hochkommen? Ich wollte einfach klingeln, weil ich hier aufgewachsen bin.

FRAUENSTIMME: Die Wohnung hat sich sehr verändert, wir leben seit 20 Jahren hier. Sie werden nichts erkennen.

ANNA: Ja, ich weiß, ich weiß, wie lange es her ist.

FRAUENSTIMME: Es tut mir leid, ich kann Sie nicht reinlassen. Ich habe zwei kleine Kinder und Sie sind eine fremde Person.

ANNA: Vielleicht passt es Ihnen zu einem späteren Zeitpunkt? Ich bin bis Dienstag in der Stadt und könnte auch wann anders vorbeikommen.

FRAUENSTIMME: Können Sie nicht bei Freunden klingeln? Oder bei jemand anderem? Ich kann Sie nicht reinlassen.

ANNA: Ich wohne bei Freunden, hier im Hof. Es ging mir nur darum, dass ich gerne an den Ort wollte, an dem ich geboren bin und die ersten Lebensjahre verbracht habe.

FRAUENSTIMME: Entschuldigen Sie, ich kann Ihnen wirklich nicht helfen.

ANNA: Entschuldigen Sie, ich wollte Sie nicht beängstigen oder belästigen. Alles Gute.

FRAUENSTIMME: Entschuldigen Sie.

Bei Tanja

(Sound: Aufzug, das Schlagen einer gepolsterten Tür)

TANJA

ANNA

ANNA: Ich erinnere mich, bei der Beerdigung hatten Sie erzählt, wie *sie* aus der Evakuierung hierherkam.

TANJA: Weißt du, *sie* ist hierhergekommen, wir hatten hier unser Kollektiv, wir waren ungefähr sieben, acht Jahre alt. Da kommt Svetlana, die Tochter eines Fabrik-Direktors, die Tochter eines Generals. Und ich, ich war mit ihrer Cousine Ína befreundet, sie war meine beste Freundin. Und dann wurde Ína erklärt ...

(Pause, sie überlegt)

Sie hat hier in der Wohnung gelebt. Solange sie nicht da waren, haben sie hier in der Wohnung gelebt. Also lebten wir auf derselben Etage. Und dann wurde Ína erklärt, dass familiäre Bindungen eben viel wichtiger sind als irgendwelche, irgendwelche anderen. Es war nicht so, dass wir uns ausgefreundschaftet hätten, ein Streit oder Ähnliches, ihr wurde einfach klargemacht, dass sie mit Svetlana befreundet sein sollte. Naja, und sie waren ... nun ja, nicht abhängig, aber eben doch abhängig – vom Materiellen her, von Allem her ... Deswegen habe ich natürlich ... auf Svetlana, naja.

ANNA: Sagen Sie, sind Sie denn auch hier im Haus geboren?

TANJA: Ja.

ANNA: Und wo waren Sie dann während des Krieges? Doch nicht etwa hier? Waren Sie auch in der Evakuierung?

TANJA: Wir waren in Molotov, heute heißt das Perm. Na also. Also Sveta, muss man sagen, hat sich hier natürlich verhalten wie die Tochter eines Generals, wie die Tochter eines Fabrikdirektors, mit gehobener Nase, und dann hat sich alles irgendwie gelegt. Mich hat Sevatlanas Mann, na Opa Tolja, wir haben uns gut verstanden, er hat mich irgendwann mal gefragt: „Tanja, warum sind Sie früher nicht mit Svetlana klargekommen?" Ich sagte: „Tolja, ich war die erste Wichtigtuerin des Hofs und dann kam Svetlana, die Generalstochter, da sind wir aneinandergeraten." Da hat er gelacht.

ANNA: Und das im Alter von acht Jahren!

TANJA: Jaaa, so sieben, acht, neun, als wir im Hof spielten, dann war das irgendwie kein Thema mehr mit dem Hof. Dann haben wir aufgehört, im Hof zu spielen. Aber früher, da haben wir sehr gut im Hof gespielt, wir haben klassische Sachen gemacht, wir haben Verbrecher gespielt, was haben wir bloß nicht gespielt! Wir hatten einen sehr guten Hof. Und dann irgendwie, also befreundet haben wir uns tatsächlich erst viel später. Svetlana hatte ein außergewöhnliches Gespür für Humor. Und überhaupt, sogar als die erste Wichtigtuerin des Hofs *waabrazhala* und die Generalstochter sich trafen, ja eigentlich sogar dann, du kannst es dir ja selbst vorstellen, wenn man mit einem Menschen zu tun hat mit viel Humor, das ist immer angenehm. Also hatten wir immer mehr und mehr miteinander zu tun. Später mochte ich Tolja auch sehr gerne, er war sehr gut. Überhaupt als die Wohnung renoviert wurde, im Jahre 75/76, da sind wir uns alle irgendwie nähergekommen. Ich glaube, er hat sich damals mit Urologie beschäftigt oder mit Nierentuberkulose, und einer der Frauen, einer Malerin, die die Wohnung gestrichen hatte, oder so ähnlich und sie war auch seine Patientin. Also, sie hat ihn erhöht bis in den Himmel. Er hat das Krankenzimmer verwandelt: „Wenn ihr morgens das Bett macht, legt euch nicht mehr hin, lauft rum, bewegt euch, geht spazieren, unterhaltet euch, macht, was ihr wollt. Liegt nicht rum!" Verstehst du, er hat sie sehr motiviert, und sie waren ihm unglaublich dankbar. Svetlana war im Labor, sie hat ein Labor geleitet, aber Tolja – er war behandelnder Arzt und man sagte, er sei einfach ein Arzt von Gott. Und dann kam dein Vater in die Universität und in den Ferien arbeitete er, er arbeitete also, nicht als Krankenpfleger, aber wie ein Krankenpfleger. Und über ihn sprach man genauso.

(Sie stoppt, schaut auf den Tisch. Und spricht gleich weiter)

Ich bitte dich! Iss ein Stückchen Kuchen!

Also dein Vater wurde auch so in den Himmel gehoben. Man hört ja immer etwas, die Leute reden immer etwas. Ljonja hat mir schon immer sehr gut gefallen. Man sagte, er hätte unglaublich feine Hände, dass, wenn er eine Spritze setzt, niemand Schmerzen verspüre.

Also soweit ich mich erinnern kann, hat er so zwei oder drei Sommer gearbeitet, Uni und im Sommer Arbeit, kannst du dir das vorstellen? Deswegen war er immer ein fabelhafter Arzt, zudem ist er ein fabelhafter Mensch.

(Ihr Handy klingelt)

Ah, das ist eine Erinnerung, dass ich morgen zum Arzt muss.

(Sie stockt, schaut auf ihr Handy)

Und dann deine Mutter, sie wollte unbedingt weg, als sie geheiratet haben, als sie hier eingezogen sind. Ljonja wollte nicht, dein Vater wollte nun gar nicht. Er hatte hier seine Freunde, er hatte Arbeit, er wurde hier sehr hoch geschätzt. Er war auch in der Urologie, wie genau weiß ich nicht, aber er wurde sehr geschätzt.

Und, verstehst du, ich erinnere mich, ich bin einmal zur Bank gegangen, hier am Novodewjetschijemu-Kloster, da habe ich deine Mutter und Ljonja getroffen. Weißt du, sie gingen, und sie sahen aus, umgekippt sahen sie aus, furchtbare Gesichter. Also, wahrscheinlich haben sie über die Abreise gesprochen. Als Ljonja weggefahren ist, also Sveta war natürlich *gar nicht mehr*, zu dem Zeitpunkt war Tolja schon gestorben, sie blieb alleine in dieser Wohnung. So, in dieser Zeit haben wir uns angefreundet, als sie alleine blieb.

Und früher, weißt du, als alle noch lebten und wir mehr oder weniger jung waren, da haben wir uns besucht, sind zu Neujahr zueinander gegangen.

Als Sveta alleine blieb, das war natürlich sehr schwer für sie, dann diese Perestrojka.

Deine Oma war, wie soll ich dir sagen, *umnitza*, ein kluger Kopf. Ihre Dissertation hat sie gemacht, sie war eine zweifache Doktorin der Naturwissenschaften, und ihr wurde damals gesagt, also ... Das Labor verdiente, Geld, sie führte Bestellungen aus oder so ähnlich, wissenschaftliche Bestellungen. Und ihr sagte die Leitung: „Svetlana Borisovna, dieses Geld, das geben sie uns und wir teilen es.“ Und Sveta sagte: „Dieses Geld, das kriegen meine Mitarbeiter.“ Es war die Zeit der Perestrojka.

Ich habe im Institut der Raumfahrt gearbeitet, wir hatten gute Gehälter. Und als die Perestrojka anfing, bekam die Leitung die Möglichkeit, sich selbst mehr Geld zu nehmen.

Einspiel aus Der Meister und Margarita: *Sie sind Menschen wie andere auch. Sie lieben das Geld, aber das war schon immer so.* [...] *Ein bisschen leichtsinnig sind sie vielleicht ... Warum nicht ... Manchmal klopft Barmherzigkeit in ihrer Brust. ... Gewöhnliche Menschen. Erinnern an die von früher, bloß die Wohnungsfrage hat sie verdorben.*

TANJA: Weißt du, man sagt ja, die Wohnungsfrage. Hast du Bulgakov gelesen?

ANNA: Ja, natürlich.

TANJA: Man sagt, die Wohnungsfrage, nein, Geld hat die Menschen so sehr verändert.

Verstehst du, wir waren alle Freunde, alles war so ...

Aber wenn es die Möglichkeit gibt, sich mehr zu schnappen, dass du dich kompromittieren würdest in den Augen der Leute, berührte das niemanden. Zu schnappen. Einige, nicht alle, nicht alle. Und Svetlana begegnete das gleiche. Von ihr wurde verlangt, dass sie im Labor arbeitet, und ihr wurde versprochen, den Geldfluss zu erhöhen, und man brauchte ja das Geld damals, um existieren zu können.

Zum Beispiel bei uns im Labor – wir erfüllten die Aufträge der Fabriken und als das alles anfing, wurde uns von den Fabriken gesagt, dass sie uns keine Aufträge mehr geben können, weil sie die jungen Leute unterstützen müssten. Und bei uns fielen natürlich die Gehälter und dasselbe war natürlich überall. Auf Svetlana wurde sehr viel Druck ausgeübt, aber sie beugte sich nicht, sie blieb standhaft.

Im Anschluss wurde ihr gesagt:

„Dorogaja, schla by t“

„Verehrte, gehen solltest du“

Sie wurde auf die Straße gesetzt. Zur Rente.

Und sie wollte ihre Spiele nicht spielen. Sie war *Molodetz*.

Und sie blieb hier alleine, ohne Arbeit, Rente. Für die Wohnung musst du bezahlen, für alles musst du bezahlen, verstehst du?

Natürlich hat sie euch alle sehr vermisst, Ljonja, euch.

Und als sie sich entschied, zu Ljonja zu fahren, war das auch eine unglaublich lustige Geschichte. Die Wohnungen damals kosteten sehr viel und sie verkaufte sie gut. Und mit ihrem Stolz, sie war ja auch sehr stolz, verkündetet sie: „Ich brauche eure Sozialleistungen nicht, ich habe mein eigenes Geld."

Und so aß sie die Wohnung auf, in den ersten Jahren in Deutschland.

Übrigens, sie hatte auch vor der Abreise, hier erinnere ich mich nicht mehr ganz genau, aber in etwa so: Sie war in der deutschen Botschaft, um die Papiere für die Einreise zu bekommen und dort wurde ihr gesagt: „Wir geben Ihnen die Papiere nicht, da wir wissen, sie werden nach Israel fahren." Sveta sagte: „Ich will nicht nach Israel, ich will zu meinem Sohn nach Deutschland." „Nein, nein, wir wissen, dass sie weiter nach Israel wollen", sagte irgendeine Frau aus der deutschen Botschaft. Und Svetlana, sie nahm Kontakt auf und da ist sie auf einen sehr guten Mann gestoßen in der israelischen Botschaft, er hat wahnsinnig gelacht, als er die Geschichte gehört hatte. Und dann schrieben sie einen humorvoll-vernichtenden Brief, dass sie nicht nach Israel wolle – ich erinnere mich nicht mehr genau, wie der aussah, aber wir haben unheimlich gelacht.

Am Fenster, in Tante Olgas Küche in Moskau

TANTE OLGA
ANNA

OLGA: Die erste Zeit habe ich hier aus dem Fenster in den Hof geschaut und mich umgesehen, wo deine Mutter ist.

Sie war immer im Hof, deine Schwester hat gespielt, während du im Kinderwagen geschlafen hast.

Und sie, sie hat währenddessen mit allen hier gesprochen.

Sie kannte hier alle.

Du kennst sie ja, was soll ich dir sagen?

Es war leer ohne sie.

Und so stand ich die erste Zeit nach eurer Abreise hier am Fenster und habe mich umgesehen, wo deine Mutter ist.

Und jetzt kommst du hierher und siehst aus wie ein Mix aus Swetlana und Marina - eine unvereinbare Mischung.

Du siehst aus wie Sweta und verhältst dich dabei wie deine Mutter. Hast du wirklich bei den Nachbarn geklingelt und gefragt, ob du reinkommen darfst?

ANNA: Sie haben mich weggeschickt, keine Sorge (*lacht*), dafür hat Tanja mich reingelassen, die Nachbarin. Sie lebt auch hier, seitdem sie aus der Evakuierung zurückgekommen ist.

OLGA: Ah, diese Frau, die auch bei der Beerdigung war?

ANNA: Ja, genau diese, sie hat mir so viel erzählt!

Irgendwo
JEMAND
JONAS MEKAS
SWEETY
ANNA-ERZÄHLERIN
MAMA

JEMAND: *Weißt du Anna, was das Graben in der Vergangenheit angeht. (Pause) Warum interessierst du dich überhaupt dafür?*

JONAS MEKAS AUS *REMINISCENCES OF A JOURNEY TO LITHUANIA*: „And almost, and maybe, it was for the first time, as we were walking through the woods, that early fall day for the first time I did not feel alone in America. Like I felt there was the ground, there was earth, and leaves, and trees, and people. And like I was slowly becoming a part of it. It was a moment when I forgot home. This was the beginning, my new home. 'Hey, I escaped the ropes of time, once more,' I said. I walked the streets of Brooklyn, but the memories, the smells, the sounds that I was remembering were not from Brooklyn. Somewhere at the end of Atlantic Avenue, somewhere there they used to have their picnics. I used to watch them, the old immigrants, and the new ones. And they looked to me like some sad, dying animals in a place they didn't exactly belong to, in a place they didn't recognize.

They were there, on the Atlantic Avenue, but they were completely somewhere else.

ANNA-ERZÄHLERIN: Sie leben hier, sie arbeiten als Ärzte, Lehrer, sie haben es ihnen eben doch am Ende gezeigt – *gde Raki simujut* – wo die Krebse überwintern.

Sie laufen *diese* Straße entlang, sie fahren in ihrem Auto durch eine deutsche Landschaft – nur befindet sich in ihrem Auto ein Innenraum aus einer anderen Landschaft. In diesem Innenraum wird eine andere Sprache gesprochen.

Eine melancholische, für die es außerhalb dieses Autos keinen Raum gibt, vielleicht weil sie mit Depression verwechselt wird. Dabei ist sie Lebensgefühl und Antrieb dieses Fahrzeugs.

SWEETY/SWETA: Ich bevorzuge ein Gespräch mit mir selbst, als ein Gespräch mit einer ungebildeten Person.

ANNA-ERZÄHLERIN *(flüstert)*: Pflegte Sie zu sagen.

ANNA-ERZÄHLERIN: Wir spielten auch klassische Sachen. Apfel oder Streich, das war neu für uns in Deutschland.

Oder: als Mutprobe eine Stange Rhabarber ausreißen, in sie reinbeißen und wieder ausspucken. Dabei gab es Gerüchte, der sei giftig, was die Mutprobe noch herausragender machte. Der Rhabarber wuchs vor unserem Heim, in dem Gärtchen, das zum Wilhelmsturm führte.

Als wir, meine große Schwester und ich, diesen Rhabarber später auf einem deutschen Blechkuchen entdeckten, fanden wir das unvorstellbar eklig.

Als gut erzogene und gut gekämmte Kinder aßen wir ihn trotzdem.

Später fragte ich meine Mutter, wie das alles für sie gewesen sei. Und sie erzählte folgende Geschichte:

MAMA: Immer dienstags, immer um 14 Uhr kam Frau Heinrich in das Heim, sie besuchte jede Familie, sie fing unten an und klopfe bei allen, bis sie oben im dritten Stock angekommen war. Alle ließen sie herein, und da es Mittagszeit war, luden sie auch alle zum Essen ein, und so aß sie bei allen Bewohnern, in allen drei Stockwerken. Sie ließ niemals eine Tür aus. Wir alle waren uns sicher, dass Frau Heinrich selbst keine Familie hatte und sehr hungrig sein musste, denn sie kam weiterhin jeden Dienstag um 14 Uhr ins Heim.

Und jetzt, letzte Woche, sehe ich Frau Heinrich auf der Straße, sie erkennt mich nicht, und plötzlich verstehe ich: Frau Heinrich war Sozialarbeiterin! *(Lacht)*

ANNA-ERZÄHLERIN: Später frage ich mich, was aus unserem Heim in der Hauptstraße 64 geworden war, und besuche es. Ich gehe also rein, in den dritten Stock, um an unserer Zimmertür zu klopfen.

Ein Mann öffnete die Tür, sichtlich genervt darüber, dass ich vor seiner Tür stehe.

Da es mir ohne eine gemeinsame Sprache nicht gelingt zu erklären, dass ich auch mal in dem Zimmer gewohnt habe, stehe ich kurz darauf wieder alleine im Flur.

Ein anderer Nachbar kommt aus dem Zimmer, in dem unsere Freundin Annetta gewohnt hatte. Er fragt mich, was ich hier mache. Wir sprechen Englisch, ich erkläre ihm die Lage. Er lädt mich zum Tee ein. Wir sitzen in seinem Zimmer, vier Hochbetten aus Holz, vier Männer und ich.

Ich frage sie aus, sie fragen mich aus. Dabei merke ich, dass die Frauen im Haus fehlen – und auch ihnen fehlen ihre Liebsten, ihre Familien, ihre Frauen.

Zu unserer Zeit war die Küche voll, immer gab es jemanden, der kochte. Immer wussten wir, wo wir was abstauben konnten: Vanille-Pudding, mit dem Erik sich unter der Treppe versteckte, um ihn in Ruhe zu essen, 10 bis 50 Pfennig für den Kaugummi-Automaten oder eine Kugel Eis. Einen Marienkäfer als Haustier in einer Margarine-Packung.

Eben alles. Während die Erwachsenen mit Ankommen beschäftigt waren, hatten wir Kinder plötzlich neue Freiheiten, schließlich konnte man auf der Hauptstraße in Dillenburg nicht so leicht überfahren werden wie auf einer Sechsspurigen in Moskau.

Bei Irina

ANNA
IRINA

ANNA: Und Sie? Sagen Sie, wie sind Sie hier gelandet?

IRINA: Bei uns war ja alles ganz anders. Also bei den Deutschen als bei den Juden. Wir kamen hier an und haben sofort einen Personalausweis bekommen.

Und dann: Bitteschön, macht was ihr wollt!

Wir hatten ja keine Ahnung, von nichts hatten wir Ahnung, wie das alles hier funktioniert.

Wir kamen aus Sibirien. Drei Tage und Nächte mit dem Bus bis Moskau, und von dort weiter drei Tage und Nächte mit dem Bus bis in die Erstaufnahme. Dort blieben wir erstmal und mussten uns orientieren. Wir bettelten, nicht nach Dresden zu kommen. Ich weiß nicht warum, aber zu dem Zeitpunkt schickten sie alle nach Dresden. Wir wollten nach Hessen. Dort hatten wir eine Verwandte. Und so kamen wir hier hin. Mit dem Zug nach Kassel, dann Gießen, dann Herborn, dann mussten wir den Bus nehmen, und der Busfahrer weigerte sich, uns mitzunehmen. Da hielt ich es nicht mehr aus, ich konnte nicht mehr. In jeden Zug mussten wir nicht nur unsere Koffer heben, sondern auch meine Mutter, sie konnte kaum laufen. Ich rief also die Verwandtschaft an, das war eben der Umgang: So wenig helfen wie möglich, damit wir schnell selbstständig würden.

(Das sagt sie, und ihre Stimme klingt, als sei sie bis heute schockiert über so viel Kälte.)

4 — ד

VERGESSEN, ÜBERSEHEN, VERDRÄNGT, AUFGEFALLEN

FestivALT

MICHAEL RUBENFELD / JASON FRANCISCO /
MAGDALENA RUBENFELD KORALEWSKA

FestivALT ist ein Programm radikaler jüdischer Kunstinitiativen für das Polen der Gegenwart. FestivALT vereint Theater, bildende Künste, aktivistische Intervention, standortspezifische Performancekunst und Gespräche mit der Community; es bringt so Witz, Skeptizismus und ein bisschen Chuzpe in die Schwere, die das Jüdische im heutigen Polen (häufig) begleitet. Von den jüdischen Künstler*innen und Denker*innen Jason Francisco, Maia Ipp, Magdalena Rubenfeld Koralewska und Michael Rubenfeld ins Leben gerufen, entstand FestivALT zum Teil als Reaktion auf das bestehende jüdische Establishment in Krakau und Polen – sowohl das kulturelle als auch das institutionelle. Die Urheber*innen teilten den Wunsch nach einem Raum für kritische Kunst, der ihres Erachtens in Krakau und Polen bis dahin nicht existierte.

FestivALT ist eine unabhängige Kunstinitiative, die nicht zufällig parallel zum jährlichen Festival Jüdischer Kultur in Krakau stattfindet. Es fokussiert die Schnittstelle, an der die historischen Kräfte des Holocaust, der sowjetischen Unterdrückung und die aktuellen Dynamiken von Tourismus und Gentrifizierung sich verbinden und auf eine Erneuerung jüdischen Lebens und polnisch-jüdischer Identität in der Gegenwart treffen.

2018 präsentierte FestivALT 12 Kunstprojekte, darunter *Heilpflanzen von Plaszow*, eine Kunstintervention, die nach dem aktuellen Zustand des Konzentrationslagers von Plaszow und seiner Position im ‚städtischen Bewusstsein' fragt. Das absurde Live-Kunstprojekt *Glücksjuden* ist eine Antwort auf die auch heute noch gepflegte polnische Tradition, antisemitischen Stereotypen entsprechende Bilder von Geld zählenden Juden als Glücksbringer zu kaufen und an die Wand zu hängen.

Im Jahr 2019 findet das FestivALT vom 22. bis zum 30. Juni in Krakau, Polen statt. Das Programm kann unter www.festivalt.com eingesehen werden.

AUS DEM ENGLISCHEN VON EWGENIA BARABOJ

ÜBERSEHENE KÄMPFE

Fritz Bauers Einsatz für die Strafrechtsreform

WERNER RENZ

Anfang der 1960er Jahre war die Bundesrepublik auf dem Weg in einen bigotten Sittlichkeitsstaat. Die von der Adenauer-Regierung 1954 eingesetzte Große Strafrechtskommission legte Einwürfe vor, die die im Strafgesetzbuch kodifizierten „Verbrechen und Vergehen wider die Sittlichkeit" zum Teil verschärften. Das von der Bundestagsmehrheit vorgesehene Rollback in Sachen ‚Wertordnung' und ‚Sittengesetz' rief liberale Reformer auf den Plan. Den Eiferern gegen die vorgeblich bundesweit praktizierte ‚Unzucht' galt es entgegenzutreten. Die Reformer stritten für eine permissive Gesellschaft. Der Strafgewalt des Staates waren gerade auf dem Gebiet des Sexualstrafrechts Grenzen zu setzen.

Wogegen richtete sich der Furor der konservativen Sittenwächter? Verlobte, gar nur befreundete Menschen schliefen miteinander. Männer und Frauen tätigten Seitensprünge, will sagen: begingen Ehebruch. Ehepaare hatten Geschlechtsverkehr ohne Fortpflanzungsabsicht. Männer verkehrten gleichgeschlechtlich. All dies und vieles mehr bedrohte nach Auffassung der Sittlichkeitsapostel die ‚Wertordnung' unserer Gesellschaft, brachte Zerfall und Verderbnis. Wohl und Gesundheit des deutschen Volkes standen vorgeblich auf dem Spiel.

Das Taschenbuch *Sexualität und Verbrechen* mit einer Auflage von 50.000 Exemplaren lieferte Argumente für eine kritische Auseinandersetzung mit der restaurativen Politik. Das überkommene Recht mit seinen repressiven Normen war zu ersetzen durch ein liberales Recht, das die Intimsphäre des selbstbestimmten Individuums unangetastet ließ. Theodor W. Adorno trat für die Abschaffung des „abscheuliche[n] Homosexuellenparagraph[en]" ein, der sich zur Bestürzung vieler „ins befreite Deutschland hinübergerettet"[1] habe. Herbert Jäger schrieb angesichts der rechtspolitischen Vorhaben der Bundesregierung, es mache sich „ganz allgemein eine Pathologie der Gesetzgebung bemerkbar".[2] Ulrich Klug vermisste bei den vorgeblichen Reformvorhaben der Bundestagsmehrheit das durch das Grundgesetz gebotene Prinzip „in dubio pro libertate".[3] Die gesetzlichen Regelungen des Sexualstrafrechts hatten sich auf Fälle zu beschränken, deren Strafwürdigkeit nicht sinnvoll bezweifelt werden kann. Zweifel an der Rechtfertigung der behaupteten Strafbarkeit mussten im Sinne der Freiheitsvermutung dazu führen, vom gesetzlichen Eingriff, vom staatlichen Strafen abzusehen. Für die liberalen Autoren des Buchs war ein modernes, an den Erfahrungswissenschaften ausgerichtetes Strafrecht „das allerletzte Mittel zum Schutz der notwendigen Ordnung".[4] Der Psychologe Wolfgang Hochheimer warnte vor dem leichtfertig praktizierten Rekurs auf ein vorgebliches „Volksempfinden", das die in Bonn Regierenden meinten, zum Maßstab ihrer Rechtspolitik machen zu können.[5] Die Kritiker des überkommenen Sexualstrafrechts hatten Erfolg. Die konservativen Entwürfe wurden nie Gesetz. 1969 liberalisierte der Gesetzgeber endlich das Strafrecht. Die längst gebotene Reform setzte sich zu Zeiten der sozial-liberalen Koalition in den 1970er Jahren fort.

Fritz Bauer / Hans Bürger-Prinz / Hans Giese / Herbert Jäger (Hrsg.): *Sexualität und Verbrechen. Beiträge zur Strafrechtsreform.* Frankfurt am Main: Fischer 1963, 438 Seiten.

1 Theodor W. Adorno: Sexualtabus und Recht heute. In: Fritz Bauer / Hans Bürger-Prinz / Hans Giese / Herbert Jäger (Hrsg.): *Sexualität und Verbrechen. Beiträge zur Strafrechtsreform.* Frankfurt am Main: Fischer 1963, S. 299–317, hier S. 307.

2 Herbert Jäger: Strafrechtspolitik und Wissenschaft. In: Ebd., S. 273–298, hier S. 292.

3 Ulrich Klug: Rechtsphilosophische und rechtspolitische Probleme des Sexualstrafrechts. In: Ebd., S. 27–47, hier S. 31.

4 Jäger: Strafrechtspolitik und Wissenschaft, S. 297.

5 Wolfgang Hochheimer: Das Sexualstrafrecht in psychologisch-anthropologischer Sicht. In: Bauer / Bürger-Prinz / Giese / Jäger (Hrsg.): *Sexualität und Verbrechen*, S. 84–117, hier S. 93.

EIN OFFENER BRIEF AUS NEW YORK AN HENRYK BRODER UND DIE *TAZ*

ATINA GROSSMANN

Der folgende Artikel erschien am 21. Mai 1981 in der Berliner *taz*. In einem Gespräch mit Atina Grossmann zum Thema Exile kamen wir über Umwege auf diesen Text zu sprechen und entschlossen uns, ihn in die vorliegende *Jalta*-Ausgabe aufzunehmen. In einer Email beschreibt Grossmann den Kontext, in dem der Artikel entstand:

> *Es war mir schon damals klar, dass der Ausweg, den Broder sich vorstellte, keiner war. Und dass seine Auswanderung nach Israel oder sein Versuch, es in New York zu schaffen, keine Lösung (oder Erlösung) boten. Als Broder dann Anfang des Jahres eine Rede vor der AfD-Bundestagsfraktion hielt, erinnerte ich mich wieder an diesen Text. Und dass diese Gegenwart ein Teil der Geschichte ist, die ich in meinem Brief versuchte zu beschreiben. Dass die taz den ‚Brief' veröffentlichte, war damals ein kleines Ereignis. Es ist gut, den Brief noch einmal abzudrucken. Allein, damit wir verstehen, dass die gegenwärtigen Entwicklungen eine Geschichte haben. Der Brief ist zugleich eine Analyse dieser Geschichte und ein Teil von ihr.*

Lieber Henryk,
Ich kenne Dich nicht, will Dich auch eigentlich gar nicht kennen, weil ich das Gefühl habe, daß wir uns nicht besonders mögen würden, daß Du mich vielleicht gar nicht ernst nehmen würdest; ich, als in New York geborene und aufgewachsene Tochter von Yekkes (deutsche, entgegen ost-europäische Juden), ich, die sich als Amerikanerin, Linke, Nicht-Zionistin, und Feministin, sowie jüdische Frau definiert. Und noch dazu auf alle Identitäten gleichzeitig bestehe. Außerdem bin ich eher das Gegenteil von vollbusig.

DEUTSCH – JÜDISCH – AMERIKANISCH Und doch, was Du schreibst, in *Der Zeit* und im *Spiegel*[-]Interview, fasziniert mich, ärgert mich, spricht mich an, BETRIFFT MICH. Als New Yorkerin und Kind von Eltern, die es geschafft haben, über viele abenteuerliche Umwege und mit vielen die zurück blieben und nicht überlebten, die ich nur aus alten Photos und den Rote[-]Kreuz[-]Deportations[-]Listen kenne, aus Berlin nach Amerika zu entfliehen, bin auch ich für ein paar Jahre nach Deutschland „zurück" gegangen um die Spuren von alten Geschichten, Nostalgien und Alpträumen zu erforschen. Deutschland ließ auch mich nicht los, weil es meine Eltern nicht losließ. Zuhause auf der Upper West Side von Manhattan wurde nur Deutsch gesprochen, die Freunde meiner Eltern waren alle Emigranten, der **Aufbau** (deutsch-jüdische Zeitung in New York gedruckt) kam pünktlich jede Woche, – der Kinderarzt, der Zahnarzt, der Schuhverkäufer, der Schlächter – alle waren sie deutsche Juden, eine ganze Wohngegend in Washington Heights hieß zynisch das „Vierte Reich", jahrelang gab der Rabbiner seine Predigten auf Deutsch, mein Vater war Wiedergutmachungsanwalt und hatte seinen Stammtisch im Café Eclair, wo der Gugelhupf besonders gut war.

Aber dennoch war ich das „amerikanische Kind", nie wie Du Dich beschreibst, das „Judenkind" im Land der Peiniger. Als ich deutschsprachig in den Kindergarten kam, war das ethnisch und rassisch gemischte New Yorker Schulsystem auf sowas vorbereitet: ich kam in die „non English speaking"-Klasse und lernte vergnügt puertorikanisches Spanisch. Indem meine Eltern an ihrer alten Sprache und Traditionen hingen, waren sie nicht viel anders als alle anderen Generationen und Gruppen, die nach Amerika eingewandert und geflüchtet sind (obwohl vielleicht ein wenig arroganter gegenüber ihrer neuen Heimat – Berlinern der zwanziger Jahre erschien der ganze Rest der westlichen Welt als kleinbürgerlich!). Kaum einer meiner Spielkameraden und Freunde war „echter " Amerikaner, mindestens die Großeltern, wenn nicht die Eltern waren woanders geboren, alle konnten sie ein bißchen Yiddisch, Spanisch, Deutsch oder was auch immer. Und damit verstanden wir uns gerade als „amerikanisch". Daß es möglich ist, Amerikaner mit

Bindestrich zu sein – Black-American, Italian-American, Irish-, Hispanic-, Jewish-American usw. war uns selbstverständlich. In USA gibt es wohl Rassismus, aber keine Volksgemeinschaft.

DIE ANDERE PERSPEKTIVE Daß in Deutschland die Volksgemeinschaft munter und ziemlich unhinterfragt weiter existiert, war für mich der Schock meines ca. dreijährigen Deutschland-Aufenthaltes. Du hast diese Tatsache wohl täglich erlebt. Ich entdeckte in Berlin, der ehemaligen Weltstadt deutsch-jüdischer Kultur der Weimarer Republik, zum ersten Mal, was für ein unwahrscheinlicher Luxus es ist, als Jude in New York aufzuwachsen und zu leben. Ich lernte zum ersten Mal meine „Normalität", mein ganz klares Nicht-Exotendasein als jüdische Frau zu schätzen, das sich entwickelt hatte, eben nicht in einem umkämpften „jüdischen Staat", sondern in der „Diaspora", umgeben nicht nur von einer Zahl Juden, die bekanntlich größer ist als in Israel, sondern auch den vielen anderen ethnischen und rassischen Gruppen, die alle versuchten, ihre heterogenen Identitäten als Bereicherung und nicht als Last zu begreifen und auszuleben. Das war mein Glück. Deine Situation war ganz anders. Aber dazu mehr nachher.

Durch meine Jahre in Deutschland (1975–1978) kann ich anfangen zu verstehen und mitzuempfinden, was Du sagst. Und auch zu verstehen, wo ich mich ganz entschieden von Dir unterscheide. Auch ich habe gemerkt, daß ich als Jude, nicht nur als Ausländerin, in Deutschland nicht leben kann, obwohl Deutsch sozusagen meine Muttersprache ist, obwohl ich deutsche Geschichte [er]forsche und lehre, obwohl mein Freund Deutscher ist, obwohl ich in Deutschland Freunde und sogar Verwandte habe – daß es mich, um es kurz zu sagen, kaputt zu machen drohte. Auch in den Kneipen und Veranstaltungen der Berliner Szene, vielleicht gerade dort, weil ich dort anderes erwarten wollte, konnte ich der Volksgemeinschaft und ihren, alles Andersartige zu vernichtenden, Ansprüchen nicht entgehen. Nur mit dem Unterschied, daß ich zurückfahren konnte, nicht in ein für mich fremdes Land mit fremder Sprache –, Israel – sondern nachhause nach New York.

DIE DEUTSCHEN UND DAS ANDERE I Daß es nach Ausschwitz für Deutsche in Deutschland keine „Normalität" geben kann (von Türken, Italienern, [J]ugoslawen usw. ganz zu schweigen), habe ich sehr schnell mitgekriegt. Z. B.: in der erbitterten Rigidität der Auseinandersetzungen zwischen den Generationen und Geschlechtern, in der sprachlosen Geschichtslosigkeit meiner Bekannten (die oft selbst Historiker waren), die von dem Leben ihrer Eltern wenig wußten und/oder wissen wollen, in der vollkommen übertriebenen Härte (ich möchte sagen: Brutalität – oder was dasselbe ist, das bewußt übertriebene „Softsein") von politischen und persönlichen Auseinandersetzungen, wo ich immer als die pragmatische amerikanische Opportunistin angeprangert wurde, unfähig

Konflikte auszuhalten, wo es mir schien, daß ich einfach menschlich und kompromißfähig war. Bei den Leuten aus der Szene (oder Szenen, da es wohl nicht mehr modisch ist, links zu sein – scheinbar auch für Dich nicht), die meinten, sie hätten mit der jüngsten deutschen Vergangenheit gebrochen, weil sie nur noch zu Weihnachten zu ihren Familien gingen und in Wohngemeinschaften statt der „faschistischen" Kleinfamilie lebten. Vor solch törichter Bewußtlosigkeit, vor einer solchen massiven Weigerung, die eigene Sozialisation – nämlich von Eltern, die im Dritten Reich groß geworden sind – zu konfrontieren, kriegte ich einfach Angst. Aber andererseits woher sollten sie schon? Leute wie Du, die sie zu solchen unangenehmen Überlegungen hätten zwingen können (vielleicht), gab es kaum. Und lange Zeit wolltest Du es auch nicht tun, wolltest normal und integriert sein. Das war schließlich der Triumph des Nationalsozialismus: die offensichtlichste und störendste Minderheit in Deutschland, die Juden, wurden ins Exil gezwungen oder ausgerottet. Deutschland, zumindest die Deutschen (ausländische „Mitbürger" sind ja immerhin Ausländer und sehen Gott sei Dank, auch danach aus) bleiben „Arisch" [*sic*]. Wenn da noch hin und wieder ein paar Juden überlebt haben, zurückgekehrt sind oder aus den DP Camps und den osteuropäischen Ländern in Deutschland gelandet sind, dann sollen sie sich gefälligst unauffällig und nicht störend verhalten, in ihren Gemeinden merkwürdige Rituale abziehen, wenn's sein muß, sich zu offiziellen anti-faschistischen Gedenktagen melden und ansonsten nach Israel abhauen, wo sie hingehören und sich sowieso besser fühlen werden. Was dabei nicht gesagt wird, ist, daß es die DEUTSCHEN sind, die sich dabei besser fühlen, die so den letzten Rest Störfaktor, Erinnerung an eine unliebsame Vergangenheit, loswerden.

Und außerdem gab es ja soviel Wichtigeres, Dringenderes zu tun; Studentenbewegung, Vietnam, Chile, die Faschismus-Debatte, wo vor lauter Ableitung über Kapital und Arbeiterklasse Holocaust, Rassismus und Anti-Semitismus merkwürdigerweise kaum erwähnt wurden. Auch mein Unrechtsbewußtsein hat ganz klar seine Wurzeln in Ausschwitz und Buchenwald, aber das war für mich nie getrennt von z. B. Vietnam und der Bürgerrechtsbewegung. Ich ging von klein an immer davon aus, daß Rassismus, Faschismus und Imperialismus auch mich treffen konnten, daß es daher in meinem ganz eigenen Interesse war, mich politisch zu engagieren, mich als links zu identifizieren. Das habe ich von meinen Eltern gelernt, nicht wie Du scheinbar, vorsichtig und ängstlich zu sein. Meine Politisierung hat sich mit diesen fließenden Übergängen entwickelt – ohne den besonderen Charakter der Judenverfolgung in Europa zu negieren – nicht ohne Konflikte, auch wegen Israel. In Deutschland erschien mir zu oft der Protest gegen amerikanischen Imperialismus, gegen israelische Besatzungspolitik nicht als bewußte Auseinandersetzung mit der eigenen Vergangenheit und Menschenunterdrückung, sondern eher als Ausrede dafür, einer bewußten Auseinandersetzung mit der eigenen Vergangenheit zu entgehen, sogar als Trost für die deutsche Geschichte – so wie, guck mal, die anderen machen es genauso, als ob das irgendetwas erklären und „wiedergutmachen" könnte. Und was immer so erschreckend war an solchen Sprüchen, war die automatische Annahme der Identifikation mit den „Deutschen", die „das gemacht haben"; die Deutschen sind pervers dankbar, wenn andere auch unmenschlich sind, genau die Spiegelseite der dumpfen undifferenzierten Abgrenzung weg von der älteren Generation.

Also wäre schon das „unnormale" oder vielleicht gerade das erschreckend „normale" Leben – als ob nichts gewesen wäre – „war wat?", fragt der Berliner –, der Deutschen in Deutschland Grund genug gewesen, wieder wegzugehen. (Um mit der Pesach Haggadah zu sprechen, Dayenu, das reicht schon.) Länger und komplizierter war es zu merken, daß es für Juden in Deutschland nach Ausschwitz keine Normalität geben kann.

PARANOIA Ich wußte endgültig, daß ich aus Deutschland weg mußte, als ich zum Xten Mal aufs Einwohnermeldeamt ging, um einen Umzug zu erklären, und der Beamte, wie es so üblich ist, nachfragte, ob ich denn nicht vergessen hätte, meine Religion anzugeben. Bis dahin hatte ich als Amerikanerin (so dachte ich), die solche Fragen nicht gewöhnt war, die Auskunft immer verweigert, aber diesmal kurzentschlossen sagte ich „jüdisch". (Und meinte noch, na ja. So erspare ich mir zumindest die dauernden Zuschriften von den katholischen und evangelischen Gemeinden, die freundlich fragten, warum ich denn nicht in der Kirche sei.) Der Beamte schrieb es wortlos auf, alles klar, ich war nun ordnungsgemäß angemeldet und plötzlich deutschen Polizisten für deutsche Akten und Datenverarbeitung erklärt, daß ich jüdisch bin, das würde nun in sämtliche Computer reingespeichert, keine Flucht und Verbergung wäre mehr möglich – daß sei doch der reinste Selbstmord! Klar, meine Panik war unrealistisch und paranoisch, aber ich merkte, wie tief die Angst und das Mißtrauen noch in mir steckten; auch ich meinte, fliehen zu müssen wie meine Eltern, obwohl es doch eigentlich gar nichts gab, wovor zu fliehen. Nein Danke, dachte ich, als ich wieder auf der Bismarckstraße stand, sowas muß ich meiner Psyche nicht zumuten; ich gehe nachhause in das imperialistische Amerika, wo es zwar *muggings* (Überfälle) und Jimmy Carter und Ronald Reagan gibt, aber kein Einwohnermeldeamt und keine Personalausweise und kein offizielles Papier, das nach meiner Religion fragt.

Das gab mir sozusagen den letzten Rest, aber vor diesem Paranoia-Anfall lagen etliche andere „echte" Erlebnisse, die ich erst später in NY anfangen konnte, richtig zu verarbeiten. Da war z. B. der Abend im April 1978 im LAZ (Lesbischen Aktions Zentrum), als Charlotte Wolff, die von Berlin nach London emigrierte Psychoanalytikerin und Lesbe, über weibliche Homosexualität sprach. Es war für mich ein bedenkenswerter Abend, weil ich ausgerechnet in diesem Raum voller Berliner frauenbewegter Frauen zum ersten Mal richtig spüren konnte, wie es möglich war, daß so viele Deutsche, auch Intellektuelle und politisch denkende Menschen, Juden hassen und den Anti-Semitismus billigen konnten. Denn Charlotte Wolff mit ihrem kurzen Männerschnitt, scharfen Gesichtszügen, die schöne (Ja) lange Nase, und souveräner, gar arroganter Art, war geradezu der Inbegriff der intellektuellen jüdischen Frau der zwanziger Jahre, so sieht keine [D]eutsche Frau [*sic*] aus. Sie war nach langen Jahren und vielen Bauchschmerzen, auf wiederholte Bitte der Lesbenbewegung, nach Berlin zurückgekehrt, und nun konfrontiert sie, mit ihrer eigenen ungezwungener Freude an ihrem Lesbischsein und ihrer Untersuchung der Bisexualität, eine Stimmung voller Ressentiment, Ärger und Mißtrauen. Wie konnte sie so leichtfertig behaupten, daß sie nie Konflikte über ihre sexuelle Identität hatte, wollten die Frauen wissen. Sie antwortete auf dieselbe selbstverständliche Art, daß sie sich immer wohl fühlen konnte in der Berliner Subkultur der Weimarer Zeit und daß sie schließlich aus einer warmen offenen jüdischen Familie stammte, die alles, was sie tun wollte, unterstützte. Da murmelte es unzufrieden im Raum, und ich wurde immer nervöser. Es war mir klar wie nie zuvor, daß diese deutschen Frauen überhaupt nicht mit Charlotte Wolffs spezifisch jüdischer Art, ihrer spritzigen scharfen Selbstsicherheit umgehen konnten, daß sie sich davon ganz persönlich bedroht und angegriffen fühlten. Ich kam mir sehr allein vor und dachte ängstlich, so muß es damals auch gewesen sein – dieser Ärger über Juden, die so tun, als ob die Welt ihnen gehört und alles immer besser wissen wollten – heute Abend wird noch was passieren. Und so kam es auch dann, genau wie in meinen Angstvorstellungen: eine Frau stand auf und schimpfte Charlotte Wolff an, ganz offen anti-semitisch, wie könnte frau sowas über die jüdische Familie behaupten, alle wußten doch ganz genau, daß das Judentum besonders patriarchalisch sei, daß die jüdische Gemeinde in USA (die es als solche übrigens überhaupt nicht gibt – a. g.) in den vordersten Reihen der anti-homosexuellen Bewegung steht, und dann noch in einer grotesken Umkehrung der historischen Wirklichkeit, wo es tatsächlich die Juden in Deutschland waren, die mit einem „J" im Paß markiert wurden, behauptet sie weiterhin, daß Schwule in Israel einen besonderen Stempel in den Paß kriegten. Keine sagte was, keine protestierte. Irgendwie paßte der Ausbruch in die Atmosphäre rein, war gar keine Störung. Nach der Veranstaltung, immer noch leicht zitterig, konfrontierte ich die Frau mit ihren Lügen. Und dann kam noch das schlimmste. Sie guckte mich an und meinte: „Du mußt wohl Jüdin sein, sonst würdest Du Dich nicht so aufregen." Damit hatte sie auch leider recht. Soweit ich wußte, hatte sich auch niemand sonst aufgeregt. Ich, mit meiner „Hypersensibilität" war, wie Du so oft, in die Stellvertreter-Position gedrückt; weil ich mich direkt betroffen fühlte und die anderen anscheinend nicht, mußte ich die anti-faschistische Flagge tragen. Wieder mal, so kam es mir vor, die Identifikation der Deutschen, mit der eigenen Nazi-Tradition, nicht mal der, oft undifferenziert zusammengestellte Zusammenhang zwischen Verfolgung von Juden und von Homosexuellen im

Dritten Reich, konnte mir hier weiterhelfen. Oder der Schauer, der über mich kam, als meine Mutter mich in Berlin besuchte und fröhlich mitmarschieren wollte in der Walpurgisnacht-Frauendemo. Die Situation als solche war schon merkwürdig genug; meine in Berlin geborene, in New York lebende Mutter besucht ihre in New York geborene, in Berlin lebende Tochter und muß noch dazu den deutschen Freund der Tochter begrüßen. Aber all das war nichts gegen den unfaßbaren Horror auf dem Gesicht meiner Mutter, als sie plötzlich die lange Fackel-Prozession vor sich sah. Daran hatte wohl niemand gedacht, daß vielleicht irgendwelche alten Juden oder Anti-Faschisten auch dabei sein wollten und welche Assoziationen und Erinnerungen eine FACKEL-Parade in ihnen erwecken würde. Das ist es, was ich meine, mit der erschreckenden Geschichtslosigkeit der „neuen, anderen" Deutschen. Klar, die Nazis haben die Fackel-Paraden nicht erfunden, es ist eine gute alte deutsche Tradition, aber mit der Notwendigkeit, sich mit der Symbolik dieser Traditionen, der Kontinuität, mit ihrem offensiven Brauch durch die National-Sozialisten, hat frau/mann sich viel zu wenig beschäftigt (der einzige, der mir einfällt, der das versucht hat, ist Hans Jürgen Syberberg). Daß es tatsächlich nach Auschwitz nötig ist, die gesamte deutsche Kultur und Geschichte neu zu hinterfragen, auch in Bezug auf die eigenen Strategien und Symbole, will niemand so recht zugeben. Zu anstrengend, zu bedrohlich, zu nah. Da gibt es noch regelrechte Denkverbote. Deswegen auch mein zynisches Mißtrauen gegen die, die behaupten, sie hätten mit den Ideen ihrer Eltern gebrochen.

DIE DEUTSCHEN UND DAS ANDERE II Und das sind nur zwei dramatische Beispiele. Dann gibt es noch die zahllosen kleineren Sachen, unbewußte Einstellungen und Äußerungen, die dauernd in einen hineinstechen, bis es einfach zu aufreibend, zu ermüdend wird, auf sie einzugehen, was zu erwidern oder aufzuklären. Ich kann es nur zu gut verstehen, daß Du diese Position hinter Dir lassen willst, mich hat es nach drei Jahren schon erschöpft: immer dieses Gefühl der Verantwortung, dem ‚dauernd auf der Hut sein' zu müssen. Auch für mich gab es „fast jeden Tag" Sachen, die mich berührten und aufregten!! So machte ich mir allmählich ein Spiel daraus zu sehen, wie Leute reagieren würden, wenn sie rausfanden, daß ich Amerikanerin war ,und wissen wollten, warum ich denn so gut deutsch spreche. Auf alles kamen sie, daß mein Vater Diplomat oder US-Besatzungssoldat war, daß ich besonders sprachbegabt sei, nur nicht auf die historische Wirklichkeit, daß meine Eltern emigrierte deutsche Juden waren. Nicht mal, wenn ich mitgeholfen habe und sagte, daß meine Eltern aus Berlin kamen. „Wann sind sie denn weggegangen", wollten die Leute dann wissen. „Ach 1935, und warum?" Für mich war so eine blöde Frage schwer zu ertragen. Und dann immer die peinliche Pause, wenn die Wahrheit rauskam: „Na ja, was solls, Juden in Deutschland sind ja heute auch nur Menschen wie alle anderen, man soll da nicht immer so'ne große Geschichte daraus machen, was vorbei ist, ist vorbei". Eben nicht, eben nicht. Und dann mit meinem darauf Bestehen, doch eine Geschichte daraus zu machen, gerade auf meine Identität und meine Verbundenheit mit den historischen Tatsachen zu bestehen, ließ ich mich nur offen für den Vorwurf, „sei nicht so überempfindlich, warum müßt ihr Juden immer was besonderes sein, immer darauf zu insistieren, die unangenehme Vergangenheit an die große Glocke zu hängen."

So wird der Ärger nicht gegen sich selbst, sondern gegen das „Opfer" gewendet. Ich glaube übrigens, daß der Anti-Semitismus der heutigen „Neo-Nazi"-Jugend auch darauf beruht – die ja kaum einen Juden kennen, um an ihnen irgendeinen Anti-Semitismus festzumachen –, sondern der Jude ist einfach das Symbol für eine Geschichte, mit der sie nichts zu tun haben wollten, er repräsentiert die abgeklatschten hyperkritischen Schuldansprüche, die sie von ihren Lehrern und anderen Autoritätsfiguren nicht ernst nehmen können. Und statt nur auf die Lehrer und Eltern, die das so beschissen vermitteln bzw. nicht vermitteln, sauer zu werden, wendet sich die Rebellion nach außen, auf den unbekannten Juden; die Identifikation mit dem Anti- dem Nazi! Ich glaube weiterhin, daß viele Deutsche unserer Generation, viele in der Linken und Frauenbewegung sich mit dem Thema nicht abgeben wollen, weil sie einfach Angst davor haben, d. h. Angst vor sich selber haben, ein unausgesprochener und unerforschter Terror vor ihren eigenen Reaktionen, vor ihrem eigenen unbewußten Anti-Semitismus, den sie von zuhause und der Geschichte mitgekriegt haben. Sie haben Angst davor, was sie in sich selber entdecken würden, da sind sie sehr dankbar dafür, daß es in Israel Gruseltaten gibt, die sie verabscheuen können.

WAS HEISST JÜDISCHE IDENTITÄT? Ich, wie Du sicherlich auch, wirkte also störend, weil ich gerade meine jüdische Identität affirmieren wollte, darauf bestanden habe, daß es nicht nur eine religiöse, nicht nur eine gastronomische (Bagels and lox and matzoh kloese) war, sondern v. a. eben genau diese Überempfindlichkeit gegenüber allem, was von Anti-Semitismus, Rassismus, Intoleranz, Faschismus anklang. Diese Hypersensibilität will ich auch nicht missen; mit meinen überentwickelten Antennen kann ich schnell reagieren, schnell Dogmatismus rausschnüffeln – sie macht es mir erst überhaupt möglich und notwendig, politisch zu arbeiten.

Und deswegen auch, Henryk, mein großes Unbehagen gegenüber Deinem Verständnis von jüdischer Identität. Bis jetzt habe ich versucht, aus meiner eigenen anderen Sicht Deine Erfahrungen zu bestätigen. Aber wenn wir den gemeinsamen Ärger gegenüber Deutschland loslassen und zu den komplizierten Fragen über eine positive jüdische Identität übergehen, da will ich mich von Dir in gewisser Weise distanzieren, meine Luxus-Identität als New Yorker Jude zur Debatte stellen. Mit dem Satz, „ich will auch einmal Masse sein," kann ich mich überhaupt nicht identifizieren.

Mir erscheint gerade diese Außenseiter-Position, der Standpunkt der „Enklaven der Nation", wenn Du willst, als das kreative, anregende, positive der jüdischen Identität. Und indem du Masse sein willst, „normal", wie jeder andere Mensch auch, liquidierst Du m. E. diese Identität, diese Besonderheit, die die Essenz des jüdischen Lebens in der Diaspora ist und die nicht nur hemmende Exotik heißen muß, sondern Affirmation der Heterogenität einer Gesellschaft – eben eine **Herausforderung an jede Volksgemeinschaft** –, schon eine Provokation gegen die Eintönigkeit oder Homogenität einer Gesellschaft (zusammen mit anderen ethnischen Gruppen) – um Marcuse zu zitieren, „ein Hindernis für die eindimensionale Gesellschaft". Das heißt, u. a. wenn „Israel das einzige Land ist, wo wir nicht merken, daß wir Juden sind ...", ist das allein schon ein Grund, warum ich nicht dort leben will.

Ich finde es unsagbar traurig, daß, wenn der **Spiegel** Dich fragt, „Sie haben keine Lust mehr, Jude zu sein?", Du antworten kannst, „Genau ... ". Ich kann daraus nur schließen, daß auch Du, und nicht nur die Generation Deiner Eltern, von Erlebnissen in Deutschland kaputt gemacht worden bist; daß Dein Leben als Jude in Deutschland Dir so unmöglich erschien, daß Du Jüdischsein nur noch als Bürde, als negativen Ballast begreifen kannst, den Du so schnell wie möglich hinter Dir lassen willst. Mit so einem Spruch versuchst Du einen integralen Teil Deines eigenen Selbst zu negieren, und sicherlich kann es Dir dabei nicht sehr gut gehen.

WAS HEISST JÜDISCHE IDENTITÄT? II Zu sagen, „Wir sind die ersten Juden, die aufstehen und nein sagen und keinen Kotau machen," ist eine unheimliche Geschichtsfälschung und mir vollkommen unverständliche Arroganz. Ich kann sowas nur als Israeli-Sahbra-Mythologie bezeichnen, die meinen will, daß in dem Land Israel ein ganz neues, ahistorisches Geschlecht entstehen soll, daß sich abgrenzen will von dem angeblich ewig gebückten, passiven (sprich – nicht kämpferischen) europäischen Ghetto-Juden. Damit verwischt Du wirklich Tausende von Jahren Geschichte zähen Überlebens und Widerstandes (und Widerstand, meine ich, muß nicht immer den Gebrauch von Waffen beinhalten). Du kannst nicht wirklich meinen, daß die Macho-Israeli-Männer mit großem Mogen David auf der Brust und Gewehr auf der Schulter die einzigen Juden sind, die nicht Kotau machen. Deine Eltern siehst Du nur als eingeschüchterte, gebrochene Menschen, ja sogar den Psycho-Begriff „Bindung an den Aggressor" (was immer das bedeuten mag) willst Du ihnen anhängen. So einfach, so klar schwarz und weiß kann das nicht sein. Immerhin ist es wohl auch von ihnen, daß Du Dein Unrechtsbewußtsein, Deine Lust am aktiven Engagement, ja vielleicht auch Deine Familienbindung, was nicht unbedingt das schlimmste sein muß, mitgekriegt hast. Auch ich habe meine Eltern in gewissem Sinne als verkrüppelt erlebt, sie, die nicht selber im KZ waren, sondern „nur" die Angst, die Verfolgungen, die Demütigungen vor 1938 erfahren haben, die immer noch mit dem Schuldgefühl leben, daß sie es nicht geschafft haben, andere Teile ihrer Familien zu retten, die sich nie ganz abgefunden haben mit der Zerstörung ihres alten Lebenszusammenhangs. Aber ihre Verkrüppelung ist nichts gegen die von meinen deutschen Vettern und Cousinen, die als katholische „Halb-Arier" bei Frankfurt aufgewachsen sind, die dachten, ihr Vater sei an der Front, wo er wirklich in Auschwitz war, und die bis heute nicht richtig wissen, wer sie eigentlich sind; nichts gegen manche deutsche Bekannte, die ehemalige SS-Männer als Väter haben, die nicht einmal wissen wollen, wie verkrüppelt sie tatsächlich sind.

Bei meinen Eltern mußte ich nie an ihrer liberalen Menschlichkeit zweifeln. Ich hoffe, Henryk, daß Du Deine Maßstäbe für Stärke und Schwäche auch verändern wirst, je länger Du von Deutschland weg bist.

Und ich hoffe, daß es Dir in Israel, einem mir ziemlich fremden Land (obwohl auch ich dort viele Verwandte habe) gut gehen wird, daß Du dort wichtige politische Arbeit machen kannst. Als wir hier in New York Lea Fleischmanns Buch lasen, haben wir nur halb im Witz gesagt, daß wir ihr nächstes Buch aus Israel kaum erwarten könnten, „Auch dies ist nicht mein Land", und wollten wetten, daß sie irgendwann auch in NY landen würde. Aber ich weiß, daß das leicht ist für uns zu sagen; daß wir uns keine Sorgen machen müssen über amerikanische Einwanderungsbestimmungen, daß es für uns als linke jüdische Amerikaner persönlich nicht so wichtig erscheint, daß es einen jüdischen Staat gibt, wo jeder Jude jeder Zeit ohne Visum hingehen kann, daß wir uns in NY nicht als Minderheit vorkommen. Von meiner Sicht aus, ist es nicht Dein Triumph, Dein starkes Nein-Sagen, das Deine Emigration nach Israel darstellt, sondern ein trauriges Zeichen von dem Versagen des neuen Modells Deutschland als humane, tolerante Gesellschaft, die auch Heterogenität dulden und schätzen könnte. Dann wäre ein Staat Israel vielleicht nicht nötig, und um noch mal Horkheimer zu mißbrauchen, möchte ich sagen in Bezug auf meine heftige Kritik an Israel, meine entscheidende Ablehnung von der Identifikation Jude gleich Zionist, wer in Deutschland mit mir über Zionismus diskutieren will, muß auch bereit sein, ersthaft über Anti-Semitismus in seinen heutigen und historischen Zusammenhängen zu diskutieren. Und Dir möchte ich sagen, ich möchte nicht Anti-Semitismus mit Dir diskutieren, nicht nur die Nachwirkungen der Verfolgung, ohne nicht auch gleichzeitig über positive heutige jüdische Identität zu reflektieren. Wär schön, wenn Du oder auch andere auf diese, meine, etwas emotionale und polemische anfängliche Auseinandersetzung mit meiner Deutschland-Erfahrung reagieren würden.

ANM. D. RED.: DER TEXT IST EINE LEICHT ÜBERARBEITETE TRANSKRIPTION DES URSPRÜNGLICHEN ARTIKELS.

5 — ה

STREITBARES

MODEL VOR DÜSTERER LANDSCHAFT

Anmerkungen zum fotografischen Werk von Marc Erwin Babej

HANNIMARI JOKINEN

Ob Super-GAU oder Kriegsverbrechen, mit schönen Frauen und großer Geste inszeniert Marc Erwin Babej seine Bilder vor schicksalhafter Kulisse. In seiner Ausstellung Unser Afrika *im Jahr 2018 im Hamburger Rathaus zeigte der Fotograf Bilder entlang der Topografie des Genozids an den OvaHerero und Nama. Seine Darstellerinnen platziert er dabei als soldatische ‚Täterinnen' im Gelände. Die Opfer und ihr antikolonialer Widerstand bleiben ausgeblendet.*

Irgendwo da draußen unter der Himmelskuppel der Namib-Wüste stehen sich zwei Frauen gegenüber. Die Afrikanerin hält einen Schiebezirkel in den Händen, mit dem sie den Schädel ihres Gegenübers, eines *weiß*[1] gelesenen, hochgewachsenen Fotomodels zu vermessen scheint. Die Aufnahme[2] stammt aus Marc Erwin Babejs Ausstellung *Unser Afrika*. Der Fotograf möchte – so sein erklärtes Ziel – den deutschen Kolonialismus aus der Sicht der Täter darstellen.[3] Sein Sujet teilt er in vier Bildergruppen, *Die Eroberer*, *Die Damen*, *Engelchen*, *Nachwirkungen*, auf, die mit kolonialrassistischen Originalzitaten begleitet werden. Schauplatz und Set sind Namibia, vormals die Kolonie „Deutsch-Südwestafrika". 1904 bis 1908 verübte die Kolonialarmee des Deutschen Reiches dort einen Völkermord an den OvaHerero und Nama.

1 In der postkolonialen Literatur hat sich die folgende Schreibweise etabliert: „Schwarz" wird großgeschrieben und „weiß" klein und kursiv. Damit wird klargestellt, dass diese Begriffe gesellschaftliche Konstrukte sind und nicht Zuschreibungen von Körpermerkmalen.

2 Marc Erwin Babej: Unser Afrika. Nachwirkungen, Foto 30/31 Mene, Mene, Tekel, Upharsin. In: *Spiegel Online*, 18.06.2018. http://www.spiegel.de/fotostrecke/unser-afrika-ausstellung-von-marc-erwin-babej-in-hamburg-fotostrecke-161562-30.html (Zugriff am 21.11.2018).

3 Ausstellung „Unser Afrika – Zum visuellen Erbe des deutschen Kolonialismus". In: *hamburg.de*, 18.06.2018. https://www.hamburg.de/pressearchiv-fhh/11228184/2018-06-18-ausstellung-unser-afrika (Zugriff am 27.11.2018).

Das fotografische Projekt von Babej feierte Weltpremiere in Hamburg, doch seine ausgestellten Bilder wurden in den Medien recht knapp besprochen; vielmehr schienen sie als PR-Aufhänger und Illustration für Hamburgs Programm „Aufarbeitung des kolonialen Erbes" herhalten zu müssen. Die wenigen kurzen Kommentare sprechen von einem „provokativen Werk"[4], von einem „suggestiven Nebeneinander von Schönheit und Gewalt"[5]. Die Fotografien wirkten „modern, fast cool"[6], dabei gelänge es ihnen, Bildinhalte durch Perspektivwechsel zu brechen: „damals war es andersherum"[7].

Marc Erwin Babej ist ein in New York lebender deutsch-jüdischer Fotograf, der auch als Journalist und Marketingexperte tätig ist. Nach eigenen Worten ist er relativ neu auf dem Feld der Kunstfotografie, die er sich selbst beigebracht habe. Er möchte „historisch fundierte politische Kunst" machen.[8]

---

4 Dennis Betzholz: Provokatives Werk zeigt Erbe des Kolonialismus. In: *Die Welt*, 18.06.2018. https://www.welt.de/regionales/hamburg/article177784408/Ausstellung-in-Hamburg-Provokatives-Werk-zeigt-Erbe-des-Kolonialismus.html (Zugriff am 27.11.2018).

5 Ausstellung „Unser Afrika – Zum visuellen Erbe des deutschen Kolonialismus".

6 Völkermord an den Herero. Das Fotoprojekt von Marc Babej. In: *ZDF aspekte*, 15.06.2018. https://www.zdf.de/kultur/aspekte/voelkermord-an-den-herero-fotoprojekt-marc-babej-100.html (Zugriff am 27.11.2018).

7 Quelle auf https://www.mopo.de/action/mopo/23044568/search?query=babej nicht mehr auffindbar.

8 Kim Todzi: „historisch fundierte politische Kunst" im Hamburger Rathaus: „Unser Afrika" von Marc Erwin Babej. In: *Forschungsstelle Hamburgs (post)koloniales Erbe / Hamburg und die frühe Globalisierung*, 18.06.2018. http://www.kolonialismus.uni-hamburg.de/2018/06/18/historisch-fundierte-politische-kunst-im-hamburger-rathaus-unser-afrika-von-marc-erwin-babej (Zugriff am 27.11.2018).

CHERNOGIRLS Die erste Arbeit, in der Babej Fotomodels vor einer schicksalhaften Landschaft platzierte, war 2013 *Chernogirls*[9]. Die Frauen, die sich stilvoll geschminkt in der radioaktiv verseuchten Sperrzone Tschernobyl räkeln, kommen aus Minsk und Kiew, doch sie leben in London oder Hongkong, Paris oder New York.

Babejs Bilder kommentierte der *Spiegel* folgendermaßen:

> *Sie schauen verführerisch in die Kamera, posieren vor einem alten Riesenrad, drücken sich an Wände, von denen der Putz abbröckelt, lassen sich in einem alten, leeren Schwimmbecken ablichten.* [...] *Bringt man Models, die aus der Region stammen, dorthin und macht Fotos von ihnen, hat das einen Beigeschmack.*[10]

Aufgenommen wurde auch eine betagtere, als „weißrussische Dorfbewohnerin"[11] bezeichnete Frau im Hauskittel, während die schönen Models den apokalyptischen Bildhintergrund ornamental verzieren.

MISCHLINGE Es folgte 2014 die *Mischlinge*-Serie[12] mit *Olympia*[13], eine Bildergruppe formal ähnlicher Art, in der junge Frauen in Bundeswehr-Sportleibchen und mit braven Zöpfen, in heroischen Posen und düster dreinblickend dem Berliner Olympiastadion aus der NS-Zeit weitere Bedeutung verleihen dürfen. Die Fotos wurden mit Kameras – nach Babejs Wortwahl – „geschossen"[14], deren Linsen denen ähnlich sind, die Leni Riefenstahl benutzte, als sie ihre *Olympia*-Filme im Auftrag des Naziregimes drehte. In der Tat: Die Abgelichteten scheinen einem Riefenstahl-Film entsprungen zu sein. Die Fake-Version

---

9 Marc Erwin Babej: Fotostrecke *Chernogirls*. In: *Spiegel Online*, 17.12.2013. http://www.spiegel.de/fotostrecke/chernogirls-in-tschernobyl-fotostrecke-102154.html (Zugriff am 21.11.2018).

10 Fotoshooting in Tschernobyl. Die Schönen und das Biest. In: *Spiegel Online*, 17.12.2013. http://www.spiegel.de/kultur/gesellschaft/post-sowjet-aera-chernogirls-in-der-sperrzone-a-925708.html (Zugriff am 21.11.2018).

11 Marc Erwin Babej: Fotostrecke *Chernogirls*, Foto 9/21: Eine weißrussische Dorfbewohnerin stellte sich mit ins Bild.

12 Die Verwendung diskriminierender Sprache ohne vorangehende Triggerwarnung kann verletzend oder gewalttätig wirken. Zum rassistischen Begriff *Mischling* u. a.: Diskriminierung und Verfolgung von Minderheiten – Mischling. In: *Stiftung gegen Rassismus und Antisemitismus*, 2015. https://www.gra.ch/bildung/gra-glossar/begriffe/diskriminierung-und-verfolgung-von-minderheiten/mischling (Zugriff am 29.11.2018).

13 Marc Erwin Babej: Fotostrecke *Mischlinge*, Bildergruppe 1/17: Olympia. In: *Spiegel Online*, 11.11.2014. http://www.spiegel.de/fotostrecke/marc-erwin-babej-mischlinge-olympia-fotostrecke-120415.html (Zugriff am 21.11.2018).

14 Ilene Prusher: Undermining Nazi Ideal of Racial Purity – in Black and White. In: *Forward*, 26.12.2014. https://forward.com/culture/211676/undermining-nazi-ideal-of-racial-purity-in-black (Zugriff am 29.11.2018).

eines Riefenstahl-Porträts wird gleich mitgeliefert.[15] In *Mischlinge: Triumph* ist dann eine Fotografie aus der ehemaligen Heeresversuchsanstalt Peenemünde[16] zu sehen, in der zwei Bikinimädchen vor der phallusähnlichen V-2-Rakete fröhlich Ball spielen. So naheliegend erotisch sich das Thema auch anbietet, so abgedroschen und zugleich sexistisch wirkt das Bildmotiv.

Ein weiteres Foto dieser Bildergruppe zeigt einen blonden, weiblichen „Prüfling"[17], der von zwei Frauen in weißen Kitteln einer Schädelvermessung unterzogen wird; das Motiv wiederholt sich unter anderen Vorzeichen in der Ausstellung *Unser Afrika*. Beiden Inszenierungen ist gemein, dass dieser Vorgang seltsam emotionslos dargestellt wird – die Bilder verraten nichts von den Machtverhältnissen, sie bleiben in der Täterperspektive und coole Oberfläche. In Wirklichkeit stellten die rassistischen Vermessungen die Opfer unter extremen Stress. In der NS-Zeit konnten Vermessungsergebnisse über Leben und Tod entscheiden.

Um der Gefahr zu begegnen, seine Bilder könnten zu naziästhetisch sein, die sportiven Frauenkörper doch zu entindividualisiert, ließ Babej seine Models einen DNA-Speicheltest machen. Zudem werden sie im Bilduntertitel per Namen genannt – recht kokett in der zeitweilig als Nazitypographie beliebten Frakturschrift. Das Spiel mit dem Gentest sollte ‚beweisen', dass alle Deutschen mehr oder minder ‚Mischlinge' seien, dass der NS-Rassenwahn Irrwege gegangen sei. Babej wollte auch herausfinden, wie es wirkt, wenn er Deutsche von heute ablichtet, die nach seiner Auffassung nicht wie ‚nordische' Deutsche aussehen.[18] Bloß: Wie sahen und sehen denn „die Deutschen" aus? Den NS-Ideologen war es doch glasklar, dass ‚die Deutschen' ‚gemischt' waren; die propagierte ‚Rassereinheit' war ein utopischer Entwurf. Die Art der ‚Mischung' war dennoch keine beliebige, wie Babej in seinen Bilder suggeriert, sondern setzte klare Grenzen zu völkisch definierten vermeintlich ‚Minderwertigen'. Die Aussagekraft solcher Gen-Analysen zur Ahnenforschung ist zurecht als

15 Marc Erwin Babej: Foto Leni Riefenstahl: Die Regisseurin des Führers. In: *Spiegel Online*, 11.11.2014. http://www.spiegel.de/fotostrecke/leni-riefenstahl-mischlinge-marc-erwin-babej-fotostrecke-120788.html (Zugriff am 21.11.2018).

16 Marc Erwin Babej: Fotostrecke *Mischlinge. Triumph*, Foto 4/19: V-2-Rakete, ehemalige Heeresversuchsanstalt Peenemünde. In: *Spiegel Online*, 11.11.2014. http://www.spiegel.de/fotostrecke/marc-erwin-babej-mischlinge-triumph-fotostrecke-120414-4.html (Zugriff am 21.11.2018).

17 Marc Erwin Babej: Fotostrecke *Mischlinge. Triumph*, Foto 5/19: Prüfling. In: *Spiegel Online*, 11.11.2014. http://www.spiegel.de/fotostrecke/marc-erwin-babej-mischlinge-triumph-fotostrecke-120414-5.html (Zugriff am 21.11.2018).

18 Ebd.

„Herkunftsromantik“[19] verrufen, liegt ihnen doch ein biologistisches und essentialistisches Verständnis zugrunde. Die DNA-Esoterik ist zurzeit *en vogue* vor allem unter Nazis, die sich einen ‚Ariernachweis‘ erstellen lassen wollen.[20]

„Wir beginnen erst nachzudenken, wenn etwas irritiert“, so Babejs Credo.[21] Doch der gängige Flirt mit Nazifetischen, sei es in Werbung, Modefotos oder Musikvideos, irritiert schon lange nicht mehr. In ihrem Essay *Fascinating Fascism* analysiert Susan Sontag die totalitäre Ästhetik von sportlichen Massenveranstaltungen.

> *Kunst widmet sich zunehmend den Ritualen von Dominanz und Versklavung. Es scheint so, als würde eine wohlhabende Gesellschaft das Leben in eine Geschmacksfrage umwandeln. Das wahre Leben ist dann gleichbedeutend mit Entscheidungsfreiheit und Lifestyle.*[22]

Mit eben solcher Ästhetik spielt Babej in seinen Bildern.

UNSER AFRIKA Stylisch ist auch Babejs Arbeit mit dem Titel *Unser Afrika*. Der Ausgangspunkt für die Bilderserie war die Annahme des Fotografen, dass nicht so sehr der Wunsch nach wirtschaftlicher Ausbeutung von Mensch und Natur impulsgebend für die Besiedelung der Kolonie „Deutsch-Südwestafrika“ gewesen sei, sondern vor allem das herrschende *weiße* Überlegenheitsgefühl. Die rassistische Haltung sei eine eng mit der Romantik verbundene und wahnhaft utopische Ideenwelt. Es sei wichtig, die abstrusen Vorstellungen der Kolonisierer zu kennen, um die wahren Gründe des Völkermords an den OvaHerero und Nama zu verstehen.[23]

Doch solch rassistische Kolonialromantik war den Kaufleuten, Reedern, Bankiers und Besitzern von Minengesellschaften egal, Hauptsache es klingelte in der Kasse. Der Hamburger Kolonialkaufmann Adolph Woermann beispielsweise war nicht nur politisch äußerst einflussreich, er saß auch in zahlreichen Firmen- und Bankenaufsichtsräten. Er war Großaktionär in der Otavi Minen- und Eisenbahngesellschaft OMEG in „Deutsch-Südwestafrika“ wie auch in der Norddeutschen Affinerie in Hamburg, die OMEG mit Kupfererzen belieferte.

---

19 Margarete Stokowski: Ahnenforschung. DNA-Esoterik zum Sonderpreis. In: *Spiegel Online*, 20.02.2018. http://www.spiegel.de/kultur/gesellschaft/ahnenforschung-dna-esoterik-zum-sonderpreis-kolumne-a-1194396.html (Zugriff am 27.11.2018).

20 Uwe Schmitt: Weißer Rassismus. Wenn Amerikas Neonazis ihr Blut reinwaschen. In: *Spiegel Online*, 22.08.2017. https://www.welt.de/wissenschaft/article167900122/Wenn-Amerikas-Neonazis-ihr-Blut-reinwaschen.html (Zugriff am 27.11.2018).

21 Matthias Wyssuwa: Hamburgs dunkle Vergangenheit. In: *Frankfurter Allgemeine Zeitung*, 18.06.2018. http://www.edition.faz.net/faz-edition/deutschland-und-die-welt/2018-06-18/83e15aa00df7bddee2259c121e3bec5b/?GEPC=s3 (Zugriff am 27.11.2018).

22 Susan Sontag: Fascinating Fascism. In: *The New York Review of Books*, 06.02.1975. https://www.nybooks.com/articles/1975/02/06/fascinating-fascism (Zugriff am 21.11.2018).

23 Ausstellung „Unser Afrika – Zum visuellen Erbe des deutschen Kolonialismus“.

Die OvaHerero und Nama standen zum einen gegen den Rassismus der Kolonialverwaltung und gegen die deutschen Siedler*innen, die ihnen das Weideland für ihre Rinderzucht wegnahmen, auf. Zum anderen kämpften sie gegen die weiträumige Enteignung ihrer Gebiete durch den Bau der Otavibahn. Nach dem Vernichtungskrieg errichtete Woermann den aus der Wüste zurückkehrenden Überlebenden seine eigenen Konzentrationslager. Für den April 1906 sind allein für die OMEG-Kupfermine 900 Männer, 700 Frauen und 620 Kinder als Zwangsarbeiter*innen dokumentiert; andere wurden für den Eisenbahnbau in die Wüste deportiert.[24] Für die Kaufmänner und ihre Konsortien waren nicht Herrenmenschenallüren das Movens, sondern Profit.

Die Kosten des Kolonialkriegs mussten die deutschen Steuerzahler finanzieren, während sich die Siedler und vor allem die Handelsherren privat bereicherten. Der Öffentlichkeit im Deutschen Reich musste das koloniale Unternehmen also möglichst schmackhaft gemacht werden. Mit einer rassistischen Kolonialpropaganda, die medial wirksam verbreitet wurde, gelang es tatsächlich, mehr Siedler*innen nach „Deutsch-Südwest" zu locken und mehr Aktien zu verkaufen. Während die kolonialromantisch verbrämte rassistische Ideologie unter den Soldaten zweifelsohne zur Radikalisierung der Kampfhandlungen führte, waren eindeutige Wirtschaftsinteressen der mächtigen Kaufmannselite in Hamburg und ihrer politischen und militärischen Lobbyisten in Berlin wichtige Gründe für die Kolonisierung. Im herbei imaginierten späteren „kolonialen Frieden" sollten die Überlebenden zur „Lösung der Arbeiterfrage" dann „verschont" und zu einem rechtlosen Arbeitskräftereservoir umgewandelt werden, denn der „Eingeborene ist in den Tropen der Arbeiter der Weißen und wird gegenüber dem importierten stets der billigere sein" (Georg Thilenius, erster Direktor des Hamburger Völkerkundemuseums).[25] Leider kommen diese Aspekte in Babejs Arbeit gar nicht vor.

Unser Afrika[26] ist einem einseitigen Täterbild aufgesessen, die Bilder bleiben der kolonialromantischen Vorstellungswelt verhaftet. Die beabsichtigte Kritik an den Kolonialsoldaten gelingt nicht, weil ihre Sichtweisen derart werbeästhetisch überhöht dargestellt werden, dass es scheint, als hätten Rassismus und Kolonialismus mit unserem Alltag heute nichts zu tun. Besonders deutlich wird diese aufgebaute Distanz in der dritten Bildergruppe mit dem Namen

---

24 Heiko Möhle: „Pardon wird nicht gegeben". Profiteure der Vernichtung im deutschen Kolonialismus. In: *Arranca!* 15 (September 1998): Heimatkunde. https://www.arranca.org/archive?path=%2Fausgabe%2F15%2Fpardon-wird-nicht-gegeben (Zugriff am 27.11.2018).

25 Zit. n. Heiko Möhle: *Branntwein, Bibeln und Bananen. Der deutsche Kolonialismus in Afrika – eine Spurensuche in Hamburg*. Hamburg: Libertäre Assoziation 1999, S. 108.

26 Marc Erwin Babej: Fotostrecke *Unser Afrika*, Bildergruppe 1–10/31: Die Eroberer. In: *Spiegel Online*, 18.06.2018. http://www.spiegel.de/fotostrecke/unser-afrika-ausstellung-von-marc-erwin-babej-in-hamburg-fotostrecke-161562.html (Zugriff am 21.11.2018).

Engelchen[27], die – so Babej – den dekadenten „Todestrieb“ offenbaren soll,[28] der in der Kolonie angeblich herrschte. In dunklen, bedeutungsschwangeren Fotografien, in denen sich Frauen in Nachthemden misstrauisch beäugen, wird eine wagnerianisch anmutende, surreale Todessehnsucht heraufbeschworen, die kaum etwas mit der Lebensrealität auf einer Farm in „Deutsch-Südwest“ gemein hat.

Kolonisierung geschah nicht in einem luftleeren Raum. Diese Geschichte kann nur als ein Kräftefeld zwischen den Kolonisierten und den Eroberern verstanden werden. Indem die Täterperspektive in *Unser Afrika* isoliert betrachtet wird, werden die Kolonisierten als Akteur*innen und ihre *agency* marginalisiert. Ausgeblendet bleibt, dass es gerade ihr vielgestaltiger Widerstand war, der Anlass zu immer neuen „Eingeborenenverordnungen“ durch die Kolonialverwaltung gab.

Babejs Blick kann sich denn auch nicht vom Kolonialdenkmal des *Südwester Reiters*, dem zentralen Symbol der deutschen Kolonialherrschaft im Land, lösen. Die namibische Regierung ließ das Monument 2013 aus dem öffentlichen Raum

---

27 Marc Erwin Babej: Fotostrecke *Unser Afrika*, Bildergruppe 20–26/31: Engelchen. In: *Spiegel Online*, 18.06.2018. http://www.spiegel.de/fotostrecke/unser-afrika-ausstellung-von-marc-erwin-babej-in-hamburg-fotostrecke-161562-20.html (Zugriff am 21.11.2018).

28 Ebd.

entfernen, der Fotograf lässt den Totgeglaubten wiederauferstehen. Sein Bildarrangement[29] zeigt ein weißes Ross aus Fleisch und Blut und eine Schwarze Reiterin mit Gewehr in der Pose der kolonialen Bronzefigur.

Ist zumindest diesem Foto eine Umkehrung der kolonialen Verhältnisse gelungen? Könnte die Aufnahme dem Genre einer künstlerischen Neuinszenierung zugeordnet werden? Wohl kaum, denn so funktionieren nun mal Reenactments in der Kunst nicht. Vielmehr aktualisieren diese bevorzugt emanzipative und subversiv-widerständige Geschichten, die dem kollektiven Gedächtnis durch repressive Machthaber entzogen wurden. Das mit Übermaß an Mythos beladene Herrschaftszeichen kann nicht allein damit dekonstruiert werden, dass den *Reiter* nun eine Schwarze Frau darstellt. Auch hier bleibt die Nachstellung bloß eine oberflächliche Pose.

Beim Publikumsgespräch in Hamburg wurde der Fotograf gefragt, ob er bei seinem Projekt Kontakt zu namibischen Partnern gesucht habe. Da es ihm in seinen Bildern um Verfremdungseffekte mit nicht-afrikanischen Models gegangen sei, so die Antwort, habe er dies nicht für nötig gehalten. Seine Arbeit verbinde symbolisch Kunst, Wissenschaft und Regierungsebene mit dem Ziel einer verantwortlichen Anerkennung der deutschen Kolonialverbrechen. Deshalb

29 Marc Erwin Babej: Fotostrecke *Unser Afrika. Die Eroberer*, Foto 10/31: Die Unerbittlichen. In: *Spiegel Online*, 18.06.2018. http://www.spiegel.de/fotostrecke/unser-afrika-ausstellung-von-marc-erwin-babej-in-hamburg-fotostrecke-161562-10.html (Zugriff am 21.11.2018).

habe er sich vielmehr in Gesprächen mit Wissenschaftler*innen historisch ‚ausreichend' abgesichert. Welchen Anteil diese *weißen*, meist männlichen Berater an seinen Bildentwürfen hatten, wird aus der Liste der *collaborators*[30] nicht klar. Und welche Regierungsebene ist hier gemeint? Die Delegationen der OvaHerero und Nama, die wir im April 2018 in Hamburg willkommen heißen durften, weisen nachdrücklich darauf hin, dass die Bundesregierung nicht allein mit der namibischen Regierung verhandeln soll, von der sie sich nicht vertreten fühlen, sondern direkt mit ihren eigenen Opferverbänden. Auch um diesen Punkt ging es bei ihrer Zivilklage gegen die Bundesrepublik Deutschland als Rechtsnachfolgerin des Deutschen Reichs, die sie vor dem Bezirksgericht in Manhattan (New York) eingereicht hatten und die jetzt in die zweite Instanz gehen soll.

Hätte Babej mit Wissenschaftler*innen und Zeitzeug*innen in Namibia gesprochen, hätte er vielleicht herausgefunden, wie die OvaHerero in den 1970er Jahren gegen ihre wiederholte Vertreibung protestierten. Der Überlieferung nach stülpten sie dem *Reiter* einen Leinensack über den Kopf, damit er seinen besitzergreifenden Blick nicht mehr über das Land schweifen lassen konnte. Seinen ehernen Körper spickten sie mit roten Blumen, die Blutstropfen symbolisierten. Die bloße Beschäftigung mit der Täterperspektive lässt solch widerständig-performative Akte der Schönheit und Selbstermächtigung schlichtweg übersehen.

In der Bildergruppe *Die Eroberer*[31] übernehmen Frauen männliche Rollen. Die Models posieren in maßgeschneiderten ‚Schutztruppen-Uniformen' vor historisch bedeutsamer Kulisse. Doch sie wirken wie puppenhafte Fremdkörper, seltsam unbeteiligt und ferngesteuert. Und damit spiegeln sie den Blick des Fotografen wider, der sie in Szene setzt. Dramatisch ist nur die Landschaft, die Figuren sind darin mal im Gegenlicht platziert, mal im Strahlenkranz wie von einer anderen Welt – *Star Wars* lässt grüßen. Auffallend auch, dass den im Bild perfekt gestylten Protagonistinnen, jung, schlank und hochgewachsen, Afrikanerinnen dazu gesellt werden, die älter, kleiner und korpulent sind. Wir sind ja nicht frei von Schönheitsvorstellungen, die uns die Werbung vorgaukelt. Die Bildunterschrift „Gutsherrin und Weiber" verstärkt noch den Eindruck einer rassistischen und sexistischen Hierarchisierung.[32] Ähnlich wie in der Aufnahme von der „weißrussischen Dorbewohnerin" in *Chernogirls*[33] werden hier Alter und Armut im Vergleich zu Jugend und Privilegiertheit herabgesetzt.

---

30 http://www.marcerwinbabej.com/advisers (Zugriff am 21.11.2018).

31 Babej: Fotostrecke *Unser Afrika*, Bildergruppe 1–10/31.

32 Marc Erwin Babej: Fotostrecke *Unser Afrika. Die Damen*, Foto 18/31: Gutsherrin und Weiber, Schloss Duwisib. In: *Spiegel Online*, 18.06.2018. http://www.spiegel.de/fotostrecke/unser-afrika-ausstellung-von-marc-erwin-babej-in-hamburg-fotostrecke-161562-18.html (Zugriff am 21.11.2018).

33 Babej: Chernogirls, Foto 9/21.

Die rassistischen Zitate aus der Kolonialzeit, welche die Fotografien von *Unser Afrika* untertiteln, sind austauschbar, denn sie haben in den meisten Fällen mit dem einzelnen Bildinhalt direkt nichts zu tun. Sie sind unkommentiert ein absolutes No-Go in der dekolonisierenden Erinnerungskultur. Und selbst die Überschriften zu diesen Zitaten, die sich Babej ausgedacht hat, imitieren die koloniale Sprache. Die Diele des Hamburger Rathauses wird vor allem von zahlreichen Tourist*innen besucht. Es kann davon ausgegangen werden, dass unvoreingenommene Ausstellungsbesucher*innen von der Gewalttätigkeit der Texte nicht unbedingt schockiert oder irritiert waren; einige werden ihr rassistisches Gedankengut gar bestätigt gefühlt haben.

Den Abschluss der Ausstellung bildete das Foto *Der Swakopmunder Kniefall*[34] in der Bildergruppe *Nachwirkungen*. Die Textebene ist noch eine wohltuende Ausnahme: ein Zitat aus Willy Brandts Rede 1970 in Warschau. Die Aufnahmen vom *Kniefall von Warschau* zeigen den damaligen Bundeskanzler kniend vor dem Ehrenmal für die Toten des Warschauer Ghettos. Diese Bilder sind geradezu ikonenhaft und gehören wohl zu den weltweit bekanntesten Pressefotografien. Das echte Mitgefühl, das in dieser spontanen Demutsgeste in Anerkennung der Shoah zum Ausdruck kommt, schlug damals hohe politische Wellen. Babej transferiert nun den Kniefall zum Swakopmunder Gedenkstein, der an die Opfer des Genozids unter den OvaHerero und OvaMbandero erinnert. Doch der niederknienden Frau fehlt jegliche Rührung und Empathie, den sie eskortierenden Models in der Rolle von „Schutztruppensoldatinnen" [*sic*] ebenso. Diese Inszenierung ist historisch und ethisch unbedacht und an diesem Gedenkort angesichts des Genozid-Traumas despektierlich.

Der Politikwissenschaftler Joshua Kwesi Aikins kommentiert: „Ich glaube schon, dass viele, die auf diese Fotografien schauen, immer noch in einer kolonialen Normalität gefangen sind, die nicht so einfach zu durchbrechen ist."[35] Die Bilder zeigten ein „immer noch kolonial geprägtes Grundverständnis" und damit auch, „wie schwierig es in Deutschland ist, sich mit der eigenen Kolonialgeschichte auseinanderzusetzen."[36]

Seine Ausstellung, sagt Babej, verfolge „das Ziel, neue Akzente für die politische Kunst zu setzen, in der nicht der Protest eines Künstlers im Mittelpunkt steht, sondern eine fundierte inhaltliche Auseinandersetzung."[37] Doch der

34 Marc Erwin Babej: Fotostrecke *Unser Afrika. Nachwirkungen*, Foto 31/31: Der Swakopmunder Kniefall. In: *Spiegel Online*, 18.06.2018. http://www.spiegel.de/fotostrecke/unser-afrika-ausstellung-von-marc-erwin-babej-in-hamburg-fotostrecke-161562-31.html (Zugriff am 21.11.2018).

35 Shanli Anwar: Mit Werbeästhetik gegen Rassismus? Joshua Kwesi Aikins im Gespräch. In: *Deutschlandfunk Kultur*, 22.06.2018. https://www.deutschlandfunkkultur.de/ausstellung-unser-afrika-in-hamburg-mit-werbeaesthetik.2156.de.html?dram:article_id=421034 (Zugriff am 21.11.2018).

36 Ebd.

37 Ausstellung „Unser Afrika - Zum visuellen Erbe des deutschen Kolonialismus".

Fotograf, Gefundenes und Erfundenes mischend, bleibt sehr eng an seine eigene Vorstellungswelt gebunden, die in mehrfacher Hinsicht problematisch ist. Die Frage stellt sich: Wozu die Täterperspektive wiederholen? Wenn diese dann nicht zu Irritation, Provokation oder Dekonstruktion führt, sondern als modische Leerformel, heroisierendes Pathos und schickes Spektakel daherkommt, sind diese Bilder kein Erkenntnisgewinn.

IST DAS KUNST, ODER ...?

Zum Umgang mit dem nationalsozialistischen Filmerbe

LEA WOHL VON HASELBERG

Der Umgang mit dem nationalsozialistischen Filmerbe ist symptomatisch für die deutsche Auseinandersetzung mit der nationalsozialistischen Vergangenheit, deren Erinnerung einerseits Staatsräson ist und die es andererseits nichtsdestotrotz vermag, lähmendes Unbehagen zu verbreiten sowie Abwehr hervorzurufen. Raum für offene Fragen und Zwischentöne ist selten; weit häufiger kommt es zu externalisierender Dämonisierung oder Verharmlosung. Hier macht das Filmerbe keine Ausnahme. Denn auch wenn jüngst zum 100. Ufa-Jubiläum die herben Verluste beklagt wurden, die die deutsche Filmindustrie 1933 durch jene zu verzeichnen hatte, die als Filmschaffende von Berufsverboten betroffen ins Exil gingen, nicht mehr arbeiten konnten oder später ermordet wurden, wodurch das Ende einer Hochphase künstlerischen Filmschaffens besiegelt wurde, so greift die Schlussfolgerung, dass man die etwa 1.200 zwischen 1933 und 1945 entstandenen Filme schlicht als künstlerisch wertlos abtun könnte, zu kurz. Und selbst wenn sie zuträfe, das Publikum ist ja auch noch da. Wenn tausende von Studierenden an deutschen Universitäten in der Adventszeit *Die Feuerzangenbowle* (DE 1943/44, R: Helmut Weiss) sehen wollen, dann ändert sich das nicht dadurch, dass der Film 1943 gedreht wurde – während der Niederschlagung des Aufstands im Warschauer Ghetto. Und dass Goebbels den Film zunächst verbieten wollte und er wahrscheinlich erst durch Heinz Rühmanns persönliche Fürsprache bei Göring und Hitler zur Aufführung gelangte.[1]

Doch wie ideologisch aufgeladen sind die Filme der NS-Zeit? Oder anders: Inwiefern transportieren die Unterhaltungsfilme, die das Gros der damaligen Filmproduktion ausmachten, nationalsozialistische Ideologeme? Die Beantwortung dieser Fragen verlief historisch betrachtet einigermaßen analog zu der Aufarbeitung der Schuld der deutschen Bevölkerung: Die Alliierten suchten in ihrer filmischen Entnazifizierung zunächst nach den eindeutigsten, den augenfälligsten Zeichen, mit denen wir uns bis heute leichttun: Hakenkreuze, Hitlergrüße und andere Insignien des NS. Doch diese waren bei

1 Vgl. Hans J. Görtz / Hans Sarkowicz: *Heinz Rühmann 1902–1994. Der Schauspieler und sein Jahrhundert.* München: Piper 2004, S. 242.

weitem nicht so häufig, wie man angesichts der Vorliebe der Nazis für massenwirksame Live-Veranstaltungen hätte vermuten können. Die Gründe hierfür sind in den durchaus vielschichtigen Funktionen der nationalsozialistischen Filmpropaganda zu finden. So wurden in der unmittelbaren Nachkriegszeit Hakenkreuzfahnen aus Filmen geschnitten und diese so entnazifiziert.[2] Gleichzeitig wurden Filme tatsächlich verboten, die als zu nazistisch eingestuft wurden, sie durften in Folge nicht mehr gezeigt werden. Es folgten 1949 und 1950 zwei Prozesse gegen Veit Harlan, begleitet von der Debatte, welche Rolle die Kunst bei der Durchsetzung und Stützung des NS-Regimes eigentlich gespielt habe und welche Mitverantwortung dementsprechend Künstler*innen und Intellektuellen angelastet werden könne. Eine komplexe wie anstrengende Auseinandersetzung – und so verwundert es kaum, dass Veit Harlan 1950 auch in der Berufung freigesprochen und auf den Händen seiner Fans aus dem Gerichtssaal getragen wurde.[3]

To make a long story short: Das waren die 1950er Jahre, in denen das Schweigen und Verdrängen noch die Oberhand hatten und die wir heute bei weitem überwunden haben – so zumindest das Narrativ einer erfolgreichen ‚Vergangenheitsbewältigung'.

Heute gibt es eine Liste von etwa 40 Filmen, die als sogenannte Vorbehaltsfilme klassifiziert sind – von den einst 221 Produktionen, die die Alliierten als Kategorie C, also eindeutig als Propagandafilme klassifiziert hatten.[4] Die Rechte dieser Filme liegen bei der Friedrich Wilhelm Murnau Stiftung, die einen großen Teil des deutschen Filmerbes pflegt und als Nachfolgerin in Materialien und Rechten ehemaliger Produktionsfirmen wie Ufa, Universum-Film, Bavaria, Terra und Tobis mehr als 6.000 Stumm- und Tonfilme der 1890er bis 1960er Jahre verwaltet. Die Vorbehaltsfilme machen dabei nur einen kleinen Teil der Filme aus, die zwischen 1933 und 1945 entstanden sind. Zu ihnen gehören bekannte Propagandafilme wie *Jud Süß* (DE 1940, R: Veit Harlan), *Hitlerjunge Quex* (DE 1933, R: Hans Steinhoff) oder *Der ewige Jude* (DE 1940, R: Fritz Hippler), aber auch weniger bekannte Filme wie *Alarm in Peking* (DE 1937, R: Herbert Selpin), in dem es um den chinesischen Boxeraufstand geht. Sie sind heute allerdings im juristischen Sinn nicht ‚verboten', sondern

2 Die westalliierte Filmpolitik zielte einerseits darauf ab, nationalsozialistische Positionen und Einflüsse zurückzudrängen, und andererseits auf demokratische Umerziehung – *re-education*. In den ersten Nachkriegsjahren gab es aber einen Mangel an synchronisierten Filmen, während es gleichzeitig eine große Nachfrage nach Kinovorführungen als Ablenkung für die deutsche Bevölkerung gab. So ließen die Alliierten in sogenannten Reprisen deutsche Filme zu, die vor 1945 produziert worden waren, und schnitten die ‚eindeutigen' Szenen heraus. Die 1949 gegründete FSK, die für die Altersfreigaben von Filmen verantwortlich war und ist, setzte diese Strategie der ‚Entschärfung' und anschließender Freigabe in ähnlicher Weise fort.

3 Als Erich Lüth 1952 zum Boykott des neu erscheinenden Harlan-Films *Unsterbliche Geliebte* (BRD 1950/51, R: Veit Harlan) aufrief, kam es zu einer Unterlassungsklage, angestrengt von Harlans Produktionsfirma, die 1951 vom Landesgericht gegen Lüth entschieden wurde. Erst 1958 bekam Lüth vom Bundesverfassungsgericht Recht, das seine Aussage von der Meinungsfreiheit gedeckt sah.

4 Vgl. *Der Umgang mit dem Filmerbe der NS-Zeit* auf filmportal.de. https://www.filmportal.de/thema/der-umgang-mit-dem-filmerbe-der-ns-zeit. (Zugriff am 21.11.2018). Interessant ist zudem, dass diese ‚schleichende' Freigabe auch historische Filme betrifft, die historische Personen der deutschen Geschichte porträtieren. Das zeigt, wie oberflächlich hier auf den Inhalt der Filme geachtet wird, nicht aber auf deren Perspektivierung und Deutungsangebote. Vgl. Hans Krah / Marianne Wünsch: Der Film des Nationalsozialismus als Vorbehaltsfilm oder ‚Ufa-Klassiker'. Vom Umgang mit der Vergangenheit. Eine Einführung. In: Hans Krah (Hrsg.): *Geschichte(n). NS-Film – NS-Spuren heute*. Kiel: Ludwig 1999, S. 9–29, hier S. 20.

dürfen nur mit wissenschaftlicher Einführung in begleiteten Kinoveranstaltungen aufgeführt werden. Im Dezember 2017 zeigte der deutsch-französische Fernsehsender Arte zum Ufa-Jubiläum den Film *Kolberg* (DE 1943–45) mit einer zehnminütigen Einführung der Filmwissenschaftlerin Ursula von Keitz – ein Novum, denn *Kolberg* ist ein Vorbehaltsfilm. In der gleichen Ufa-Reihe wurde auch der Film *Opfergang* (DE 1942–44, R: Veit Harlan) gezeigt, ebenfalls unter der Regie von Veit Harlan entstanden. *Opfergang* ist kein Vorbehaltsfilm, folglich lief er ohne Einführung und Arte kündigte ihn auf der Homepage folgendermaßen an:

> *Melodramatische Dreiecksgeschichte von Regisseur Veit Harlan, mit den UFA-Stars Kristina Söderbaum und Carl Raddatz: Die Zuneigung des Hamburger Senatorensohns Albrecht Froben schwankt zwischen seiner Frau Octavia und der schönen Äls. Als Äls und er schwer erkranken, übernimmt Octavia nicht nur die Krankenpflege von Albrecht. – In gedeckten Farben führt Veit Harlan die Dekadenz der bürgerlichen Welt vor und inszeniert die unerfüllte Liebe eines Mannes wie einen großen Fiebertraum. Symbolträchtig mit subtiler Sogwirkung.*[5]

Der hier deutlich werdende Doppelstandard, der bei den sogenannten Vorbehaltsfilmen und den frei zugänglichen NS-Filmproduktionen Anwendung findet, wird durchaus kritisiert. Allerdings zielt die Kritik weit häufiger auf die Praxis des Verschlusses der Vorbehaltsfilme – in ihren teilweise durchaus nachvollziehbaren Argumenten dargestellt in Felix Moellers Dokumentation *Verbotene Filme* (DE 2013/14) – und verschärft m. E. mit der Fokussierung auf die Vorbehaltsfilme noch die Dichotomisierung des NS-Filmerbes. In diesem Zusammenhang ist es zu verstehen, dass in regelmäßigen Abständen die Freigabe der Vorbehaltsfilme diskutiert wird. An den runden Tisch zum Thema Vorbehaltsfilme wurden auch Vertreter des Zentralrats der Juden in Deutschland und des Zentralrats der deutschen Sinti und Roma hinzugebeten, und vielleicht war es erleichternd, dass es die Vertreter der ‚Opferverbände' waren, die auf den auch künftigen Verschluss der Filme pochten.

Indes: Die entkontextualisierende Distribution von während des NS entstandenen Filmen, die als ‚Klassiker' scharf von den Propagandafilmen unterschieden werden, entbehrt aller wichtigen Bezüge auf den Entstehungskontext. Es fehlen Hinweise auf die Biographien der beteiligten Filmschaffenden, den Apparat, der von den Nazis für die Überwachung der Filmproduktion eingesetzt wurde, oder auch die durchaus komplexen Funktionen, die dem Film innerhalb des Medienrepertoires des NS-Staates zukam.[6] Dies wird auch von der Murnau-Stiftung so betrieben: Die DVD-Veröffentlichungen sind so gestaltet, dass der Film sowohl Historiker*innen oder Filmwissenschaftler*innen adressieren kann, die sich mit dem NS-Filmerbe beschäftigen, wie auch eine nostalgisch zurückschauende

5 http://cinema.arte.tv/de/artikel/opfergang (Zugriff am 31.10.2018).

6 Aber nicht erst heute und nicht nur bezogen auf die DVD-Distribution. 1988 konstatiert Hilmar Hoffman kritisch: „Längst schicken ja unsere drei Fernsehprogramme die sogenannte Unterhaltungsware von Ufa und Tobis über den Monitor in unsere Wohnstuben, ohne den mindesten Hinweis auf ihre damalige Funktionsbestimmung oder auf ihren faschistischen Kontext. In Schwabing werben einige Kinos mit flotten Sprüchen der Begeisterung für die Filmhits aus braunen Tagen." (Hilmar Hoffmann: *Es ist noch nicht zu Ende. Sollen Nazikunst und Nazifilme wieder öffentlich gezeigt werden?*, Frankfurt am Main: Frankfurter Bund für Volksbildung 1988. S. 68.)

Zuschauer*innenschaft. Was war es nicht auch ergreifend, als Kristina Söderbaum leidend ins Wasser ging?

Doch bevor man hier in übermäßige Kritik ausbricht und sich freut, einen einzelnen Schuldigen gefunden zu haben: Es ist natürlich ein Problem, dass die Murnau-Stiftung sich aus dem Erlös aus der Vermarktung der Filmrechte finanzieren muss. Daraus ergibt sich eine notwendige Gewinnorientierung. Diese wiederum scheint, und damit wären wir wieder beim Publikum angekommen, besonders durch eine entkontextualisierte und unkritische Distribution gewährleistet zu sein. So erscheinen NS-Filmproduktionen auf DVD in einer Reihe *Filmklassiker 1930–1960*. Um das Produktionsjahr zu finden, muss man genau auf die DVD-Hülle schauen, die Kontextualisierung des Entstehungsjahres bleibt den Rezipient*innen gänzlich selbst überlassen. Diese Form der Distribution wurde schon für das deutsche Fernsehen angewendet, wo die vermeintlich unproblematischen Nazi-Filmklassiker sicherlich ein größeres Publikum erreichten.

Ich bin nicht die erste, die diesen Umgang kritisiert,[7] und doch kann kaum oft genug darauf verwiesen werden: Auch filmisch gab es keine ‚Stunde Null'. Nicht zuletzt diese Kontinuitäten sind es, die die bundesrepublikanische Gesellschaft als eine postnationalsozialistische prägen. Mit den Grau- und Zwischentönen tut man sich bezüglich des NS immer noch schwer. Denn verbunden mit der kritischen Betrachtung der Filme wäre ja auch eine ebensolche ihrer Held*innen angesagt. Diese mag bei Veit Harlan und Kristina Söderbaum vielleicht noch vergleichsweise eindeutig ausfallen, weit schwieriger wird es aber bei bis heute beliebten Stars wie Zarah Leander oder Heinz Rühmann. Dabei sind es gerade diese personellen Kontinuitäten, die dazu beigetragen haben, das Bild eines unbelasteten und lediglich vom NS-Regime streng reglementierten Kulturbetriebs zu etablieren, ein Bild, das bis heute die Rezeption der Filme prägt. Hätte sich schon früher ein differenzierter Diskurs entwickelt, der der Problematik der Abstufungen und auch Uneindeutigkeiten solcher Künstler*innen gewachsen ist, hätte man vielleicht auch mit Rainer Werner Fassbinder in den 1970er und 1980er Jahren anders umgehen können, als zwischen Verdammung und Entschuldung zu polarisieren.[8]

Dabei wäre jetzt ein guter und wichtiger Zeitpunkt, um neu oder unter anderen Vorzeichen über den Umgang mit dem NS-Filmerbe zu diskutieren: 2018 hat die Kulturstaatsministerin Monika Grütters zusätzliche Mittel für die Digitalisierung des Filmerbes angekündigt, wodurch ab 2019 für die nächsten zehn Jahre eine Förderung von bis zu 10 Millionen Euro pro Jahr möglich wird.[9] Ist das nicht schon hinter den verschlossenen Türen der beteiligten Institutionen geschehen, so müssen jetzt Kriterien und Konzepte entwickelt werden, welche Filme digitalisiert und ob bzw. wie sie danach zugänglich gemacht werden. Hier wäre ein Ansatzpunkt, um den Umgang mit dem NS-Filmerbe erneut zu diskutieren. Hinzu kommt, dass das filmische Erbe zunehmend als Teil des Kulturerbes verstanden

7 Vgl. u. a. Krah / Wünsch: Der Film des Nationalsozialismus als Vorbehaltsfilm oder ‚Ufa-Klassiker', S. 14.

8 Damit soll kein unpassender Vergleich gezogen werden, der auf der einen Seite einer Verharmlosung das Wort redet und auf der anderen Fassbinders Filme in eine Reihe mit denen von Veit Harlan stellt.

9 Jährlich 10 Mio. Euro für die Digitalisierung des nationalen Filmerbes. In: *FilmBizNews*, 17.12.2018. https://www.filmbiznews.de/filmfoerderungsanstalt/jaehrlich-10000000-euro-fuer-die-digitalisierung-des-nationalen-filmerbes/15776/2018/10/ (Zugriff am 21.11.2018).

wird. Die sprachliche Rahmung des NS-Films als Erbe ist nicht neu. Schon der Filmkritiker Karsten Witte hatte den NS-Film als nicht teilbares Erbe bezeichnet und damit auch auf den Umgang mit diesen Filmen nach 1945 verwiesen. Der Kontext des Kulturerbes könnte heute diese Unteilbarkeit hervorheben, die auch der Filmhistoriker Alfons Maria Arns betont,[10] und darüber hinaus eine Auseinandersetzung mit der häufig übersehenen Ambivalenz des Begriffs des Erbes ermöglichen.

Gleichzeitig ist es ein schwieriger Zeitpunkt, um den bundesrepublikanischen Umgang mit der NS-Vergangenheit zu kritisieren angesichts der immer offeneren und härteren Angriffe auf den erinnerungskulturellen Status quo. Angriffe, die in jüngerer Zeit immer offener nicht nur die tatsächlich dezidiert kritische Gedächtnisarbeit kleinerer Institutionen und Vereine, sondern auch die offizielle Erinnerungskultur treffen. Hinzu kommen AfD-Funktionäre, die zunehmend mitstimmen und künftig in mehr und mehr Entscheidungsgremien vertreten sein werden. Umso wichtiger ist es, hinsichtlich des NS-Filmerbes für eine kritische Gedächtnisarbeit einzutreten.

Wie könnte sie aussehen? In der Ausbildung von Filmschaffenden wie Filmhistoriker*innen könnte dieses unteilbare Filmerbe, das in seiner Gänze auf komplexe Weise mit seinem Entstehungszeitraum untrennbar verwoben ist, eine größere Bedeutung einnehmen, mit all seinen Prägungen, die es in unseren Sehgewohnheiten hinterlassen hat. Auch in der Bildungsarbeit, in der NS-Propagandafilme besprochen werden, wäre durch eine entsprechende Filmauswahl der beschriebenen Dichotomisierung entgegenzuwirken. Und bevor zum wiederholten Mal die Freigabe der Vorbehaltsfilme diskutiert wird, sollten kritisch-kommentierte Veröffentlichungen von Nicht-Vorbehaltsfilmen erprobt werden. DVD-Ausgaben mit historischen Einordnungen in den Booklets oder Audiokommentare zur „ideologischen Signatur“[11] der Filme wären dafür ein Anfang, ebenso wie Projekte und Konzepte, mit deren Hilfe sie dann auch in der politischen Bildungsarbeit eingesetzt werden können. Die entsprechenden Filmhistoriker*innen und Akteur*innen der politischen Bildungsarbeit haben wir, es fehlen – wie immer – nur die Mittel.

10 So Alfons Maria Arns in seinem Vortrag „Von der ‚Ehrbarmachung‘ eines ‚verruchten Erbes‘. Zum institutionellen Umgang mit den nationalsozialistischen Spielfilmen in der Bundesrepublik Deutschland“ auf dem Workshop *The Afterlives of National Socialist Film*, der im April 2018 im Zentrum für Zeithistorische Forschung in Potsdam stattfand. Vgl. Florian Völker: The Afterlives of National Socialist Film. Tagungsbericht. https://www.hsozkult.de/conferencereport/id/tagungsberichte-7766https://www.hsozkult.de/conferencereport/id/tagungsberichte-7766 (Zugriff am 21.11.2018).

11 Judith Keilbach: *Geschichtsbilder und Zeitzeugen. Zur Darstellung des Nationalsozialismus im bundesdeutschen Fernsehen*. Münster: Lit 2008, S. 31–32.

WER WIRD VON WEM GEHÖRT?

Eine jüdische Perspektive auf Themen des jüdisch-muslimischen Dialogs

SIGMOUNT KÖNIGSBERG

Eine Replik auf Yasemin Shooman: „Wer redet für wen und mit wem? Oder Herausforderungen des jüdisch-muslimischen Dialogs in Deutschland – eine muslimische Perspektive.“ (Jalta 3, *S. 42–49*).

Nach der Lektüre des Texts von Yasemin Shooman habe ich mir die Frage gestellt: „Wer wird eigentlich von wem gehört?“ Ich möchte im Folgenden Widersprüche aufzeigen, die Yasemin Shooman nicht thematisiert hat, die ich aber für die Zukunft des jüdisch-muslimischen Dialogs in Deutschland für wichtig halte. Gleichzeitig möchte ich Vorschläge machen, welche Richtungen der jüdisch-muslimische Dialog einschlagen könnte.

DIE BESCHNEIDUNGSDEBATTE 2012 Als Beispiel missglückten Dialogs führt die Autorin zurecht die Beschneidungsdebatte 2012 an, allerdings ohne die zahlreichen Widersprüche aufzulösen, die diese Debatte begleiteten. Sie meint, dass die muslimische Community „gelassen reagierte“, während die jüdische Gemeinschaft zeitnah geantwortet habe. Die Reaktionen mögen an den unterschiedlichen kollektiven Gedächtnissen liegen. Die Geschichte des Judentums in Europa ist eine 2000-jährige Geschichte der Bedrohung und Verfolgung. Die jüdische Erfahrung zeigt, dass das Verbot der Brit Mila, der Zirkumzision, sehr oft Vorbote eines Verbots der Ausübung der jüdischen Religion war. Viele Jüdinnen*-Juden empfanden die Debatte als verletzend – Charlotte Knobloch stellte zwischenzeitlich die Frage, ob jüdisches Leben in Deutschland noch erwünscht sei.[1]

Shooman schreibt, die politischen Reaktionen seien eindeutig zugunsten der Zirkumzision gewesen. (S. 43.) Dem muss entschieden widersprochen werden. Fakt ist, dass ein Sammelsurium von Rassismen

1 Charlotte Knobloch: Wollt ihr uns Juden noch? In: *Süddeutsche Zeitung*, 25.09.2012. http://www.sueddeutsche.de/politik/beschneidungen-in-deutschland-wollt-ihr-uns-juden-noch-1.1459038 (Zugriff am 15.06.2018).

und Antisemitismen in allen Schichten der Bevölkerung zu Tage trat und sowohl Muslim*innen wie Jüdinnen*Juden das Festhalten an „archaischen Blutritualen"[2], „Kinderschändung" und „Genitalverstümmelung" vorgeworfen wurde. Die Bedrohung sowohl muslimischen wie jüdischen Lebens kam aus allen politischen Richtungen und gesellschaftlichen Milieus, und es ist wichtig, das zu benennen.[3]

Im Zuge der Beschneidungsdebatte empfanden viele Jüdinnen*Juden nur wenig Unterstützung seitens der muslimischen Community. Ich war selbst einer der Mitorganisator*innen der gemeinsamen Demonstration für die Zirkumzision am 9. September 2012. Die muslimische Gemeinschaft wurde auf dem Podium nur durch Kenen Kolat vertreten.[4] Zahlenmäßig leben mindestens zehnmal so viele Muslim*innen wie Jüdinnen*Juden in Berlin. Bei der Demonstration war das Verhältnis meiner Beobachtung nach eher umgekehrt. Solche Erfahrungen führten dann zu meiner, von Shooman kritisierten Aussage „Ich bin zu Gesprächen mit muslimischen Verbänden bereit, allerdings kann dies keine Einbahnstraße sein."[5] Es wäre nicht nur schön, sondern auch politisch sehr wichtig, wenn es vielmehr gegenseitige Solidarisierungen gäbe. Auf einzelne Beispiele, wie es sein könnte, gehe ich später ein.

DIE INSTRUMENTALISIERUNG VON JÜDINNEN*-JUDEN DURCH DIE AFD Mit Verwunderung ist zur Kenntnis zu nehmen, dass Shooman zwar feststellt, dass die AfD sich zur Beschützerin der Jüdinnen*Juden aufspielt, aber jüdische Reaktionen darauf außen vorlässt. Warum erwähnt sie nicht, dass die gewählten Vertreter*innen jüdischer Gemeinden sich seit Jahren gegen die AfD positioniert haben? Charlotte Knobloch sagte über die AfD: „Sie ist eine Schande für unser Land und für jüdische Menschen nicht wählbar!"[6] Der Präsident des Zentralrats der Juden in Deutschland, Josef Schuster, hat sich mehrfach gegen die Instrumentalisierung von Jüdinnen*Juden durch die AfD verwehrt, zum Beispiel am 15. Juli 2018 in einem Interview des *Tagesspiegels*: „Wäre die jüdische Gemeinschaft tatsächlich auf die AfD angewiesen, dann wäre es höchste Zeit, Deutschland zu verlassen."[7] Hier sind Botschaften jüdischer Akteur*innen, auch meiner Person,[8] anscheinend nicht gehört worden.

2 Tamara Guggenheim: Wie tief Worte verletzen können. In: *Hagalil*, 08.12.2012. http://www.hagalil.com/2012/10/beschneidungsdebatte/comment-page-1/ (Zugriff am 15.06.2018).

3 Holm Putzke: Die strafrechtliche Relevanz der Beschneidung von Knaben. In: Ders. / Bernhard Hardtung / Tatjana Hörnle et al. (Hrsg.): *Strafrecht zwischen System und Telos. Festschrift für Rolf Dietrich Herzberg zum siebzigsten Geburtstag*. Tübingen: Mohr Siebeck 2008, S. 669–711, hier S. 708–709; Jost Müller-Neuhof: Chronik einer beispiellosen Debatte. In: *Der Tagesspiegel*, 20.08.2012. https://www.tagesspiegel.de/politik/religioese-beschneidung-chronik-einer-beispiellosen-debatte/7018904.html (Zugriff am 15.06.2018).

4 Martin Krauss: Für Religionsfreiheit und das Recht auf Beschneidung. In: *Jüdische Allgemeine*, 09.09.2012. https://www.juedische-allgemeine.de/politik/fuer-religionsfreiheit-und-das-recht-auf-beschneidung/ (Zugriff am 02.12.2018).

5 dpa: Muslime dürfen nicht länger schweigen. In: *Der Tagesspiegel*, 30.10.2017. https://www.tagesspiegel.de/berlin/antisemitismus-beauftragter-der-juedischen-gemeinde-berlin-muslime-duerfen-nicht-laenger-schweigen/20521510.html (Zugriff am 15.06.2018).

6 dpa: Knobloch sieht AfD als unwählbar für Juden an. In: *Die Welt*, 06.04.2017. https://www.welt.de/regionales/bayern/article163464565/Knobloch-sieht-AfD-als-unwaehlbar-fuer-Juden-an.html (Zugriff am 15.06.2018).

7 Cordula Eubel / Alexander Fröhlich: Es werden zunehmend rote Linien verschoben. In: *Der Tagesspiegel*, 15.07.2018. https://www.tagesspiegel.de/politik/zentralrat-praesident-ueber-juden-in-deutschland-es-werden-zunehmend-rote-linien-verschoben/22802452.html (Zugriff am 16.07.2018).

8 Sigmount Königsberg: Politisches Erdbeben in Deutschland – Einzug der AfD in den Bundestag. Heute

An dieser Stelle mag eingewendet werden, dass sich im Oktober 2018 eine Gruppe „Juden in der AfD" (JAfD) gegründet hat.[9] Meiner Beobachtung nach hat gerade die Gründung dieser Gruppe zu einem Zusammenschluss vieler jüdischer Persönlichkeiten und Organisationen aus unterschiedlichen Richtungen geführt, die sich für eine demokratische Gesellschaft und gegen die von die AfD propagierte Politik aussprechen. So haben sich der Zentralrat der Juden in Deutschland und mit ihm 41 jüdische Organisationen eindeutig gegen die AfD und deren Versuche, Jüdinnen*-Juden zu instrumentalisieren, positioniert.[10] Und nicht nur die Organisationen, sondern auch die jüdische Zivilgesellschaft hat sich in einem von der *Jalta*-Redaktion veröffentlichten Papier eindeutig positioniert,[11] einem Papier, dem ich vollumfänglich zustimme.

Genauso übersieht Shooman, dass Josef Schuster sich im September 2015 für die Aufnahme von Geflüchteten engagiert hat:

> *Wir, als jüdische Gemeinschaft, wissen aus der Geschichte nur zu gut, was es bedeutet, seine Heimat zu verlieren. Wir stehen an der Seite der Flüchtlinge – viele Gemeinden auch ganz konkret mit direkter Hilfe – und setzen uns dafür ein, dass sie in Deutschland eine sichere Zufluchtsstätte finden.*[12]

Und nicht nur Schuster wurde ignoriert, auch die jüdischen Menschen, die sich – mit vielen anderen ehrenamtlichen Helferinnen und Helfern – in der Flüchtlingsbetreuung engagiert haben, werden mit Nichtachtung gestraft.[13]

Schuster hatte sich zwar zunächst für eine Obergrenze von Geflüchteten ausgesprochen: „Über kurz oder lang werden wir um Obergrenzen nicht herumkommen."[14] Diese Forderung relativierte er später:

> *Ich war nie für eine Obergrenze. Mit meiner Aussage Ende 2015 wollte ich lediglich deutlich machen, dass die Kommunen in der Versorgung der Flüchtlinge so etwas wie Kapazitätsgrenzen haben. Aber jetzt sind wir in einer Situation, wo die Flüchtlingszuwanderung deutlich geringer ist. Ich bin der*

Muslime, morgen Juden? In: *Die Jüdische*, 24.09.2017, http://www.juedische.at/pages/deutschland/politisches-erdbeben-in-deutschland.php (Zugriff am 18.06.2018).

9 Jüdische AfD-Mitglieder gründen Vereinigung. In: *Die Zeit*, 07.10.2018. https://www.zeit.de/politik/deutschland/2018-10/juden-afd-jafd-vera-kosova (Zugriff am 28.11.2018).

10 Zentralrat der Juden in Deutschland und 41 jüdische Organisationen und Verbände: Keine Alternative für Juden. Gemeinsame Erklärung gegen die AfD. https://www.zentralratderjuden.de/fileadmin/user_upload/pdfs/Gemeinsame_Erklaerung_gegen_die_AfD_.pdf (Zugriff am 28.11.2018).

11 Micha Brumlik / Marina Chernivsky / Max Czollek / Hannah Peaceman / Anna Schapiro / Lea Wohl von Haselberg: Die AfD vertritt menschenfeindliche und antisemitische Positionen. In: *Die Zeit*, 26.09.2018. https://www.zeit.de/kultur/2018-09/juden-afd-gegenbewegung-positionspapier (Zugriff am 28.11.2018).

12 Josef Schuster: Von Flüchtlingen und Willkommenskultur. Ein Aus- und Rückblick an der Schwelle zum neuen Jahr. In: *Jüdische Allgemeine*, 07.09.2015. https://www.juedische-allgemeine.de/article/view/id/23297 (Zugriff am 18.06.2018).

13 Als Beispiele seien hier nur das Engagement von Chaim Jellinek sel. A. und seiner Familie und der Synagoge Fraenkelufer erwähnt. Carla Quick: Wie Flüchtling Kinan eine neue Heimat fand. In: *Liebenswert.de*, 07.12.2016. https://www.liebenswert-magazin.de/wie-fluechtling-kinan-eine-neue-heimat-fand-549.html (Zugriff am 18.05.2018); Marianne Allweiss / André Hatting: Religion ist im Augenblick nicht wichtig. In: *Deutschlandfunk Kultur*, 23.11.2015. http://www.deutschlandfunkkultur.de/juedische-willkommens kultur-fuer-fluechtlinge-religion-ist.1008.de.html?dram:article_id=337692) (Zugriff am 18.06.2018).

14 Josef Schuster: Wir werden um Obergrenzen nicht herumkommen. In: *Die Welt*, 23.11.2015. https://www.welt.de/politik/deutschland/article149136577/Wir-werden-um-Obergrenzen-nicht-herumkommen.html (Zugriff am 28.11.2018).

Meinung, dass eine – ich sage ganz bewusst – Begrenzung auf Grundlage unseres Asylrechts und eine europaweite Verteilung sicherlich sinnvoll sind.[15]

Zudem hat er den Entzug des Bleiberechts für antisemitische Migrant*innen gefordert.[16] Dies mag anscheinend im Widerspruch zur ersten Aussage, die jüdische Gemeinschaft stehe an der Seite der Flüchtlinge, stehen, spiegelt aber nur die erlebten Erfahrungen vieler jüdischer Menschen wider, die so im Bericht des Unabhängigen Expertenkreises Antisemitismus des Deutschen Bundestags wiedergegeben wurden. Hier heißt es etwa:

Besonders häufig wurden muslimische Personen als Täter angegeben: 48 Prozent der versteckten Andeutungen, 62 Prozent der Beleidigungen und 81 Prozent der körperlichen Angriffe gingen nach dieser Einschätzung von muslimischen Personen aus.[17]

Und:

Danach gefragt, warum sie befürchten, Antisemitismus werde zunehmen, nennen in den qualitativen Interviews viele Experten und Befragte die Einwanderung von Flüchtlingen mit muslimisch-arabischem Hintergrund, die Antisemitismus aus ihren Heimatländern mitbrächten. Gerade diese Sorge mit Blick auf Geflüchtete wird in der qualitativen Studie von nahezu allen Befragten und auch den interviewten Schlüsselakteuren immer wieder artikuliert.[18]

Diese gelebten Erfahrungen kann kein*e Vertreter*in der jüdischen Gemeinschaft in der Debatte um Migration außen vorlassen. Es wäre auch falsch, diese zu verschweigen, nur weil die Gefahr besteht, sie könnte von der AfD instrumentalisiert und missbraucht werden (was ja auch geschieht). Zudem kann sich die jüdische Gemeinschaft auch nicht des Eindrucks erwehren, dass das Engagement mancher muslimischer Organisationen gegen Antisemitismus ausbaufähig wäre, so sieht es beispielsweise Josef Schuster:

Es passiert immer noch, dass in Moscheegemeinden radikale Stimmungen gefördert werden, statt dagegen entschieden vorzugehen. Die muslimischen Verbände beteuern immer wieder, der Islam sei eine friedfertige Religion. Das müssen sie aber auch umsetzen, wenn es um religiöse Konflikte geht. Man kann sehr wohl geteilter Meinung sein, wenn es um die israelische oder palästinensische Politik geht. Aber man muss etwas dagegen tun, wenn die Kritik an Israel mit Ressentiments gegenüber „den" Juden einhergeht. Diese Differenzierung erfolgt in vielen islamischen Gemeinden offenbar nicht. Da sehe ich ein Defizit.[19]

---

15 Christian Böhme / Maria Fiedler: Es könnte sehr wohl auch Juden treffen. In: *Der Tagesspiegel*, 24.09.2017. https://www.tagesspiegel.de/politik/zentralratspraesident-josef-schuster-es-koennte-sehr-wohl-auch-juden-treffen/20368036.html (Zugriff am 28.11.2018).

16 epd: Entzug des Bleiberechts für antisemitische Migranten gefordert. In: *Jüdische Allgemeine*, 08.04.2018. https://www.juedische-allgemeine.de/politik/entzug-des-bleiberechts-fuerantisemitische-migranten-gefordert/ (Zugriff am 28.11.2018).

17 Deutscher Bundestag, Drucksache 18/11910: *Bericht des Unabhängigen Expertenkreises Antisemitismus des Deutschen Bundestags*, 07.04.2017, S. 115. http://dip21.bundestag.de/dip21/btd/18/119/1811970.pdf (Zugriff am 29.01.2019).

18 Ebd., S. 109.

19 „Die Anschläge in Paris waren ein Weckruf". In: *Der Tagesspiegel*, 24.01.2015. https://www.tagesspiegel.de/politik/zentralrat-der-juden-zu-terror-die-anschlaege-in-paris-waren-ein-weckruf/11274678.html (Zugriff am 29.01.2019).

Es sollte aber immer im Auge behalten werden, dass Migration viel umfassender ist, als sie zurzeit in den Medien diskutiert wird und nicht auf Muslim*innen reduziert werden darf. So haben fast alle Jüdinnen*Juden, die in Deutschland leben, Migrationserfahrung. Entweder selbst oder aber durch ihre Eltern.

Aus jüdischer Sicht wird jüdisches Leben in der Bundesrepublik Deutschland in erster Linie von Neonazis, von Rechtsextremen und der AfD[20] angegriffen, von links z. B. vom sogenannten Jugendwiderstand[21] sowie von antisemitischen Muslim*innen – wobei der Antisemitismus aus allen Milieus der Gesellschaft, insbesondere der sogenannten Mitte der selbigen als ständiger Begleiter für das entsprechende ‚Grundrauschen' sorgt.

Shooman kann auch nicht von Antisemitismus unter Muslim*innen reden, ohne dabei „antimuslimische Ressentiments, die es in der jüdischen Gemeinschaft ja durchaus auch gibt" (S. 44), zu thematisieren. Ja, es gibt diese Vorbehalte. Mir ist aber nicht bekannt, dass ein muslimisches Kind wegen Übergriffen jüdischer Schüler seine Schule verlassen hat oder dass ein Jude einer Muslima den Hidschab heruntergerissen hätte. Ich möchte an dieser Stelle betonen: Es geht mir nicht darum, Rassismus und Übergriffe gegen Muslim*innen zu leugnen. Denn sie gehören genauso zu den Alltagserfahrungen muslimischer Menschen und die Antwort der Zivilgesellschaft auf solche Übergriffe ist erbärmlich. Ich möchte nur darauf aufmerksam machen, dass es wichtig ist, auch Unterschiede sichtbar zu benennen.

JÜDISCH-MUSLIMISCHER DIALOG – WIE WEITER? Im Gegensatz zu Shooman bin ich schon der Auffassung, dass der „Elefant" – wie sie es nennt – Nah-Ost-Konflikt sehr schnell thematisiert werden sollte, weil er sonst wie ein Damokles-Schwert über dem jüdisch-muslimischen Dialog schwebt. Dabei läuft aus jüdischer Perspektive die Forderung, das Existenzrecht Palästinas anzuerkennen, offene Türen ein. Aber aufgrund meiner zahlreichen Gespräche mit Gemeindemitgliedern kann ich mich nicht des Eindrucks erwehren, dass zumindest ein Teil der muslimischen Communities sich weigert, überhaupt das Existenzrecht Israels anzuerkennen – wie die Organisator*innen des Al-Quds-Tages.[22] Ich selbst erlebte bei einer Gesprächsrunde, dass ein muslimischer Student sagte: „Ich lehne den Staat Israel ab!" Die Anerkennung des Staates Israel ist aber Conditio sine qua non für einen jüdisch-muslimischen Dialog. Zumindest sollte es folgenden kleinsten gemeinsamer Nenner geben: „Wir erkennen sowohl das Existenzrecht Israels als jüdischen Staat ebenso an wie das Recht des palästinensischen Volkes auf einen eigenen Staat."[23] Ohne eine solche Minimalverständigung bleiben

20 Besonders die von der AfD geforderten Verbote der Beschneidung bzw. des Schächtens sind direkte Angriffe auf die Ausübung des Judentums. Vgl. hierzu *Wahlprogramm der AfD zur Landtagswahl in Bayern* 2018, S. 21–22, 58. https://cdn.afd.tools/sites/170/2018/07/15174136/2018_AfD_Bayern_Wahlprogramm1.pdf (Zugriff am 29.01.2019).

21 Vgl. Maos Schläger aus Berlin-Neukölln. In: *Der Tagesspiegel*, 10.12.2018. https://www.tagesspiegel.de/berlin/gewalttaetige-politsekte-jugendwiderstand-maos-schlaeger-aus-berlin-neukoelln/23729980.html (Zugriff am 29.01.2019).

22 http://www.qudstag.de/unsere-ambition/ (Zugriff am 26.06.2018).

23 Als Diskussionsgrundlage könnte – trotz ein paar kritischer Punkte – beispielsweise die Grundsatzerklärung von meet2respect dienen. Vgl. meet2respect: Grundsatzerklärung jüdischer und muslimischer Vertreter*innen zum friedlichen Zusammenleben, 25.05.2016. https://meet2respect.de/islam-judentum/grundsatzerklaerung/ (Zugriff am 26.07.2018).

sämtliche Dialogversuche Nischenveranstaltungen, die den Mainstream der jeweiligen Communities nicht erreichen.

Shooman schlägt für den muslimisch-jüdischen Dialog geschützte Räume wie das Jüdisch-islamische Forum am Jüdischen Museum Berlin vor. Dieses Format ist jedoch so geschützt, dass es in gar keine Community hineinwirkt – weder in die muslimischen noch in die jüdischen. Für einen konstruktiven Diskurs ist der geschützte Rahmen unerlässlich. Dennoch wäre eine Strategie zu überlegen, wie Dialogformate so gestaltet werden, dass sie hin und wieder den Rahmen einer geschlossenen Gesellschaft verlassen. Ich könnte mir vorstellen, dass nach und nach zumindest einzelne Veranstaltungen für einen jeweils weiteren Kreis geöffnet werden. Dies könnte auch durch wechselnde Orte geschehen. Dadurch könnten Vorbehalte abgebaut, im Idealfall auch neue Akteur*innen gewonnen werden – in allen Communities.

Veranstaltungen, die ausschließlich auf Öffentlichkeit abzielen, gleichzeitig aber nicht hinreichend vorbereitet und auch nicht inhaltlich unterfüttert sind, sehen sich sehr leicht der Kritik ausgesetzt. Die Tandemtour 2018 von meet2respect wäre da ein Beispiel.[24] Reiner Aktionismus – wie eine einmalige Tandem-Tour – ist nicht zielführend.

Gut vorbereitet gibt es aber durchaus Chancen für gemeinsame muslimisch-jüdische Aktionen. Die gemeinsame ganzseitige Anzeige in Düsseldorfer Zeitungen der Jüdischen Gemeinde Düsseldorf mit dem Kreis der Düsseldorfer Muslime[25] ist hier ebenso zu nennen wie die Ausstellung von KIgA, der Kreuzberger Initiative gegen Antisemitismus, L'Chaim – Auf das Leben! – Die Vielfalt jüdischen Lebens in Berlin entdecken[26], die verschiedene Facetten jüdischen Lebens heute aufzeigt. Initiativen wie Shalom Rollberg weisen Wege, wie jüdische und muslimische Menschen zusammenkommen können.[27]

Meinen Beobachtungen nach wächst im Mainstream der jüdischen Gemeinschaft die Einsicht, mehr als bislang gegen Muslimfeindlichkeit tun zu müssen. Dalia Grinfeld, Präsidentin der Jüdischen Studierendenunion Deutschland, schreibt im November 2018 als Reaktion auf Dervis Hizarcis Artikel[28], warum Muslim*innen sich gegen Antisemitismus engagieren sollen:

> *Von der Gesamtgesellschaft erwarten wir – zu Recht –, dass sie sich für jüdisches Leben und gegen Antisemitismus einsetzt. Von muslimischen Institutionen erwarten wir – zu Recht –, dass sie sich gegen Antisemitismus aussprechen und einsetzen. Im Umkehrschluss muss allerdings auch erfolgen, dass wir uns in der Rolle als jüdische Institutionen und in der Rolle als Teil der Gesamtgesellschaft gegen Muslimfeindlichkeit einsetzen müssen.*[29]

24 Andreas Kopietz: Tandemtour von Rabbis und Imamen. Kritiker befürchten Kosher-Zertifikat für Islamisten. In: *Berliner Zeitung*, 29.06.2018. https://www.berliner-zeitung.de/berlin/tandemtour-von-rabbis-und-imamen-kritiker-befuerchten-kosher-zertifikat-fuer-islamisten-30707604 (Zugriff am 26.07.2018).

25 Viel Lob für muslimisch-jüdische Initiative. In: *Rheinische Post*, 05.06.2018. https://rp-online.de/nrw/staedte/duesseldorf/viel-lob-fuer-muslimisch-juedische-initiative_aid-23225127 (Zugriff am 26.07.2018).

26 L'chaim – auf das Leben! https://lchaim.berlin/ (Zugriff am 26.07.2018).

27 Willkommen bei Shalom Rollberg! http://shalom-rollberg.de/#panel1 (Zugriff am 28.11.2018).

28 Dervis Hizarci: Aufstehen gegen den Hass. In: *Jüdische Allgemeine*, 22.11.2018. https://www.juedische-allgemeine.de/meinung/aufstehen-gegen-den-hass/ (Zugriff am 28.11.2018).

29 Dalia Grinfeld: Weil wir Juden sind! In: *Jüdische Allgemeine*, 26.11.2018. https://www.juedische-allgemeine.de/politik/weil-wir-juden-sind/ (Zugriff am 28.11.2018).

Zudem wäre zumindest punktuell Pragmatismus angesagt: Es gibt Themen, die für beide Religionen wichtig sind. Dazu zählen neben der Beschneidung und dem Schächten auch die Beerdigungsvorschriften. So darf in Berlin die Bestattung erst 48 Stunden nach dem Tode stattfinden,[30] während sowohl Islam als auch Judentum vorsehen, dass dies zeitnah nach dem Tode zu geschehen habe. Ein weiterer Punkt ist die Anerkennung der jeweiligen Feiertage durch die Mehrheitsgesellschaft. So ist mir aus persönlichen Gesprächen bekannt, dass es immer wieder Probleme an Universitäten oder am Arbeitsplatz gibt, wenn jüdische Menschen an Feiertagen eine Freistellung begehren – dass es Muslim*innen nicht anders ergeht, ist naheliegend. Dabei käme in Deutschland kein Mensch auf die Idee, eine relevante Klausur auf den 1. Weihnachtstag zu legen. Hier können wir gemeinsame Forderungen aufstellen.

Mit mehr Optimismus kann in die Zukunft geblickt werden. Formate wie die Zusammenarbeit zwischen dem muslimischen Studienwerk Avicenna und dem jüdischen Ernst Ludwig Ehrlich Studienwerk könnten wegweisend für die künftige Generation sein: Hier wird eine Kooperation aufgebaut, die langfristig angelegt ist, in der sich Menschen treffen, die sowohl in ihren Communities als auch zwischen den Gemeinschaften eine Verantwortung übernehmen werden.

30 Vgl. Gesetz über das Leichen- und Bestattungswesen des Landes Berlin, § 21. http://gesetze.berlin.de/jportal/;jsessionid=1CA52432641882446825C62F0C01B163.jp13?quelle=jlink&query=BestattG+BE&psml=bsbeprod.psml&max=true&aiz=true#jlr-BestattGBEV8P21 (Zugriff am 16.07.2018).

EIN KOMMENTAR ZU DESINTEGRATION

MICHA BRUMLIK

Unter dem Paradigma *Integration* versteht Max Czollek in seinem zu Recht bekannt gewordenen Buch[1] „die Konstruktion eines kulturellen oder politischen Zentrums, das sich implizit oder explizit als *deutsch* versteht."[2] Vor diesem Hintergrund – so schon die eröffnenden Sätze seines Buches – folgt,

> *dass das Denken in Kategorien der Integration und Leitkultur die Phantasien von ethnischer Homogenität und kultureller Dominanz nicht nur nicht verhindern kann, sondern seinen Anteil daran hat, dass diese Konzepte nicht auf dem Schrottplatz der Geschichte bleiben, auf den sie gehören.*[3]

Indes kommt jedoch alles darauf an, welcher Begriff von Integration in dieser Debatte verwendet wird: Ist es schon ‚ethnisch' dominant, wenn ich zwischen zwei Begriffen der Integration unterscheide und einen durchaus bejahe? Im Grundgesetz, Artikel 1, der die „Würde des Menschen" als Kriterium aller Gesetzgebung und aller staatlichen Machtausübung festlegt, hat diese Forderung bereits ihren gültigen Ausdruck gefunden. Dieses aus dem Schock über Auschwitz formulierte menschenrechtliche Grundprinzip hat bedeutende historische Wurzeln.

Es war die kosmopolitische Philosophie der deutschen Aufklärung, zumal Immanuel Kants, die die nach dem Nationalsozialismus geschaffene deutsche Verfassung, das Grundgesetz, wesentlich geprägt hat. So war es ein deutscher Jude, der hessische Generalstaatsanwalt Fritz Bauer, der den von ihm

1 Max Czollek: *Desintegriert Euch!* München: Hanser 2018.
2 Ebd., z. B. S. 15.
3 Ebd.

initiierten Frankfurter Auschwitzprozess unter die Devise „Gerichtstag halten über uns selbst“[4] stellte und mit ihm die freiheits- und menschenfeindlichen Traditionen deutscher Kultur überwinden wollte. Dabei war es keineswegs selbstverständlich, dass sich ein erst im KZ inhaftierter, dann in die Emigration vertriebener deutscher Jude knapp zwanzig Jahre nach dem Ende des Mordens zum politischen Kollektiv der Deutschen – eben zu „uns“ – bekannte. Doch war er nicht der einzige, wenn auch immer wieder zweifelnde und verzweifelnde jüdische Verfassungspatriot. Patriotisch handelten in diesem Sinne – um nur einige zu nennen – auch die Philosophen Max Horkheimer und Theodor W. Adorno, die Dichterin Hilde Domin und der Theatermann Fritz Kortner sowie die Politiker Herbert Weichmann, Jeanette Wolff und Josef Neuberger – Jüdinnen und Juden allesamt, die sich nicht von Hitler vorschreiben lassen wollten, ob sie Deutsche sind oder nicht. Sie alle haben, mehr oder minder ausdrücklich, für den Aufbau einer demokratischen Kultur und Gesellschaft in Deutschland Unschätzbares geleistet. Ignatz Bubis aber, auch er ein deutscher Patriot, der seinen Patriotismus freilich verschämt hinter dem Bekenntnis zur Heimatstadt Frankfurt am Main versteckte, wurde von dem schicksalsdumpfen Nationalisten Martin Walser und dessen Clique derart gekränkt, dass er in Bitterkeit starb und sich im Land Israel beerdigen ließ. Er meinte bekanntlich, dass er als Jude des – nun fertiggestellten – Holocaustdenkmals in Berlin nicht bedürfe. Daran ist so viel richtig, dass Juden und ihre Nachkommen zur Trauer auf dies Denkmal nicht angewiesen sind.

Doch für diese Debatte kommt alles darauf an, die Grundbegriffe richtig zu bestimmen: Die öffentliche Meinung schwankt zwischen *Volk*, *Kultur*, *Werteordnung* oder *Nation* hin und her. Im Folgenden sei zunächst zwischen einem ‚dünnen‘ und einem ‚dichten‘ Begriff der Integration unterschieden, während unter dem Zielort der Integration der deutsche Staat, so wie er faktisch existiert, bzw. der heute in Europa übliche Nationalstaat verstanden werden soll. Daher ist zunächst zwischen der Bevölkerung eines Staates und seiner Bürger*innenschaft zu unterscheiden: Die Bevölkerung ist die Summe aller Menschen, die in den Grenzen eines Staates lebt, seien es nun Babys oder auf einige Zeit im Land lebende Touristinnen. Sie alle genießen Rechte, haben jedoch in der Regel keine Möglichkeit, auf das Setzen oder Ausgestalten dieser Rechte irgendwelchen Einfluss zu nehmen. Wenn das einleuchtet, folgt daraus im Umkehrschluss, dass Staaten in allererster Linie territorial begrenzte Rechtsgemeinschaften sind.

Die Frage, was es heißen soll, in eine Bevölkerung integriert zu sein, ist sinnlos, während die Frage, was es bedeutet, in eine Rechtsgemeinschaft integriert zu sein, sinnvolle Antworten erfordert. Um Mitglied einer Rechtsgemeinschaft

4 Fritz Bauer Institut (Hrsg.): *„Gerichtstag halten über uns selbst …“. Geschichte und Wirkung des ersten Frankfurter Auschwitz-Prozesses*. Frankfurt am Main / New York: Campus 2001.

zu sein, ist es zu allererst nötig, die Sprache, in der die entsprechenden Fragen verhandelt werden, zu beherrschen, sodann jene Themen, die rechtlich bestimmt werden sollen, wahrnehmen und beurteilen zu können sowie sich jedenfalls nicht soweit gegen die herrschenden Gesetze vergangen zu haben, dass man von dieser Mitwirkung aufgrund strafrechtlicher Bestimmungen ausgeschlossen ist. Damit wäre, sofern man die Definition von Nation als Rechtsgemeinschaft akzeptiert, ein ‚dünner' Begriff von ‚Integration' gewonnen: *Integriert ist demnach, wer nicht gegen die herrschenden Gesetze verstößt, die jeweilige Umgangssprache beherrscht und in der Lage ist, sich an entsprechenden Diskursen zu beteiligen.*

Freilich wird dieser ‚dünne' Begriff von *Nation*, der im Verfassungsstaat lebenden Bevölkerung, und Integration keineswegs von allen geteilt. Vielmehr ist es so, dass wohl die meisten Teilnehmer und Teilnehmerinnen an der Flüchtlingsdebatte unter *Nation* so etwas wie *Volk* verstehen, wobei *Volk* dann eine Gemeinschaft von Menschen bezeichnen soll, die eine gemeinsame Herkunft, eine gemeinsame Sprache, eine gemeinsame Geschichte sowie gemeinsame Vorstellungen davon, was ‚gut' oder ‚gerecht' sei bzw. ‚was sich ziemt', aufweisen. Diesem Begriff des *Volks* entspricht ein ‚dichter' Integrationsbegriff: *Integriert ist nicht nur, wer gesetzestreu ist, die Umgangssprache beherrscht und sich ggf. an politischen Diskursen beteiligen kann, sondern wer zudem auf eine Geschichte seiner Familie im jeweiligen Lande zurückschauen kann und sich im alltäglichen Leben an den jeweils herrschenden ‚Werten', die allemal weit über schlichte Gesetzestreue hinausgehen, orientiert.*

Tatsächlich ist Deutschland keineswegs ein völkischer Nationalstaat, sondern ein Staat mit demokratischer, universalistischer Verfassung, die nicht wenig mit dem Schicksal der europäischen Juden – unter ihnen hunderttausende jüdische Deutsche – zu tun hat. Vor allem: Sind wir, die Jüdinnen und Juden, nicht auch Deutsche, Deutsche im Sinne unserer – ja, unserer – Verfassung? Sind wir eine ethnische Minderheit? Vielleicht, aber das ist zweitrangig. Vor allem: Bei allen Schnittmengen mit anderen Minderheiten, etwa den Afrodeutschen, ist ‚unsere' Geschichte doch eine wesentlich andere Geschichte und wir sollten uns schon aus Gründen der Aufrichtigkeit nicht eine Minderheitenidentität zuschreiben. Das Schicksal der jüdischen Minderheit in Deutschland unterscheidet sich in den meisten Hinsichten – von historischem und sozialem Ursprung, von gesellschaftlicher Anerkennung und vom, wenn auch stets widerrufenen, sozialen Aufstieg – von dem der Afrodeutschen, deren Vorfahren in aller Regel im Zuge des Kolonialismus nach Deutschland kamen und denen zwar stets Unterwerfung und Versklavung, aber nicht Ausrottung drohte. Gleichwohl: Können und sollen sich die Nachfahren diskriminierter und verfolgter Gruppen positiv zu dem Staat, dessen Bürger*innen sie sind, verhalten? Das führt zur Frage nach einem recht verstandenen Patriotismus. Der nach der gescheiterten Revolution von 1848 in die USA emigrierte deutsche Revolutionär

Carl Schurz, der dort zum Innenstaatssekretär wurde, hat einmal gesagt: „My country, right or wrong", wobei meist vergessen wird, dass Schurz noch hinzufügte: „If right to be kept right, if wrong to be put right."[5]

Tatsächlich haben auch wir allen Grund, den Patriotismus nicht der Rechten zu überlassen. Mit der – wenn auch viel zu zaghaften – Einführung eines neuen, nicht mehr auf dem Merkmal der Ethnizität, sondern dem Ort der Geburt beruhenden Staatsbürgerschaftsrechts hat die rot-grüne Koalition 2002 mehr zur Neugründung der deutschen Nation getan, als ihr womöglich selbst bewusst war: Seither nämlich bedeutet ‚deutsch' nicht mehr, Spross einer verschwiemelten Abstammungs- oder hoch widersprüchlichen Kulturgemeinschaft zu sein, sondern Bürger oder Bürgerin, Citoyen, jenes Volkes, das sich im Grundgesetz verfasst hat. Seither können sich auch die in Deutschland lebenden Jüdinnen und Juden wieder ohne jeden Widerspruch als deutsche Juden bekennen. Das liegt nicht zuletzt an der Verfassung der Bundesrepublik Deutschland, dem 1948 vom parlamentarischen Rat verabschiedeten Grundgesetz, einer im Grundsatz streng universalistischen Verfassung.

Die nie in Kraft getretene Jakobinerverfassung von 1792 sah vor, dass alle erwachsenen Personen, die mindestens zwei Jahre auf dem Territorium der Französischen Republik lebten und sich zu deren Prinzipien bekannten, deren Bürger werden konnten. Der Philosoph der Aufklärung, Immanuel Kant, definierte 1795 in seiner Schrift *Über den Gemeinspruch* den „Patriotismus" als jene

> *Denkungsart, da ein jeder im Staat* [...] *das gemeine Wesen* [...] *als den väterlichen Boden, aus und auf dem er selbst entsprungen betrachtet, nur um die Rechte desselben durch die Gesetze des gemeinsamen Willens zu schützen.*[6]

Das heißt: Es sind Demokratie und Rechtsstaat, die das ‚Vaterland' konstituieren, nicht aber das ‚Vaterland', das beide begründet. Als Bürger*innen dieses Staates, dem es in seinem Grundgesetz um die Würde des Menschen geht, können daher wir deutschen Jüdinnen und Juden – jawohl: wir deutschen Juden und Jüdinnen! – heute sagen: Das im Gedanken der Würde des Menschen in Berlin errichtete Mahnmal für die Opfer der Shoah ist auch unser Mahnmal. Nichts spricht dagegen, sich für die Prinzipien des Grundgesetzes einzusetzen, und das heißt in diesem Fall: für Menschenrechte und moralischen Universalismus – im Gegenteil: alles spricht dafür, im Geist dieser Prinzipien politisch zu handeln.

---

5 Carl Schurz: Remarks in the Senate, 29.02.1872, zit. n. Carl Schurz. In: *Wikiquote*. https://en.wikiquote.org/wiki/Carl_Schurz (Zugriff am 12.02.2019).

6 Immanuel Kant: Über den Gemeinspruch: Das mag in der Theorie richtig sein, taugt aber nicht für die Praxis. In: Ders.: *Akademieausgabe*, Bd. 8: Abhandlungen nach 1781, S. 273–301, hier S. 291. https://korpora.zim.uni-duisburg-essen.de/kant/aa08/291.html (Zugriff am 16.01.2019).

Das sieht der jüdische Glaube übrigens nicht anders: Vor einiger Zeit, beim Abfassen dieses Artikels, war Chanukka, Chanukka 2018/5779: Denn sogar, wenn man als guter klassischer Liberaler nur für einen ‚dünnen' Integrationsbegriff plädiert, ist doch zu fragen, ob sich etwa der Lubawitscher Rebbe Menachem Mendel Schneerson (1902–1994) – er lebte von 1928 bis 1933 in Berlin – geirrt hat, als er Ende des vergangenen Jahrhunderts in New York wünschte, dass am Brandenburger Tor eine riesige Chanukkiah aufgestellt und entzündet werde. Am ersten Tage von Chanukka 2018/5779 ließ der hiesige Chabad-Rabbiner Bundespräsident Steinmeier die Chanukkiah entzünden, um dann diesem heutigen Deutschland den Schutz Gottes zu wünschen und zudem *Am Israel chai* zu singen – ein Fall geglückter, normativ richtiger Integration. Als Bürger*innen jenes Staates aber, dem es in seinem Grundgesetz um die Würde des Menschen geht, können auch wir deutschen Jüdinnen und Juden – jawohl: wir *deutschen* Jüd*innen die Worte aus Bertolt Brechts *Kinderhymne* (1953) beglaubigen: „Und weil wir dies Land verbessern, lieben und beschirmen wir's. Und das liebste mag's uns scheinen so wie andern Völkern ihrs." Und in genau diesem Sinne können wir der Idee einer verfassungspatriotischen Integration zustimmen – ist doch genau sie es, die dem Ansinnen einer Unterwerfung unter beliebige Leitkulturen widerspricht.

6 — ו

AUTOR*INNEN

MUDAR AL HAGGI, Studium der Theaterwissenschaften in Damaskus. Al Haggi arbeitet als Dramatiker, Dramaturg und Regisseur, schreibt für Radio und TV und verfasst Filmdrehbücher. Seine Stücke wurden in Bern, Winterthur, Berlin, München, Recklinghausen und Krefeld/Mönchengladbach aufgeführt. 2015/2016 leitete er im Libanon mit Erik Altorfer *Future Stages. A Creative Programme for Emerging Syrian Writers* und in der Folge den Schreibworkshop *Our Stories* am Schauspielhaus Graz. 2017 schrieb er für Deutschlandfunk Kultur das Hörspiel *Barsach* (Funkeinrichtung und Regie Erik Altorfer).

ARIELLE ANGEL ist Autorin und lebt in Brooklyn, New York. Sie ist Herausgeberin des kürzlich neu aufgelegten Magazins *Jewish Currents*, das sich einem linken jüdischen Denken, Aktivismus und Kultur widmet. Neben *Jewish Currents* erschienen ihre Arbeiten in *Guernica*, *Off Assignment* und *Protocols*. Angel war Artist in Residence unter anderem am Hub-Bub, dem Kimmel Harding Nelson Center, Brush Creek und Jentel.

SIVAN BEN YISHAI, geboren 1978 in Tel Aviv, studierte Szenisches Schreiben und Theaterregie an der Universität Tel Aviv. Seit 2012 lebt sie in Berlin und arbeitet als freie Autorin sowie Gastdozentin an der Universität der Künste. 2017 wurde *Your Very Own Double Crisis Club*, der erste Teil ihrer Tetralogie *Let the blood come out to show them* zu den Autorentheatertagen eingeladen und am Deutschen Theater Berlin uraufgeführt. Die andere beiden Teile erlebten ihre Premiere im Maxim Gorki Theater Berlin. In der Spielzeit 2019/20 ist Sivan Ben Yishai Hausautorin des Nationaltheater Mannheim.

NINO BINIASHVILI, geboren 1980 in Tbilisi, lebt und arbeitet als Illustratorin in Jerusalem. Sie ist Absolventin des Bachelor of Fine Arts der Bezalel Academy of Arts and Design (Jerusalem) und im Master of Fine Arts der Konstfack, University Collage of Arts, Crafts and Design (Stockholm). Als Austauschstudentin studierte sie auch am HAW Hamburg. 2009 gründete sie Bookieman, eine unabhängige Herausgeberinnen-Plattform, die sich auf limitierte Auflagen von Büchern mit dem Schwerpunkt auf einem Austausch zwischen Künstler*innen verschiedener Medien und kritischen Denker*innen konzentriert.

MICHA BRUMLIK, emeritierter Professor am Institut für Allgemeine Erziehungswissenschaft der Goethe-Universität Frankfurt am Main, ist seit 2013 Senior Professor am Selma Stern Zentrum für Jüdische Studien Berlin/Brandenburg. Er ist Mitherausgeber der *Blätter für deutsche und internationale Politik* sowie Autor und regelmäßiger Kolumnist der *taz*. Außerdem ist Brumlik Träger der Buber-Rosenzweig-Medaille. Im Neofelis Verlag ist von ihm zuletzt der Essay *Wann, wenn nicht jetzt? Versuch über die Gegenwart des Judentums und Demokratie und Bildung* erschienen.

MARINA CHERNIVSKY studierte in Israel und Berlin Psychologie, Soziologie, Verhaltenswissenschaften und Verhaltenstherapie. Sie leitet das von ihr initiierte Kompetenzzentrum für Prävention und Empowerment in der Trägerschaft der Zentralwohlfahrtsstelle der Juden in Deutschland und arbeitet als Lehrbeauftragte sowie Beraterin unter anderem zu Diversität, Migration, Antisemitismus, Erinnerungs- und Identitätspolitik. Sie ist im Vorstand von AMCHA Deutschland, Deutsche Soccer Liga e. V., Dachverband für transkulturelle Psychiatrie, Psychotherapie und Psychosomatik (DTPPP e. V.) sowie Mitglied im zweiten unabhängigen Expertenkreis Antisemitismus des Deutschen Bundestages.

MAX CZOLLEK lebt in Berlin und promovierte 2016 am Zentrum für Antisemitismusforschung der Technischen Universität Berlin. Mitglied des Lyrikkollektivs G13 und Initiator von Babelsprech zur Vernetzung der jungen deutschsprachigen und internationalen Lyrikszene (2013–2019). Im Mai 2016 organisierte er zusammen mit Sasha Marianna Salzmann den Desintegrationskongress am Maxim Gorki Theater Berlin, Studio Я. Sein Buch *Desintegriert Euch!* erschien 2018 bei Hanser. Die Gedichtbände *Druckkammern* (2012) und *Jubeljahre* (2015) wurden im Verlagshaus Berlin veröffentlicht. Ein dritter Gedichtband ist für den Herbst 2019 geplant.

JASON FRANCISCO ist Autor zahlreicher Fotoarbeiten, Essays, Künstlerbücher und Ausstellungen, die sich mit den Schwierigkeiten eines jüdischen historischen Gedächtnisses in Osteuropa befassen. Seine Publikationen umfassen u. a. *Far from Zion: Jews, Diaspora, Memory* (2006); *An Unfinished Memory* (2014); *Alive and Destroyed: A Meditation on the Holocaust in Time* (seit 2010 laufendes Lyrik-Dokumentar-Projekt). Er ist Mitbegründer und Co-Leiter des FestivALT. Mehr unter: http://www.jasonfrancisco.net

YAEL FRANK (geb. 1982 in Tel Aviv) ist eine interdisziplinär arbeitende Künstlerin. In ihren Arbeiten untersucht sie Machtstrukturen, die durch die Vorstellung von Glück entstehen. Frank studierte an der Bezalel Academy of Arts and Design und der Cooper Union School of Art in New York. Sie erhielt zahlreiche internationale Auszeichnungen. Ihre Arbeiten wurden in diversen Galerien und Museen in Israel, Polen und den USA gezeigt.

ATINA GROSSMANN ist Historikerin, Professorin für Geschichte an der Cooper Union School in New York. Veröffentlichungen zu Gender und Holocaust Studies und der deutsch-jüdischen Begegnungsgeschichte sowie zu Verflechtungen ihrer eigenen Familiengeschichte mit der Geschichtswissenschaft. Publikationen umfassen u. a. *Wege in der Fremde: Deutsch-jüdische Begegnungsgeschichte zwischen New York, Berlin und Teheran* (2012); *Juden, Deutsche, Alliierte: Begegnungen im besetzten Deutschland* (2012, Orig. 2007). Momentan forscht und schreibt sie zu den Erfahrungen von jüdischen NS-Flüchtlingen in Zentralasien, Iran und Indien.

CECILIA HAENDLER, 1988 in Florenz geboren, promoviert an der Freien Universität Berlin über die geschlechtsspezifische metaphorische Sprache in rabbinischer-tannaitischer Literatur. Als Wissenschaftliche Mitarbeiterin war sie Teil des Projekts *A Digital Synopsis of the Mishnah and Tosefta*. Für die Reihe *A Feminist Commentary on the Babylonian Talmud* schreibt sie über Hallah, Orlah und Bikkurim. Haendler publiziert zu den Themen Frauen und Gender in der rabbinischen Literatur.

MICHAEL HEINZMANN (Dr. phil.). Studium an der Hochschule für Jüdische Studien Heidelberg mit dem Schwerpunkt jüdische Philosophie und Geistesgeschichte sowie an der Hebräischen Universität mit dem Schwerpunkt rabbinisch-talmudische Literatur und jüdisches Recht. Forschungsaufenthalte und Lehrtätigkeiten in den USA und Israel. 1997 bis 2011 Wissenschaftlicher Mitarbeiter im Department für jüdische Geschichte und Kultur sowie am Seminar für Religionswissenschaft und Philosophie der Religionen an der Ludwig-Maximilians-Universität München. 2009 bis 2016 Wissenschaftlicher Mitarbeiter der Professur für Jüdische Studien und Religionswissenschaft der Universität Potsdam. Veröffentlichungen in Lexika, Beiträge und Essays sowie Herausgebertätigkeit.

UFFA JENSEN (Prof. Dr.) ist Historiker, der sich mit der Geschichte des Antisemitismus, der deutschen Juden, der Psychoanalyse sowie der Emotionsgeschichte beschäftigt. Seit 2017 ist er Professor für Antisemitismusforschung an der Technischen Universität Berlin und stellvertretender Leiter des Zentrums für Antisemitismusforschung. Zu seinen wichtigsten Publikationen zählen: *Zornpolitik* (2017); *Recht und Politik, Perspektiven deutsch-jüdischer Geschichte* (2014); *Gefühle gegen Juden. Die Emotionsgeschichte des modernen Antisemitismus* (zusammen mit Stefanie Schüler-Springorum, 2013); *Gebildete Doppelgänger. Bürgerliche Juden und Protestanten im 19. Jahrhundert* (2005).

HANNIMARI JOKINEN, aus einer finnisch-jüdischen Familie, in Hamburg lebend; bildende Künstlerin, Kuratorin und seit 17 Jahren Mitglied im Arbeitskreis Hamburg Postkolonial. Seit 2004 künstlerische Arbeit zur Kolonialgeschichte und kolonialen Gegenwart, erinnerungskulturelle Interventionen im öffentlichen Raum, dekolonisierend-performative Stadtrundgänge in Hamburg, Vortrags- und Lehrtätigkeit, Bildungs- und Museumsarbeit, diverse Publikationen zu Kunst und Kolonialität. Projekte und Ausstellungen in Deutschland, West- und Osteuropa, den USA, Mexiko, China, Korea, Ghana, Tansania. Film, Photographie, Installation, Performance, Stadtraumforschung. Mehr unter: http://www.kupla.de

ADI KEISSAR, geb. 1980, ist Lyrikerin, Journalistin und Gründerin der Lyrik-Reihe *Ars Poetica*, die Lyrik, Bauchtanz und Party verbindet. Ihr erstes Buch *Schwarz auf Schwarz* (רוחש יבג לע רוחש, 2014) wurde mit dem Bernstein Preis für Literatur und 2015 mit dem Preis für junge Dichtung des israelischen Kulturministeriums ausgezeichnet. Als weitere Gedichtbände erschienen *Laute Musik* (ההובג הקיזומ, 2016) sowie *Chroniken* (סימיה ירבד, 2018), alle im Selbstverlag.

ZEHAVA KHALFA, Mutter zweier Kinder, wurde in Alma im Norden Israels geboren. Sie studierte an der Hebrew University in Jerusalem Genetik und Nahost-Politik und schloss mit M. A. und M. Sc. ab. Momentan schreibt sie ihre Doktorarbeit an der Universität Potsdam im Bereich Judaistik und Religionswissenschaft zur israelischen Siedlungspolitik während des Rückzugs aus dem Gazastreifen im Jahr 2005. Ihre Gedichte wurden in der israelischen Tageszeitung *Haaretz*, in Magazinen und in der Hebräischen Bücherei Berlin veröffentlicht. Sie wurden im Rahmen des von Daham (ם״עד) organisierten Events, *The Solidarity with the Syrian People*, im Jahr 2015 vorgelesen.

SIGMOUNT ABRAHAM KÖNIGSBERG, 1960 in Saarbrücken geboren, wuchs in der dortigen jüdischen Gemeinde auf und wurde jüdisch-französisch-deutsch sozialisiert. Er studierte von 1986 bis 1991 Publizistik, Neuere Geschichte und Politik an der Freien Universität Berlin. 1994 wurde er Leiter des Büros der Repräsentantenversammlung der Jüdischen Gemeinde zu Berlin. 2014 stieß er zum Team der Jüdischen Volkshochschule, bevor er 2017 Beauftragter gegen Antisemitismus der Jüdischen Gemeinde wurde.

VALENTIN LUTSET wurde im Jahr 1989 geboren und wuchs in St. Petersburg auf. In Deutschland studierte er Kommunikationsdesign und befasst sich seitdem mit der schaffenden Kunst, also Fotografie, bildende Kunst und diverse Theater- und Musikprojekte.

ANSGAR MARTINS studierte Religionsphilosophie, Soziologie und Geschichte und arbeitet in Frankfurt am Main an seinem Promotionsprojekt zur Philosophie Siegfried Kracauers. 2015 bis 2018 koordinierte er (mit Dirk Braunstein und Grażyna Jurewicz) das Forschungsprojekt „Kritische Theorie und Religion" und hat diverse Texte zum Thema sowie zur Kritik der modernen Esoterik publiziert.

JEANINE MEERAPFEL lebt in Berlin, ist Filmregisseurin, Drehbuchautorin und Produzentin. Seit 2015 ist sie Präsidentin der Akademie der Künste. In Buenos Aires geboren, besuchte sie dort die Journalistenschule und arbeitete anschließend als Redakteurin und freie Journalistin. Sie studierte am Institut für Filmgestaltung der Ulmer Hochschule für Gestaltung bei Alexander Kluge und Edgar Reitz. Von 1990 bis 2008 war Meerapfel Professorin im Bereich Film/Fernsehen an der Kunsthochschule für Medien Köln. Zu ihren Spielfilmen zählen: *Malou* (1980), *Die Kümmeltürkin geht* (1985) und *La Amiga* (1988). 2012 kam ihr Film *Der deutsche Freund*, eine argentinisch-deutsche Koproduktion, in die Kinos. Zusammen mit Floros Floridis produzierte sie die audiovisuellen Essays *Confusion/Diffusion* (2015) und *Moving Sand/Topos* (Premiere am 29. Mai 2019).

DAS MINISTERIUM FÜR MITGEFÜHL ist ein Kollektiv von Autorinnen und Künstlerinnen, das emphatischen Widerstand leistet: gegen die Verrohung der Sprache und soziale Kälte. Mehr unter: https://ministerium-fuer-mitgefuehl.net/

THI NGUYEN* ist ein Chiffre für den interreligiösen vietnamesisch-deutschen Gesprächskreis, aus dem heraus der hier publizierte Text nach ungefähr drei Dutzend internen Debatten entstanden ist. Wir sind alle Frauen und befassen uns mit den Themen ((Nach-)Kriegs-)Trauma, Friedenserziehung und Dekolonisierung. Alle beschriebenen Szenen basieren auf realen Erfahrungen, gehören aber zu unterschiedlichen Biographien, die zu Anonymisierungszwecken zu einem lyrischen Ich verdichtet wurden, das diese kollektivierten Erfahrungen erzählt.

HANNAH PEACEMAN, geboren 1991, studierte Philosophie, Politikwissenschaften und Gender Studies in Marburg, London, Frankfurt und Jena. Sie promoviert am Max-Weber-Kolleg in Erfurt zu dem Thema „Jüdische Traditionen in der Philosophie im 19. Jahrhundert und ihr Potential für die politische Philosophie der Gegenwart". Von 2010 bis 2016 war sie Stipendiatin des Ernst-Ludwig-Ehrlich Studienwerks (ELES). Sie publiziert zu gegenwärtigen Debatten um jüdische Selbstermächtigung, Emanzipation und jüdisch-x Allianzen sowie zur Intersektionalität von Antisemitismus und Rassismus.

WERNER RENZ (M. A.). Studium der Germanistik, Linguistik und Philosophie an der Johann-Wolfgang-Goethe-Universität Frankfurt am Main. Abschluss Magister Artium mit einer Arbeit über die Sprachkritik im Prosawerk von Thomas Bernhard. Von 1995 bis 2016 Wissenschaftlicher Mitarbeiter am Fritz Bauer Institut (Frankfurt am Main), Leiter des Archivs und der Bibliothek. Forschung zur Geschichte der justiziellen Aufarbeitung der NS-Verbrechen in der Bundesrepublik, insbesondere zu den Frankfurter Auschwitz-Prozessen sowie Forschung zu Leben und Wirken von Fritz Bauer, Generalstaatsanwalt von Hessen in den Jahren 1956 bis 1968.

CHRISTOPH RODDE, 1968 im nordrhein-westfälischen Arnsberg geboren, studierte 1993 bis 1998 an der Hochschule für Bildende Künste Dresden in der Fachklasse von Prof. Ursula Sax. Er lebt und arbeitet in Dresden. Seine Arbeiten waren in den vergangenen Jahren im In- und Ausland zu sehen, unter anderem 2019 in Schwerin, 2017 in Strasbourg, 2016 in Dresden, 2014 in Istanbul, 2009 in Berlin und Poznan, 2007 in Paris und Torun.

MICHAEL RUBENFELD arbeitet als Kulturproduzent und Theatermacher zwischen Polen und Kanada. Seine aktuelle Arbeit dreht sich um die Erforschung zeitgenössischer polnischer Jüdischkeit. Diese beinhaltet auch sein Stück *We Keep Coming Back* (in Zusammenarbeit mit Sarah Garton Stanley) und *Lucky Jews* für das FestivALT. Rubenfeld leitet eine Produktionsfirma mit Sitz in Kanada, die sich der Internationalisierung kanadischer Performer*innen widmet. Er ist Mitbegründer und Co-Leiter des FestivALT. Mehr unter: http://www.michaelrubenfeld.com

MAGDALENA RUBENFELD KORALEWSKA ist Grafikdesignerin und Aktivistin, die sich besonders für den sozialen Wandel und die Schnittstelle von Lernen und Kunst interessiert. Mitbegründerin, Co-Leiterin des FestivALT und weiterer innovativer polnisch-jüdischer Initiativen. Derzeit ist sie Limmud-regional-Koordinatorin für Mittel- und Osteuropa.

ANNA SCHAPIRO, geboren in Moskau, studierte Bildende Kunst bei Ulrike Grossrath an der Hochschule für Bildende Kunst Dresden sowie der Universidade do Porto (2009–2013). Sie war Meisterschülerin bei Ulrike Grossarth (2013–2017). Studium der Jüdischen Studien am European Institute for Jewish Studies, Stockholm (2017–2018). Lehrauftrag an der Muthesius Kunsthochschule Kiel (2016/17). Schapiros Interesse gilt sowohl bildnerischen als auch gesellschaftlichen Transformationsprozessen. Sie ist Mitglied des Ministeriums für Mitgefühl und forscht derzeit zum Thema Umverteilung in der Stiftung der Freien Gemeinschaftsbank Basel (2018/19). Ihre Arbeiten waren u. a. im GfLK Halle Süd (2018/19), dem Kunsthaus Dresden (2013/2017), Motorenhalle Dresden (2017), Haus für Poesie Berlin (2016), MWW Wrocław Contemporary Museum (2015) und weiteren zu sehen.

MAYA SCHWEIZER, geboren in Paris, studierte Kunst und Kunstgeschichte an der Universität Aix-en-Provence (1995–1998), an der HGB Leipzig (1999–2002) und an der Universität der Künste Berlin bei Lothar Baumgarten (2003–2006). Ihre Arbeiten gewannen Preise und waren in zahlreichen internationalen Einzel- und Gruppenausstellungen zu sehen. Kunstverein Leipzig (2017–18), Drawing Room Hamburg (2018), Irish Museum of Modern Art, Dublin (2016); Skulpturenmuseum Glaskasten Marl (2016); Nordstern Videokunstzentrum, Gelsenkirchen (2016); 45cbm, Staatliche Kunsthalle Baden-Baden (2015); GAK – Gesellschaft für Aktuelle Kunst, Bremen (2015); GRASSI Museum für Angewandte Kunst Leipzig (2015); MWW Wrocław Contemporary Museum (2015). Für den Oktober 2019 bereitet sie eine Einzelausstellung für das Archive Books in Berlin vor.

GERHILD STEINBUCH, geboren 1983, lebt als Autorin, freie Dramaturgin und Übersetzerin aus dem Englischen in Berlin. Sie studierte Szenisches Schreiben bei uniT in Graz und Dramaturgie an der Hochschule für Schauspielkunst Ernst Busch in Berlin. Ihre Texte werden von Rowohlt vertreten. Sie arbeitet sowohl allein als auch im Kollektiv als „Freundliche Mitte“ und ist Gründungsmitglied von Nazis & Goldmund, einer Autor*inneninitiative gegen die europäische Rechte und ihre Allianzen: http://www.nazisundgoldmund.net. Letzte Arbeiten: *BERGEINS* (als Freundliche Mitte, brut Wien, 2018), *Wir aus Glas* (Deutsche Oper/Münchener Biennale für Musiktheater, 2018), *Radikale Akte* (Staatstheater Karlsruhe, 2018).

LEONIE WELLMANN studierte Philosophie und Soziologie in Münster und Frankfurt am Main. Ihr Interesse gilt dem Verhältnis von Sprachphilosophie, Erkenntnistheorie und Metaphysik(kritik), insbesondere in der sogenannten Frankfurter Schule. Derzeit arbeitet sie als Wissenschaftliche Mitarbeiterin am Graduiertenkolleg „Theologie als Wissenschaft" in Frankfurt an einem Promotionsprojekt zu theologischen Motiven in der Kritik profaner Sprachformen im Umfeld der älteren Kritischen Theorie.

MIRJAM WENZEL (Dr. phil.) ist Direktorin des Jüdischen Museums Frankfurt und leitete zuvor die Medienabteilung am Jüdischen Museum Berlin. Sie studierte Allgemeine und Vergleichende Literaturwissenschaft, Politik- und Theaterwissenschaft in Berlin und Tel Aviv und arbeitete als Wissenschaftliche Mitarbeiterin an der Universität München. Neben dem Buch *Gericht und Gedächtnis: Der deutschsprachige Holocaust-Diskurs der sechziger Jahre* (2009) hat sie zahlreiche Aufsätze zur jüdischen Kulturgeschichte des 20. Jahrhunderts sowie zur Kritischen und Ästhetischen Theorie publiziert.

LEA WOHL VON HASELBERG hat Theater-, Film- und Medienwissenschaften in Frankfurt am Main studiert und an der Universität Hamburg im Bereich Medienwissenschaften mit *Und nach dem Holocaust?* (2016) promoviert. Sie forscht und schreibt zu zeitgenössischen jüdischen Themen in Deutschland, zu Erinnerungskultur und Film. Sie lebt in Köln. Zuletzt erschien im Neofelis Verlag der von ihr gemeinsam mit Johannes Rhein und Julia Schumacher herausgegebene Sammelband *Schlechtes Gedächtnis? Kontrafaktische Darstellungen des Nationalsozialismus in alten und neuen Medien* (2019).

Abbildungsverzeichnis

Impressum

Jalta. ***Positionen zur jüdischen Gegenwart***
AUSGABE N° 05, 1/2019 — 2/5779:
Exile. Ein Kunstheft

HERAUSGEGEBEN VON
Micha Brumlik / Marina Chernivsky / Max Czollek / Hannah Peaceman / Anna Schapiro / Lea Wohl von Haselberg

BIBLIOGRAFISCHE INFORMATION DER DEUTSCHEN NATIONALBIBLIOTHEK
Die Deutsche Nationalbibliothek verzeichnet diese Publikation in der Deutschen Nationalbibliografie; detaillierte bibliografische Daten sind im Internet über http://dnb.d-nb.de abrufbar.

WEBSITE
www.neofelis-verlag.de

UMSCHLAGGESTALTUNG & LAYOUT
Hartmut Friedrich
kontakt@hartmutfriedrich.com

LEKTORAT & SATZ
Neofelis Verlag (fs / ae)

DRUCK
PRESSEL Digitaler Produktionsdruck, Remshalden
Gedruckt auf FSC-zertifiziertem Papier.

ISSN: 2510-3725
ISBN (Print): 978-3-95808-222-9
ISBN (PDF): 978-3-95808-273-1

ERSCHEINUNGSWEISE
zweimal jährlich

Jahresabonnement 28,– € (Förderabo: 42,– €)
Einzelheft 16,– €

Erhältlich in Ihrer Buchhandlung oder direkt beim Neofelis Verlag unter: *vertrieb@neofelis-verlag.de*

Ein Abonnement verlängert sich automatisch um ein Jahr, wenn die Kündigung nicht mindestens drei Monate vor Ende des Kalenderjahrs erfolgt ist.

Die aktuelle Ausgabe erscheint mit freundlicher Unterstützung der

RICHARD M. MEYER STIFTUNG